DRESSLER

Prof. Dietrich
Grönemeyer

Der kleine Medicus

Dressler Verlag · Hamburg

Haftungsausschluss
Die im Buch veröffentlichten Ratschläge wurden mit größter Sorgfalt erarbeitet und geprüft. Verlag und Autor übernehmen jedoch keine Gewähr für die Aktualität, Vollständigkeit oder Qualität der Informationen. Die Informationen dürfen auf keinen Fall als Ersatz für eine professionelle *medizinische* Beratung oder Behandlung durch ausgebildete und anerkannte Ärzte *im Einzelfall* angesehen werden. Der Inhalt kann und darf nicht verwendet werden, um eigenständig Diagnosen zu stellen oder Behandlungen anzufangen.
Die Illustrationen sind teilweise bewusst pointiert oder verfremdet, um medizinische Sachverhalte plastisch darzustellen.
Eine Haftung für die Informationen wird nicht übernommen. Haftungsansprüche gegen Autor und Verlag, die durch die Nutzung der dargebotenen Informationen bzw. fehlerhafter und unvollständiger Informationen verursacht werden, sind ausgeschlossen.

MIX
Papier aus verantwortungsvollen Quellen
FSC® C004592

Überarbeitete Neuausgabe
1. Auflage 2014

Umschlagmotiv: Noemi Merkle unter Verwendung des Filmdesigns
Fotos des Autors: Andrea Janssen
Lektorat: Ute F. Wegner
Innengestaltung: Manja Hellpap, Berlin
Satz: Dörlemann Satz, Lemförde
Druck und Bindung: Firmengruppe Appl, aprinta Druck, Wemding
Printed 2014
ISBN 978-3-7915-0742-2

www.dressler-verlag.de
www.der-kleine-medicus.de
www.der-kleine-medicus-film.de

Inhalt

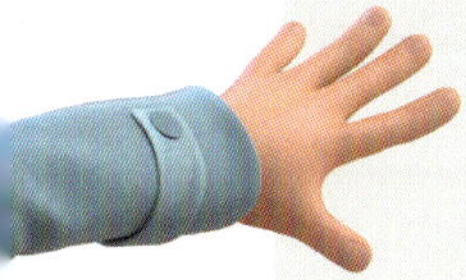

Eine kleine Überraschung

Ein verrückter Wissenschaftler, ein sprechendes Kaninchen. Ein Roboter, der die Menschen fernsteuern will, und ein kleiner Junge, dem Großes bevorsteht: Willkommen in der Welt von Nanolino, dem kleinen Medicus und ersten Bodynauten der Welt!

Nano ist ein super Gamer und Skateboarder. Er spielt Fußball für sein Leben gern und ist immer am Ball, wenn es heißt, seinen Freunden zu helfen. Doch dann ändert sich sein Leben, alles ist neu und anders: » Achtung! Der Mikrotisierungsprozess hat begonnen! « – Nur Momente später findet sich Nano in einem Meer voller Salzsäure wieder, saust mit einem Raumschiff durch den Rückenmarkskanal und muss im Gehirn seines Opas beweisen, dass er Köpfchen hat.

Nano ist der erste Mensch auf Reisen im Körperuniversum. Mit Spaß erkundet er die neue Welt und lüftet so manches Geheimnis, das unter der Oberfläche schlummert. Nano erlebt Sturzflüge durch gigantische Schluchten, Kämpfe mit » ungeheuerlichen « Abwehrkräften und einen filmreifen Showdown …

Er ist begeistert und fasziniert vom Körper, denn der ist toll! – Ein großes Universum im Kleinen und Kleinsten! Und echt spannend! Wer weiß denn schon, wie sein Körper wirklich funktioniert? Was ist der nicht nur bei Profi-Kickern gefürchtete Bänderriss? Was tun bei Halsschmerzen oder Kummer? Was ist ein Röntgengerät oder eine Endoskopie? Wie kocht man einen gesunden Tee gegen Bauchweh? All das und viel mehr lernt Nano auf seiner Reise.

Ja, das Leben ist doch eins der schönsten, findet der kleine Medicus.

Doch: Worauf kommt es an im Leben? Was ist das Wichtigste? Liebe. Gesundheit. Familie. Gute Freunde, auf die man sich verlassen kann. Sportsgeist und eine gesunde Einstellung zu sich selbst.

Jeder Mensch ist einzigartig und fantastisch, sein Innenleben so packend wie ein Action-Film.

Komm mit! Die Reise hat gerade erst begonnen …
Und: Bleib gesund!

Dein Dietrich Grönemeyer

Psst! Wenn du noch mehr entdecken willst in der Welt des kleinen Medicus, besuch ihn doch mal auf:

www.der-kleine-medicus.de

Ein verrückter Sonntagmorgen

In der Reihenhaussiedlung am Schillerhain war an diesem Sonntagmorgen noch alles still. Nur aus einem der Kinderzimmer im Haus Nummer 23 konnte man ein leises Stöhnen hören. Nanolino wachte mit einem alarmierenden Gedanken auf. Er sprang so verwirrt aus den Federn, dass er auf dem Teppich vor dem Bett ausrutschte und den Nachttisch nur knapp verfehlte. Er segelte durchs Zimmer und stieß schmerzhaft mit dem rechten Schienbein gegen seine Spielkiste, auf die er der Länge nach stürzte. Ohne sich um den bohrenden Schmerz zu kümmern, sprang er von der Kiste herunter. Noch schlaftrunken, sauste er im Schlafanzug aus dem Zimmer, hopste die Holztreppe hinab und machte dabei einen ohrenbetäubenden Lärm. Nanolino, kurz Nano genannt, musste unbedingt nachsehen, ob Kannickel noch lebte.

Er achtete weder auf die Treppenstufen noch auf den großen Spiegel am Ende des Flurs, in dem ein zu klein geratener Junge im Alter von zwölf Jahren zu sehen war. Dieser Junge war gut trainiert, hatte Segelohren und einen strohblonden Schopf. Die Haare standen wirr vom Kopf ab, seine blauen Augen waren vom Schlaf verquollen.

Ob er das nur geträumt hatte? Ein kleiner Hund, der hinkend vor ihm weglief und dabei eine dünne Blutspur auf der Straße hinterließ. Mit dem weißen, struppigen Fell sah er fast so aus wie eine alte Bürste. Kannickel – so hatte die Familie die Hündin getauft, weil sie so lange Schlappohren hatte und wie ein Hase hüpfte, wenn sie sich freute – war verletzt. Sie winselte und blickte immer wieder zu ihm zurück, als suche sie seine Hilfe. Aber wenn er sich näherte, humpelte sie verzweifelt weiter. »Ach, Kannickelchen«, schluchzte Marie mit vor Schreck geweiteten Augen. Tränen rollten über ihre Wangen. Immer wieder sah Nanolino den verletzten Hund vor sich. Es war eindeutig Kannickel! Und die war doch noch nie vor ihm weggelaufen. Was war passiert? Unten an der Treppe fand er endlich ihr Körbchen – aber es war leer!

Unerträglich der Gedanke, dass Kannickel etwas zugestoßen sein sollte. Nanolino würde sich erst beruhigen, wenn er den Hund gesund und munter vor sich sah. Er riss die Haustür auf und wollte nach draußen laufen. Da spürte er einen Schmerz am linken Ohrläppchen, und eine harsche Stimme sagte dicht an seinem Kopf: »Was ist denn das für ein Lärm am frühen Morgen? Und warum stehst du draußen vor der Tür mit nichts an außer einem Schlafanzug?«

Das war sein Opa Erwin. »Du bringst mich noch ins Grab«, sagte er oft, wenn sein Enkel ihn wieder einmal wahnsinnig machte. Er zog Nano ins Haus zurück.

»Rauf ins Zimmer mit dir, marsch! Und zieh dich mal richtig an!«

»Hast du Kannickel gesehen? Ich habe geträumt, dass ihr was Schlimmes passiert ist«, sagte Nano vorsichtig.

»Träume sind Schäume, das müsstest du doch wissen!«, Opa schüttelte den Kopf und ging in die Küche.

Aber selbst als Nano sich angezogen hatte und Kannickel im Bett seiner Schwester Marie fand, wo beide friedlich schlummerten und leise vor sich hin schnarchten, war er noch nicht beruhigt. Nano spürte zwar sofort, dass die Hündin voller Lebensenergie und gesund war. Aber was, wenn Träume einem Dinge zeigen, die in der Zukunft passieren werden? Schon einmal hatte er einen Traum gehabt, der ihn scheinbar vor einem schlimmen Ereignis warnte. Das war ein paar Wochen vor dem Tod seines Vaters gewesen. Damals war Nano sieben und seither das Gefühl nicht losgeworden, er hätte seinen Vater vielleicht warnen können, hätte er den Traum nur richtig verstanden. Wenn er daran dachte, bekam er feuchte Augen.

Nano nahm vorsichtig die kleine Hündin aus dem Bett, die sofort aufwachte und ihn missmutig angähnte. Er trug sie in die Küche, legte sie auf den Küchentisch und tastete ihre Beine ab. »Was tut man, wenn ein Hund ein gebrochenes Bein hat?«, fragte er seinen Opa, der Zeitung las.

»Nun ... Man geht zum Arzt.«

»Zum Tierarzt natürlich, wohin denn sonst? Aber nimm jetzt den Hund da runter. Tiere gehören in den Zoo und nicht auf den Tisch«, brummelte der Opa, hob erstmals die Augen von der Zeitung und nahm Nano fest in den Blick. »Hilf lieber deiner Mutter, den Tisch zu decken. Wann wirst du nur endlich erwachsen?«

Nanos Mutter kam um die Ecke aus dem Esszimmer geeilt, wo sie gerade begonnen hatte, den Tisch zu decken. Innerlich aufgewühlt, half er seiner Mutter. Sie strich zärtlich über Nanos Haare.

Nano musste unbedingt Marie von seinem Traum erzählen. Sie war vier Jahre jünger als er, hatte wunderschöne lange, blonde Haare, die sie heute Morgen keck beiderseits des Kopfes als Puschel zusammengebunden hatte. Marie verstand am besten von allen seine Sorgen. Sie war eine tolle Schwester, natürlich nervte sie auch manchmal, das kam aber selten vor. Alles in allem waren sie eine zufriedene Familie. Nur einer fehlte. Nano und Marie waren seit fast fünf Jahren ohne Vater. Er war Bergmann gewesen und bei einem der letzten Grubenunglücke des Reviers gestorben.

Nano musste aufpassen, dass Opa nicht noch einmal aufbrauste, denn er hatte Kannickel heimlich auf seinen Schoß gelockt. Sie drückte ihre feuchte Schnauze in seine Hand. Die Berührung erinnerte ihn an seinen Traum.

Die Hündin schmiegte sich eng an ihn und schloss behaglich die Augen, während Nano sie streichelte. Es kam, wie es kommen musste: Der Hund glitt plötzlich von seinem Schoß und fiel, noch entspannt vom Kraulen, direkt auf Opas Füße. Damit endete die Morgenruhe. Der Streit hallte noch lange nach.

Marie, die später Archäologin werden und in fernen Ländern ausgraben wollte, was Menschen alter Kulturen hinterlassen hatten, verborgene Ruinen, Werkzeuge und Kunstschätze, wartete in Nanos Zimmer. Sie umarmte ihn, als er eintrat: »Du bist der beste Bruder, den ich mir nur vorstellen kann!«, sagte sie zu ihm: »Lass dich nicht unterkriegen! Wir alle sind etwas Besonderes, und du ganz bestimmt!«

Er erzählte ihr alles. Von dem Traum, dem Hund und seiner Angst.

»Da hilft nur eins«, sagte sie, »du musst einfach so schnell wie möglich herausfinden, wie du Kannickel helfen kannst, wenn ihr wirklich so etwas zustößt!«

Nano hörte ihr aufmerksam zu. Er dachte nach.

»Ich habe eine Idee!«, sagte er auf einmal. »Ich werde Arzt, das wollte mir bestimmt mein Traum sagen!«

So etwas wie Glück machte sich in ihm breit, nun hatte er plötzlich verstanden: Er wollte heilen lernen, er wollte den Menschen, den Tieren, einfach allen helfen, gesund zu werden oder besser noch: gesund zu bleiben! Das war jetzt seine Aufgabe, die schönste, die er sich vorstellen konnte, ein Wendepunkt in seinem Leben.

Arzt, Hippokratischer Eid

Dein Körper und deine Seele brauchen hin und wieder eine Untersuchung oder auch mal Hilfe. Dafür benötigst du einen Arzt. Er untersucht dich, verordnet Tabletten, gibt Spritzen, massiert, setzt Akupunkturnadeln oder operiert. Der Arzt spricht mit dir, hört dir zu, fühlt mit. Ärzte begleiten dich von der Geburt an bis zum Tod. Sie behandeln auch deine Seele. Es gehört dazu, dass sie auch deine Alltagsprobleme verstehen, dich in den Arm nehmen, wenn du traurig bist oder leidest.

Ärzte sind dem **hippokratischen Eid** verpflichtet. Der antike griechische Arzt Hippokrates von der Insel Kos soll ihn vor fast 2500 Jahren eingeführt haben. Er regelte durch einen Eid, wie sich der Arzt gegenüber dem Patienten zu verhalten hatte. Dazu gehörte, dass er ihm nicht schadete, und auch die Pflicht zu schweigen, das heißt, alles geheim zu halten, was ihm Patienten anvertrauten. Das gilt noch heute, wie auch viele andere der im Eid genannten Pflichten.

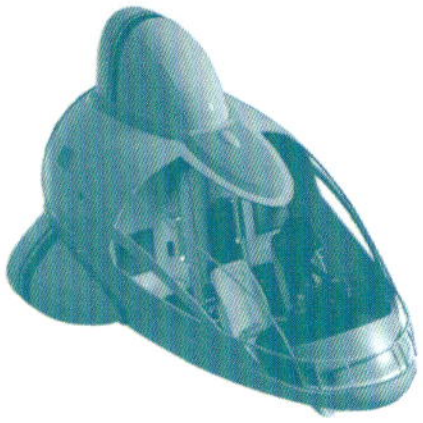

Ein Schulunfall mit Folgen

Nano und Marie waren auf dem Weg zur Schule. Es war Nano manchmal schon ein bisschen peinlich, mit seiner Schwester gesehen zu werden, schließlich war sie gerade erst in die zweite Klasse gekommen. Daher sauste er gerne mit seinem Skateboard voraus. Marie ging neben – nein – meist hinter ihm her. So auch heute. Es war ein zu herrlicher Morgen. Die Vögel zwitscherten laut, die Sonne schien und wärmte die frischen Triebe und Knospen der Pflanzen. Kannickel rannte immer wieder um Nano und Marie herum, lief ein Stück des Weges voraus und sprang zu ihnen zurück. Sie lachten über die Hündin, schickten sie aber schließlich nach Hause.

Opa hatte die beiden Enkel beim Frühstück so heruntergeputzt, dass ihre Mutter wütend wurde und die Nerven verlor. Er hatte ihnen ja gestern bereits die Laune verdorben. Manchmal wünschten Nano und Marie sich, dass Oma Rosi, Vaters Mutter, bei ihnen wohnte, und nicht Opa. Sie war viel herzlicher als er. Aber sie lebte draußen auf dem Land in einem kleinen Haus, das sie nicht verlassen wollte, mit einem wunderschönen Garten. Es war immer super, sie dort zu besuchen. Auch wenn sie nur ein paar Stunden blieben, fühlten sich die Kinder wie in den Ferien. Am Ende dieser Woche waren sie wieder bei ihr angemeldet.

Ihrer Mutter war das sehr recht. So hatte sie mal ein wenig

Zeit für sich. Oma Rosi erzählte den Kindern viel über alte Hausmittel und Naturheilkunde. Marlene Sonntag war seit dem Tod ihres Mannes ängstlicher geworden und traute dem menschlichen Körper nicht zu, dass er sich auch selbst heilen kann. Schon beim kleinsten Anflug eines Schnupfens wollte sie ihren Kindern am liebsten sofort Antibiotika geben oder »die Apotheke leer kaufen«, wie ihre Schwiegermutter immer sagte. »Mama, es kann nicht jeder so viel über Heilkräuter und Naturheilkundeverfahren wissen wie du«, sagte Marlene Sonntag oft. »Außerdem: Wofür haben wir denn Apotheken und Medikamente?«

Oma Rosi lächelte dann verständnisvoll und sagte: »Gewusst wie und behandeln nach dem Prinzip von leicht nach schwer, das ist das Geheimnis, meine liebe Marlene. Es gibt so viele tolle Hausmittel, die man erst mal einsetzen sollte, bevor man zu Medikamenten greift. Außerdem ist unser Körper in der Regel extrem widerstandsfähig und hat enorme Selbstheilungskräfte. Ich bin nicht gegen die wissenschaftliche Medizin, also die Schulmedizin, im Gegenteil. Viele tödliche Infektionskrankheiten konnten ja nur mithilfe der Schulmedizin ausgerottet werden, und ohne Brillen könnten viele von uns überhaupt nichts sehen. Trotzdem bleibe ich dabei – erst mit dem Einfachen anfangen, die Reaktion des Körpers abwarten, und dann überlegen, wie es weitergeht. Naturheilverfahren und Schulmedizin ergänzen sich wunderbar.«

Oma, sie war in Italien geboren, hatte Nano auch seinen Spitznamen gegeben. Eigentlich hieß er »Florian«. Sie nannte ihn »Nanolino«, was in ihrer Muttersprache »Zwerglein« bedeutet. Daraus war Nano geworden.

Marie und Nano genossen den sonnigen Morgen, und prompt kamen sie ein bisschen zu spät zur Schule: Sie hörten schon die Glocke läuten, als sie gerade den Park verließen, der direkt an den Schulhof grenzte. Sie hatten noch Steine auf dem Teich hüpfen lassen. Sofort klemmte Nano sein Skateboard unter den Arm und rannte ausnahmsweise mal neben ihr. Völlig außer Atem, aber gerade noch vor den Lehrern, kamen sie in ihren Klassenzimmern an.

Die ersten Stunden zogen sich für ihn unerträglich lang hin. Mathe und Deutsch waren in seinen Augen todlangweilig. Immer wieder schielte er auf die Uhr über der Klassentür, aber die Zeiger rückten nicht weiter. Er wünschte, er wäre größer. Dann würde er aufstehen, einfach die Uhr etwas vorstellen, sich verwundert die Augen reiben und zur Lehrerin sagen: »Frau Baumeister, schauen Sie mal auf die Uhr, wir haben längst Pause.«

Nach der willkommenen Unterbrechung ging es zur Rundturnhalle. Die hieß so, weil ihre Fassade rund war. An das Rund schmiegten sich innen zwei Tribünen, die Umkleidekabinen sowie das Lager für die Sportgeräte. Von der Decke hing ein dickes Seil herab. Der Sportlehrer, der auch ihr Klassenlehrer war – ein echt cooler Typ –, hatte es mit einer langen Stange, an der ein Metallhaken befestigt war, herabgefischt. Die Kinder nannten ihren Lehrer »Mister Schlau«, weil er ein so unheimliches Gedächtnis hatte und unzählige Sprachen beherrschte. Er war früher selbst ein erfolgreicher Sportler gewesen. Aber der Erfolg war ihm egal. Er legte vor allem Wert auf Sport- und Teamgeist. »Es gibt nichts Wichtigeres als die Freundschaft zwischen den Menschen, egal aus welchen Ländern oder Kulturen sie kommen«, sagte er.

Nanos Freund und Klassenkamerad Frido, der so dicht neben ihm stand, dass sich ihre Schultern berührten, schlotterten die Knie. Er hasste das Seil. Nano war ein ausgezeichneter Sportler. Gerade deshalb entdeckte ihn der Schulzirkus, den seine Schule gemeinsam mit einer anderen Schule organisierte. Seit einem Jahr trat Nano nun bei Aufführungen des Zirkus »Medi-Circus« als Clown auf. Mörderschnelle Flickflacks und Saltos waren Teil seiner Nummer, neben absonderlichen Fratzen, die er zum Entsetzen von Opa Erwin beim Zähneputzen und gemeinsamen Frühstück übte. Behände wie ein Affe kletterte er als Erster das Seil hoch.

»Nano! Bist du da oben kleben geblieben? Komm sofort runter, die anderen warten schon ungeduldig«, rief Mister Schlau.

Wenn es nach Frido gegangen wäre, hätte Nano ruhig noch oben bleiben können. Wie Nano spielte Frido gern Fußball und war wegen seiner Größe ein super Torwart. Er war mehr als einen Kopf größer als sein Freund. Als Nano unten angekommen war, begann Frido langsam und ungeschickt, das Seil zu erklimmen, ließ sich aber nach keinen zwei Metern vorsichtig wieder herunter.

»Wie, das war es schon?«, fragte der Lehrer.

»Ja, Herr Schlau«, presste Frido mit hochrotem Kopf durch die Zähne, verlor die Konzentration und rutschte das letzte Stück zu schnell herab. Er prallte auf die dicke Matte, ließ sich herunterrollen und wollte sofort wieder aufspringen. Dabei trat er mit einem Fuß auf den Mattenrand und rutschte ab. Mit schmerzverzerrtem Gesicht fiel Frido auf den Hallenboden. Sein Knöchel schwoll sofort dick an und wurde blau. Frido, der den Tränen nahe war, konnte beim besten Willen nicht mehr mit dem Fuß auftreten. Mister Schlau kniete sich neben ihn. Vorsichtig löste er Fridos Hände, mit denen der Junge den Knöchel umklammerte. Als er ihn berührte, schrie Frido: »Aah, mein Fuß, nein, das tut höllisch weh!« Er begann zu weinen.

»Eispackungen«, rief Nano aufgeregt. Er machte sich Sorgen um seinen Freund. »Frido hat sich bestimmt den Fuß verrenkt oder gebrochen! Dann bekommt man einen großen Bluterguss und hat Schmerzen. Also kühlen, nochmals kühlen und das Bein hochlegen! Das habe ich von meiner Oma gelernt.«

Schmerz

Schmerzen sind Alarmsignale deines Körpers. Überall in deiner Haut, Schleimhaut oder den Organen gibt es kleine Nervenenden, die auf Schmerzreize reagieren, auf Kneifen oder Stechen genauso wie auf Hitze oder Kälte, aber auch auf chemische Reize wie ätzende Salzsäure. Diese Nervenzellen sind im Grunde kleine Sensoren, wie du sie auch von Feuermeldern kennst. Wenn die Temperatur zu hoch ist, schlagen sie Alarm und informieren eine Überwachungszentrale. Deine Schmerzzellen machen das Gleiche. Sie leiten das Schmerzsignal zum Gehirn weiter und von dort werden Befehle ausgelöst. Bei Hitze beispielsweise reagierst du sofort mit einem Fluchtreflex durch Anspannung der Muskulatur, um den Körper aus der Gefahrenzone zu bringen.

Bluterguss

Ein Bluterguss entsteht aus einer **Verletzung.** Aus einem geschädigten Blutgefäß fließt Blut in das umliegende Gewebe. Das angestaute Blut drückt auf das Gewebe und reizt die **Schmerznerven.** Dieser Erguss, auch **Hämatom** genannt, verfärbt sich fast wie ein Regenbogen über die Zeit des abschwellenden Blutergusses mit faszinierenden Farbvariationen über Blau, Lila, Grün und Gelb-Orange. Große Blutergüsse wie im Gehirn nach einem Unfall können lebensgefährlich sein. Im Sport, aber auch bei der **Schmerztherapie** werden Eiswürfel, Kompressen oder kalte Wickel eingesetzt, um akute Schmerzen zu lindern. Kälte wirkt abschwellend und blutstillend, weil gereizte beziehungsweise verletzte Gefäße sich durch Kälte verengen. Dabei lässt auch der Schmerz nach. Während Sportveranstaltungen nimmt man Kälte aus Spraydosen; sie sind einfacher mitzunehmen und zu benutzen.

Der Hausmeister, der alles beobachtet hatte, brachte einen großen Plastikbeutel mit Eiswürfeln aus einem Kühlschrank seines kleinen Büros. Er reichte ihn dem Sportlehrer, der ihn um Fridos Fuß legte. Mister Schlau strich ihm aufmunternd über den Kopf. »Frido, das wird schon wieder, aber wir müssen unbedingt zum Arzt.«

Vorsichtig hob er den Verletzten auf.

»Ihr geht jetzt gesammelt zum Schulhof zurück und meldet euch bei der Aufsicht«, sagte er zu den Kindern, die ihn wie eine Herde neugieriger Schafe umgaben.

»Ich fahre inzwischen mit Frido zum Arzt.«

Dann ging er ein Stück, blieb zögernd stehen, als wenn er sich gerade an etwas erinnerte, und rief in die Runde: »Kinder, wer begleitet Frido?«

»Nano soll mitkommen ...«, presste Frido hervor.

»Lilly und ich kommen auch mit«, warf Manuel ein.

»Ich spiel dir auch was Schönes zum Aufheitern.« Manuel beherrschte meisterhaft die Gitarre, das war ihm offensichtlich in die Wiege gelegt worden. Seine Eltern waren vor Jahren aus Kuba eingewandert. Alle liebten Manuels südamerikanische Songs.

»Wir stützen dich«, sagte Lilly, die mit richtigem Namen

eigentlich Eliza hieß, ein hübsches, fit aussehendes und fröhliches Mädchen, das man oft mit Manuel sah. Sie tanzte gern zur spanischen Gitarre, wie ihre Vorfahren aus Afrika.

» Meinetwegen, aber nur ihr drei «, entschied der Lehrer. In der Lehrerumkleidekabine kühlte er Fridos verletzten Fuß mit einem Sportspray. Nano machte ein kluges Gesicht: » Ah, so eins hat der Doc unserer Fußballnationalmannschaft auch. «

» Wo fahren wir denn hin? «, fragte Lilly.

» Ihr werdet schon sehen «, antwortete Mister Schlau. » Der Arzt heißt Dr. X, genannt › der Röntgenblick ‹. «

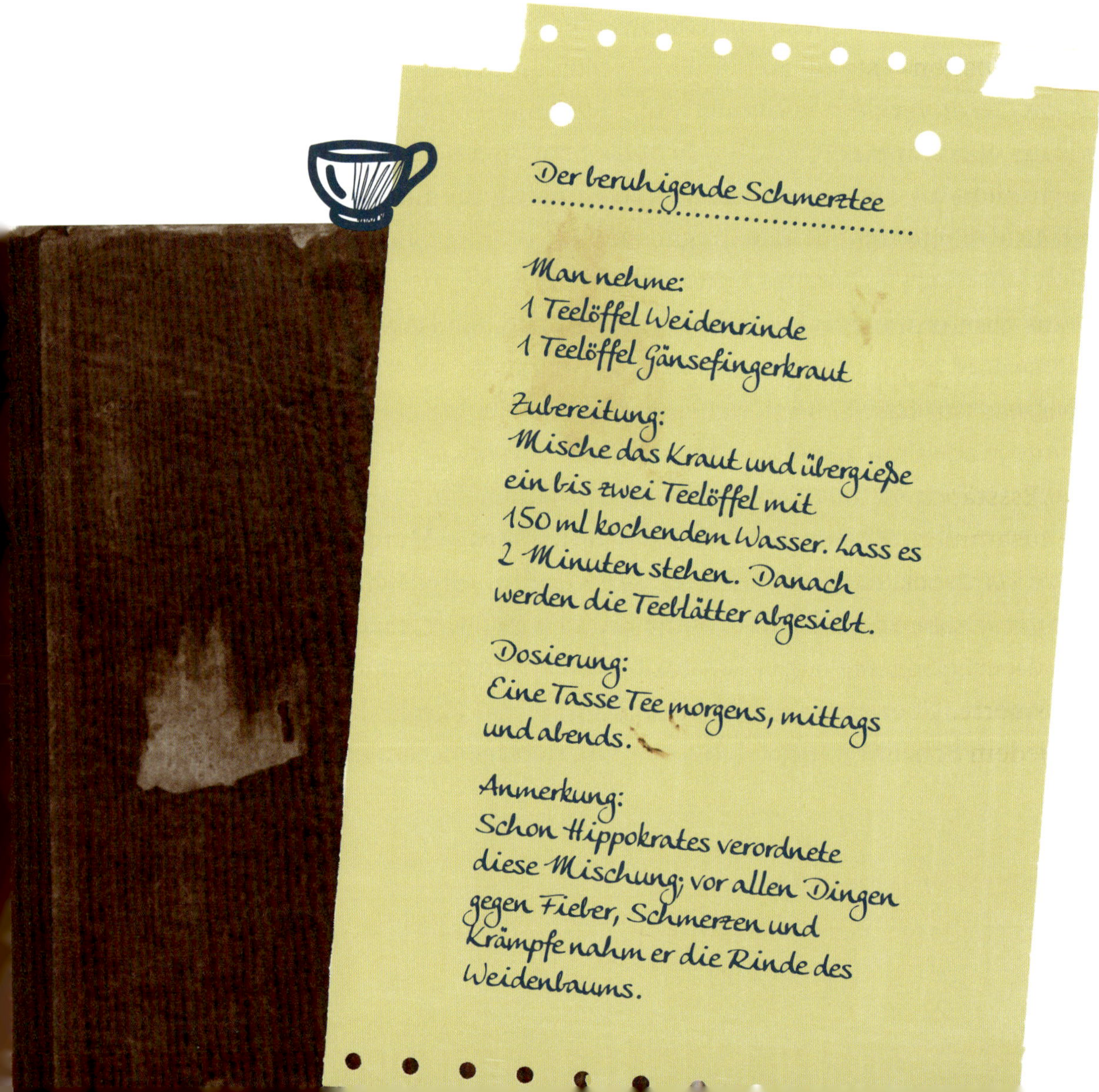

Nano lernt Dr. X kennen

Mister Schlau fuhr mit stotterndem Motor auf ein großes Grundstück, steuerte auf ein riesiges Gebäude zu und brachte den schrottreifen Kombi zum Stehen. Staunend betrachteten die Kinder das Haus. Es war gigantisch und sah mit seinen Erkern aus wie ein supermodernes Schloss. Es wirkte überhaupt nicht wie eine medizinische Einrichtung.

»Villa Ypsilon« stand auf einem Schild an einem gusseisernen Gitter vor dem mit zwei Säulen versehenen Eingang. Das Haus war von einem Wald aus großen Buchen umgeben, die sich dicht an den verwilderten Garten drängten und mit ihrem Laub Schatten auf die Ränder der sattgrünen Wiese warfen.

Etwas abseits standen mehrere parkende Autos und ein Sanitätswagen.

Aber was war das? Seitlich neben dem Haus tauchte eine auffällige junge Frau auf. Zwei lange Stäbchen, die wie chinesische Essstäbchen aussahen, hielten die langen, violetten Haare zusammen. Sie trug ein türkisfarbenes T-Shirt und einen dunklen Minirock, darüber einen weißen Kittel, dessen Ärmel sie hochgeschoben hatte. Am rechten Handgelenk blinkte eine große, silberne Scheibe mit vielen Tasten, die entfernt an eine Uhr erinnerte. Über eine geniale Schuhkonstruktion gewann sie bei jedem Schritt Energie.

»Mann, sieht die verrückt aus«, rief Nano, »aber auch witzig, oder?« – »Total verrückt«, antworteten Manuel und Lilly wie aus einem Mund. »Und guckt mal da, wie süß, neben ihr hoppelt ein kleiner, roter Hase.«

Und in der Tat, die Frau lief auf und ab und hin und her und merkte anscheinend gar nicht, dass ein Häschen an ihren Fersen klebte. Die Kinder verfolgten aus dem Auto heraus gebannt die Szene, aber Mister Schlau trieb zur Eile an. »Kinder, lasst uns aussteigen, Frido braucht Hilfe. Die Frau, die ihr so anstarrt, ist übrigens Micro Minitec, sie arbeitet mit Dr. X zusammen. Ein absoluter Technik-Freak …«, sagte der Lehrer, »toll und ungewöhnlich, ihr werdet überrascht sein.«

Er drückte auf einen Knopf im Auto und die Türen gingen automatisch auf. Lilly wäre fast hinausgepurzelt, das hatte sie bei der alten Karre nicht erwartet. »Komm, lass uns den

Frido unterhaken«, meinte Nano zu Manuel, und sie nahmen ihn vorsichtig in ihre Mitte. Frido legte seine Arme über ihre Schultern und sie fassten ihn um die Hüfte.

So humpelte Frido in die Eingangshalle. Hinter einem wuchtigen Schreibtisch saß eine ältere Frau, die mit ihrer riesigen, runden Brille an eine Eule erinnerte. Sie lächelte offen und freundlich und trug ein Schild mit der Aufschrift »Schwester Leoberta, Arzthelferin«. Sie bat Frido um einen Augenblick Geduld und half ihm, sich auf einen bequemen Stuhl zu setzen. Lilly blieb an seiner Seite. Nano, beruhigt, dass sein Freund in guten Händen war, hatte sich eben ein in weiches Leder gebundenes Buch gegriffen, da trat Dr. X ins Wartezimmer, um sie persönlich zu empfangen.

Über seinen kleinen Augen, die seine chinesische Herkunft verrieten, thronten kräftige, schwarze Augenbrauen. Er lächelte verschmitzt und trat auf die Gruppe zu. Eigentlich hieß er Dr. Heinz Xiang. Weil das so schwer auszusprechen ist, wurde daraus Dr. X. Sein Vater war Amerikaner mit deutschen Wurzeln, seine Mutter Chinesin.

»Lass mal sehen«, sagte er zu Frido, nachdem er zuerst ihn und dann alle anderen begrüßt hatte. »Keine Angst, ich will dir nicht wehtun, ich muss aber genau wissen, was los ist.« Er lächelte Frido so freundlich an, dass dieser sich gleich entspannte.

»Kommt mit in mein Untersuchungszimmer. Wir gucken uns die Verletzung mal an.«

Ganz vorsichtig untersuchte er Fridos dicken Knöchel, der mittlerweile dunkelblau aussah. Nano schaute ihm interessiert zu.

»Tut es hier weh? Oder hier?« Dr. X drückte behutsam den Bereich des Außenknöchels ab. »Hier oder hier – oder … hier?«

»Au, auuuu auuuu!«, schrie Frido auf einmal wie am Spieß.

»Tja, ich glaube, hier hast du wahrscheinlich einen **Bänderriss.** Lass mal sehen – auf der Innenseite. Tut es da weh? Oder da? Oder hier oben auf dem Fußrücken?«

Frido spürte zwar diesmal nichts, war aber fertig mit den Nerven. Ganz blass sah er um die Nase aus. Mitfühlend drückte Nano seine Schulter.

»Wir müssen eine Röntgenaufnahme machen, in zwei Ebenen vom Fuß, also von vorne und von der Seite, um herauszufinden, ob irgendwas gebrochen ist. Weißt du, weil wir im Röntgenbild die Knochen gut sehen.«

Schwester Leoberta holte Frido mit einem Rollstuhl zum Röntgen ab. Währenddessen schaute sich Nano die Diplome an, die im Büro, das gleichzeitig Behandlungszimmer war, gerahmt an der Wand hingen. »Diese Urkunde hat Dr. X am Ende seines Medizinstudiums in New York bekommen«, erklärte ihm Mister Schlau, der neben ihn trat. Eine andere aus Wien wies ihn als Spezialisten für Naturheilkunde aus. Auf einer weiteren von der Universität Harvard stand auf Englisch, dass sich Dr. Xiang Facharzt für innere Medizin und Radiologie nennen durfte. Bei einer chinesischen Urkunde musste selbst Mister Schlau passen. »Doktor der Traditionellen Chinesischen Medizin, wie man es hier in Europa nennt«, sagte Schwester Leoberta, die den verlegen grinsenden Frido im Rollstuhl hereinschob. Ihm war der ganze Aufwand um seine Person allmählich peinlich, trotz seiner Schmerzen.

Zum Glück hatte Frido sich nichts gebrochen. Das Röntgenbild war unauffällig, so nennen die Ärzte das in der Fachsprache. Fuß und Knöchel sahen auf einem Schwarz-Weiß-Bild ganz normal aus wie alle Knöchel in Fridos Alter – unauffällig eben.

»Sieh mal, Frido. Hier haben wir deinen Fuß mit meinen Apparaturen fotografiert. Das Röntgengerät funktioniert wie eine Kamera, nur dass ich durch dein Bein hindurchleuchten kann. Siehst du hier deine Knochen und da dein Sprunggelenk?«

Frido sah fasziniert auf das Röntgenfoto von seinem Fuß, das Dr. X in der Hand hielt. »Und warum sind meine Knochen weiß und drum herum ist alles dunkel?«

»Weil du einen Negativfilm in der Hand hältst. Wir filmen mit sogenannten Röntgenstrahlen. Diese durchdringen dein Gewebe und schwärzen den dahinter liegenden Film. Wie bei einem klassischen Fotoapparat. Alles, was das Passieren der Röntgenstrahlen behindert – wie deine Knochen –, schwärzt den Film weniger. Deshalb sind deine Knochen weiß und die Muskulatur dunkel auf dem Film. Deine Lunge wäre beispielsweise ganz schwarz.«

»Vom Staub des Fußballplatzes?« Frido wurde nervös.

»Nein, weil die Strahlen fast ungebremst durch die Luft der Lungen kommen und so den Film vollständig schwärzen. Nur deine Luftröhre und ihre Verästelungen halten ein wenig Strahlung ab. Deswegen erscheinen sie im Bild grau.«

»Das ist ja fantastisch. So 'ne Kamera möchte ich auch mal haben, dann kann ich meiner Mathelehrerin in den Kopf gucken, ob da wirklich noch alles mit rechten Dingen zugeht«, warf Nano ein. Dr. X und die Kinder lachten, Mister Schlau runzelte die Stirn.

»Leider kann man aber nicht alle Körperstrukturen damit erkennbar machen, vor allen Dingen nicht das Gehirn. Dafür gibt es andere Geräte. Die könnt ihr, wenn ihr wollt, später sehen. Jetzt sind wir erst mal froh, dass Fridos Knochen unversehrt sind.«

Frido war trotz seiner Schmerzen erleichtert.

»Wahrscheinlich hast du einen Bänderriss oder Anriss an der Gelenkkapsel am Außenknöchel«, sagte Dr. X. »Das passiert vielen Sportlern. Ich bin mir aber nicht sicher, weil die Ansatzstelle bei dir so schmerzhaft und stark geschwollen ist, dass ich sie kaum untersuchen kann. Ich muss aber ausschließen, dass du Blut im Gelenk hast oder Knorpelgewebe zerstört ist, du bist schließlich Sportler. Deshalb werde ich noch eine Kernspintomografie machen lassen. Mit der können wir dann all deine Weichteilgewebe genau ansehen: Gelenkknorpel, **Muskeln, Sehnen,** Bänder, Gefäße ...«

Der Fuß mit Unterschenkel- und Fußgewölbemuskeln und ihren Beuge- und Strecksehnen sowie dem Sprunggelenk und seinen Bändern.

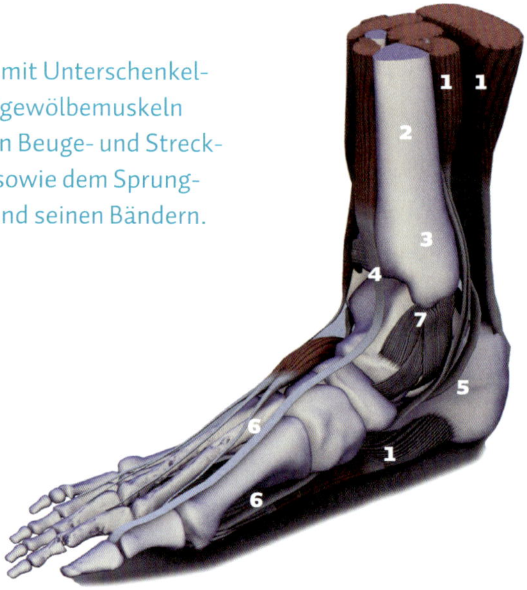

1 Muskel
2 Schienbein
3 Innenknöchel
4 Sprunggelenk
5 Ferse
6 Sehne
7 Bänder

»Und … und das Röntgen reicht nicht?« Nano horchte auf. Einerseits hatte ihn die Technik, in den Körper hineinzuschauen, wirklich beeindruckt, andererseits sorgte er sich noch immer um seinen Freund. Er wollte nicht, dass Frido unnötig leiden musste.

»Leider nein. Für die Diagnose muss ich wissen, ob die Bänder und die Gelenkkapsel in Ordnung sind. Davon hängt die Behandlung ab, also ob operiert werden muss oder nicht.«

»Und die ganze Strahlung? Die ist doch bestimmt gefährlich?« Nano war noch nicht überzeugt.

»Du hast schon recht«, erwiderte Dr. X und schmunzelte über Nanos Eifer. »Kernspin ist ungefährlich, Röntgen aber nicht, und besonders nicht für Radiologen. So nennt man die Ärzte, die tagtäglich mit Strahlung für Diagnose und Therapie umgehen müssen.«

»Und du dachtest, Radiologen reparieren Radios.« Lilly puffte Manuel mit ihrem Ellbogen in die Seite. »Weil du an nichts anderes denken kannst als an deine Musik.«

Dr. X fuhr fort: »Aber auch bei Patienten, vor allem bei Babys, Kindern, Jugendlichen und schwangeren Frauen, muss man sehr aufpassen. Ab einer bestimmten Menge an Röntgenstrahlen wirken diese schädlich auf Zellen oder zerstören sie sogar. Zellen, die sich schnell teilen, wie Ei- und Samenzellen –, aber auch Augen, Haare oder Blutzellen sind dadurch besonders gefährdet.«

Diagnose

Du hast doch bestimmt schon mal Bauchschmerzen gehabt! War es ein Durchfall, eine Blinddarm- oder Blasenentzündung, zu viel oder zu fettes Essen, was dich quälte? Oder war es einfach nur die Angst vor der Mathearbeit? Um mit der richtigen Behandlung (Therapie) zu beginnen, muss der Arzt erst die Ursache der Symptome, also der Erkrankungszeichen, feststellen. Diesen Vorgang, die Ursache bestimmen, nennt man: eine Diagnose stellen.

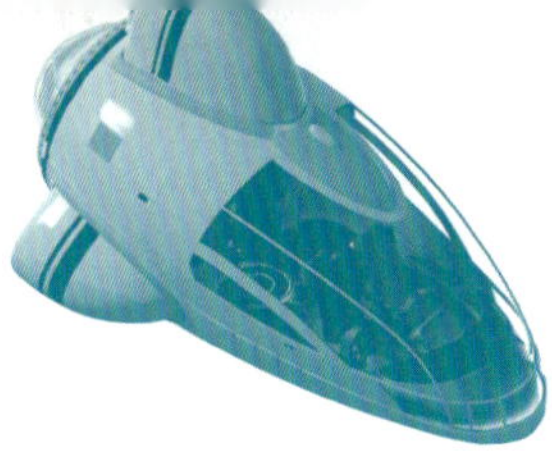

Ein Fuß schwebt im Raum

»Frido, hast du Angst?«, fragte Nano, als sie ihn in den Kernspinraum hineinschoben.

»Nein, sieht alles ganz harmlos aus, ihr könnt mich ruhig allein lassen. Das werde ich schon schaukeln.«

Schließlich hatte sich Frido als Fußballtorwart schon oft so lang machen müssen wie in dieser Röhre. Die Freunde verließen den Raum, Lilly warf ihm noch einen letzten ängstlichen, aber auch ermutigenden Blick zu. Sie fürchtete sich ein wenig vor der riesigen Maschine. Trotzdem lächelte sie und Frido grinste selbstsicher zurück. Er vertraute Dr. X inzwischen total.

»Mach's gut und bis gleich«, rief Lilly, bevor sie die Tür schloss.

»Was ist eine Tomografie?«, wollte Nano wissen, der das Wort mehrmals aus Dr. X' Mund gehört hatte.

»Tomografie kommt vom griechischen ›tomos‹, der Schnitt, und ›graphein‹ heißt schreiben. Also jetzt untersucht und beschreibt der Computer exakt das Gewebe des zu untersuchenden Körperteils. Dieser wird dazu in Scheiben zerlegt … oder, wenn du willst, in Scheiben geschnitten.«

»Nein!«, schrie Lilly. »Ich will nicht, dass Frido in Scheiben geschnitten wird. Das ist schrecklich! Das hört sich da drinnen eh wie eine Kreissäge an!«

Manuel kullerten vor Lachen Tränen aus den Augen. Auch

Nano konnte sich kaum halten. »Lilly, Frido wird nicht in Stücke geschnitten, das Bein wird auch nicht amputiert, das passiert doch alles nur im Computer!«

»Ja«, erklärte Dr. X, der lächelnd die Situation beobachtet hatte, »und das Schöne an der Kernspintomografie ist, dass man die Schnitte horizontal durch den Körper machen kann oder senkrecht. Und alles ohne Röntgenstrahlung! Im Computer werden die zweidimensionalen Schnittbilder, die noch ohne räumliche Tiefe sind, übereinandergestapelt und mit einem speziellen Programm zusammengefügt. Räumliche Tiefe haben Bilder, bei denen man um die Ecke schauen kann, bei einem Foto wird euch das zum Beispiel nicht gelingen. Anschließend hat man ein Bild, das man drehen und von allen Seiten betrachten kann, das nennt man dreidimensional. Man kann dann an einer bestimmten Stelle einen Schnitt machen und von dieser Stelle wieder eine zweidimensionale Scheibe bekommen. Es gibt sogar Techniken, um ein schlagendes Organ wie das Herz dreidimensional sichtbar zu machen. Aber genug fürs Erste, der Kernspintomograf hat gleich seine Arbeit abgeschlossen.«

Nano wollte gern mehr wissen und nahm sich vor zu fragen, ob er allein oder mit Marie wiederkommen dürfe. Dr. X könnte ihm bestimmt helfen, seinen Wunsch zu erfüllen, der ihn seit dem schlimmen Albtraum in der vergangenen Nacht nicht mehr losließ: Er wollte unbedingt Arzt werden.

Der Lärm der Maschine brach ab.

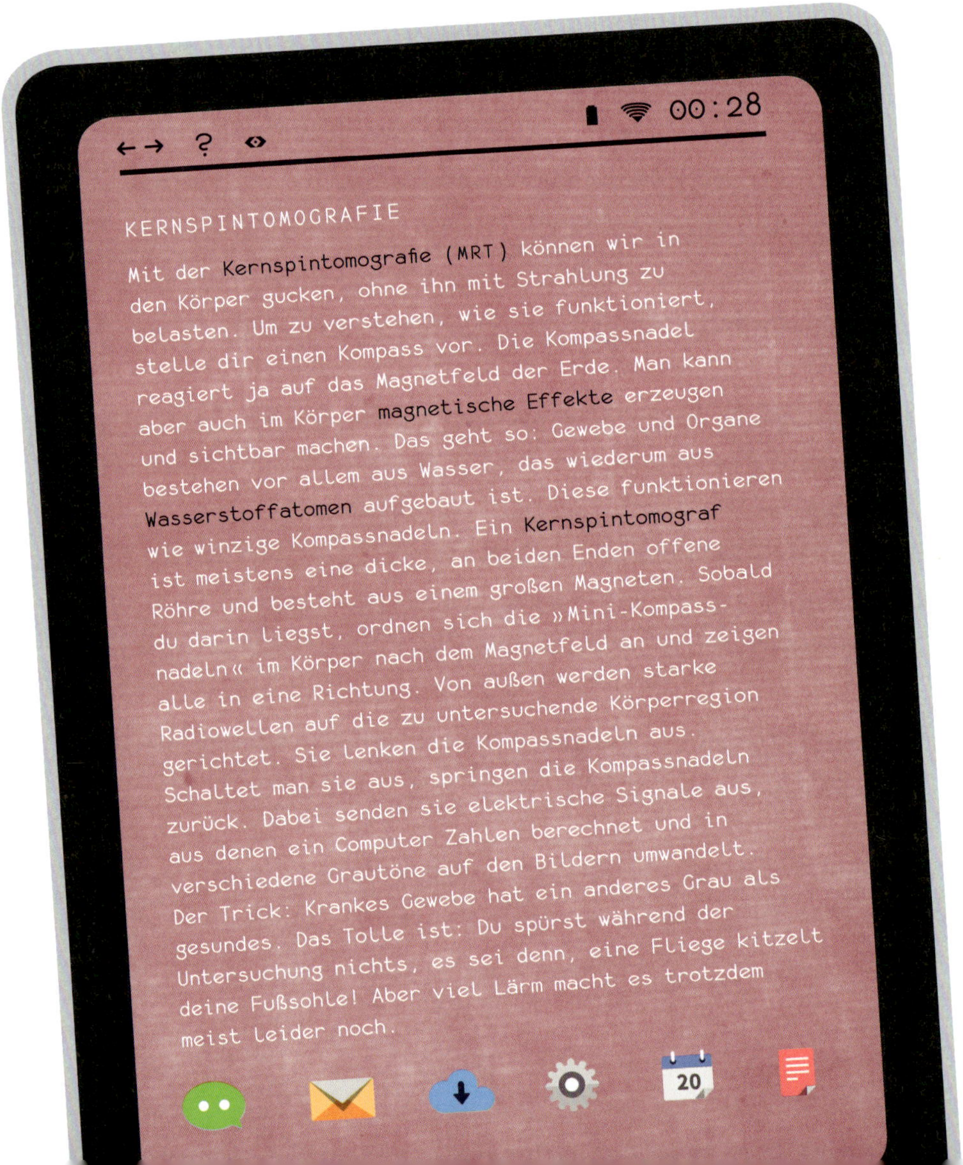

» So «, sagte Dr. X, » das war die letzte Aufnahme. «

Er setzte sich vor den Monitor, studierte die Bilder und murmelte unverständlich vor sich hin.

» Können wir zu Frido? «, unterbrach Lilly den Arzt.

» Ja «, sagte er, ohne aufzublicken.

Sie machten die Tür auf und stürmten hinein. » Geht es dir gut? «, fragte Lilly, während sie Fridos Hände nahm.

» Ja klar «, sagte Frido und lächelte tapfer.

Sie halfen ihrem Freund in den Rollstuhl und folgten Dr. X, der sie in einen abgedunkelten Raum führte, in dem einige total bequeme Sessel standen. Die Kinder lümmelten sich sofort hinein, ohne lange zu fragen.

» Jetzt passt mal auf «, sagte Dr. X und klatschte in die Hände. Schwupp, erschien vor ihnen mitten im Raum und wie aus dem Nichts ein Fuß.

» Mann ... «, sagte Nano, etwas Schlaueres fiel ihm nicht ein.

Der durchsichtige Fuß begann, sich langsam um die eigene Achse zu drehen. Alle schauten gespannt zu Dr. X hinüber. Dieser hatte sich einen seltsamen, silbernen Handschuh übergezogen und dirigierte mit seiner Hand die Bewegungen des Fußes, der sich im Raum drehte, bis Fridos Sprunggelenk sichtbar wurde.

» Stopp «, murmelte Dr. X, und die Bewegung endete abrupt.

» Schnitt «, befahl er weiter, und der Fuß begann sich plötzlich in Schnittbilder aufzufalten. Dr. X griff mit dem Handschuh ein einzelnes Bild aus der Luft heraus, das den Fuß wie von Geisterhand ersetzte, und zeigte es den sprachlosen Kindern.

» Zurück, hopp, hopp! « Der Arzt lachte vor Vergnügen, der

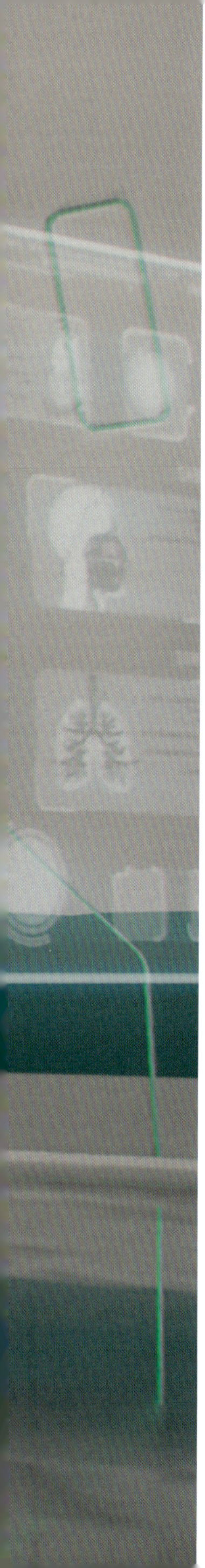

zerlegte Fuß erschien wieder, das Schnittbild kehrte an seinen Platz zurück, und nach einem weiteren Befehl von Dr. X schmolz er wieder zu einem Ganzen zusammen.

»Mannomann …«, sagte Nano wieder, der noch immer nach einem klugen Kommentar suchte.

Der Fuß begann sich wieder zu drehen, und Dr. X nahm dort etwas weg und legte etwas anderes frei, stufenweise studierten sie so den Aufbau. Man sah Sehnen, einzelne Bänder, das Gelenk, den Knorpel, Gefäße, Venen, Arterien und zuletzt den Knochen, alles wurde nach und nach sichtbar.

»Und seht ihr, hier vorne, das Band hat einen feinen Riss, das ist das Problem, das Frido das Auftreten unmöglich macht.«

»So was …«, bemerkte Nano, der endlich die Sprache wiedergefunden hatte, »so was habe ich nicht für möglich gehalten … Unglaublich!«

Lilly, Frido und Manuel nickten stumm. Ein Fuß mitten im Raum, allein, ohne Körper … Das Ganze kam ihnen wie ein Spuk vor. Sie sahen zu Frido hinüber, der immer wieder an sich hinunterschaute, um sich zu vergewissern, dass sein Fuß noch da war.

Lilly stand auf, ging um den schwebenden Fuß herum, griff danach – und ins Leere. Fridos Gewebe wurde auf ihre Hand projiziert, sie konnte sich gerade noch ein »Igitt« verkneifen. Sie zog die Hand zurück und versuchte es noch einmal; es war völlig verrückt.

Nano erholte sich als Erster vom Schreck und begann zu grübeln. Vielleicht konnte man damit auch das Gehirn untersuchen, um Gefühle oder sogar Gedanken sichtbar zu machen. Oder sollten Gedanken jedermanns Geheimnis bleiben? »Wohl besser«, dachte er, aber so ganz gab er die Idee nicht auf. Ob man sogar die Seele sichtbar machen könnte?

»Ist das eine Holografie? Ich glaube, ich habe so was schon mal im Museum gesehen!«, rief Manuel in die Stille.

»Ja«, bestätigte Dr. X. »Das ist das Neueste, eine faszinierende Technik, eine holografische Darstellung des Körpers. Man kann alle Abschnitte des Körpers in den Raum projizieren. Wenn man will, sogar eine ganze Person. Die modernste Art von Kino – Körperkino eben.«

Mister Schlau, der sich im Hintergrund gehalten hatte und alles sehr aufmerksam beobachtete, trieb auf einmal zur Eile an.

»Jetzt müsst ihr euch aber losreißen, es ist spät geworden, und ich muss euch noch bei euren Eltern abliefern. Frido, deine Eltern wissen übrigens Bescheid. Sie wären fast gekommen, aber ich hab ihnen erzählt, dass du dich tapfer schlägst. Ihr könnt sicherlich noch mal wiederkommen, nicht wahr, Doc?«

»Ja, ja, natürlich«, brummelte Dr. X, »Ich muss mir die Bilder noch einmal kurz und in aller Ruhe anschauen, für eine endgültige Diagnose. Mit der Rasselbande im Schlepptau habe ich dafür keine Ruhe. Ihr müsst euch also noch einen Augenblick gedulden, geht schon mal in mein Büro, ich komme nach.«

Kurze Zeit später kam Dr. X mit ausgebreiteten Armen auf Frido zu: »Glück im Unglück, junger Mann! Gebrochen ist nichts, wie du längst weißt, aber einen kleinen Bänderanriss mit Einblutung hast du schon, wie du am Hologramm sehen konntest. Doch zum Glück, und das ist neu und wichtig: Du hast kein Blut im Gelenk. Du kannst bald wieder Sport treiben.« Frido war begeistert und wollte aufspringen, doch schon der Versuch einer Bewegung schmerzte.

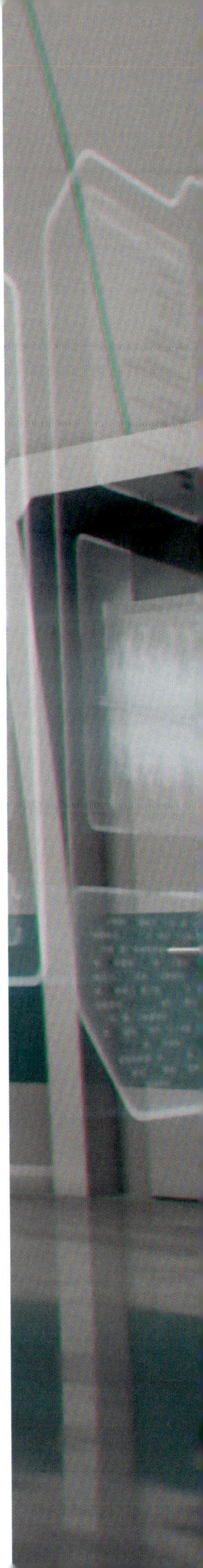

HOLOGRAMM

Du wirst vielleicht einmal holografisches dreidimensionales Kino erleben. Der Holografie liegt eine spezielle **Lasertechnik** zugrunde, die einen besonderen **3-D-Effekt** ermöglicht. Bisherige Fotografien, Fernseh- oder Kinofilme sind zweidimensional, das heißt, unsere dreidimensionale Welt mit ihren räumlichen Tiefen wird auf einer Fläche abgebildet. Bei der Holografie kannst du einen Gegenstand oder eine Szene im Gegensatz zu anderen dreidimensionalen Techniken, bei denen man gewöhnlich **3-D-Brillen** aufsetzt, auch von der Seite ansehen oder drum herumgehen. Gegenstände können quasi wie Aladin aus der Wunderlampe mitten im Raum stehen und auch transparent gemacht werden. Diese Technik ist zunehmend in Museen zu bewundern und wird auch schon vereinzelt in der Industrie angewandt. Eine einfache Form ist auf jeder Scheckkarte oder Banknote zu finden. Manchmal kann man sogar schon holografische Spiele bewundern.

»Mist, tut das weh! Ich kann gar nicht aufstehen!«

»Immer mit der Ruhe. Ein paar Wochen musst du dich leider schon gedulden.«

Dr. X legte ihm tröstend die Hand auf die Schulter. »Vor allen Dingen solltest du jetzt erst einmal zwei Wochen das Bein hochlegen und mit kalten Arnikakompressen kühlen. Wenn dein Knöchel nach einer Woche grün und gelb vom Bluterguss wird – wir nennen das Hämatom –, trägst du zur Nacht noch eine Salbe auf, die das Blut verdünnt. Aber wirklich erst dann, sonst fließt noch mehr Blut hinein. Dein Bein hochlegen musst du deshalb, weil es unbedingt über Herzhöhe gelagert werden muss, damit das Blut über deine Venen zum Herzen zurückfließen kann. Und du bekommst noch einen Stützverband. Das ist erst mal deine **Therapie.**«

»Ja, Doktor Xiang«, Mister Schlau sprach den Namen perfekt aus, was Doktor X sichtlich erfreute, »der Knöchel ist wirklich mordsmäßig dick und geschwollen. Wann geht das wieder weg? Ich hätte dich auffangen sollen!«, sagte der Sportlehrer, der mit seiner markigen Nase fast Fridos Knöchel berührte, als er diesen eingehend betrachtete. Er war ziemlich kurzsichtig und die Sorgenfalten waren in sein Gesicht zurückgekehrt.

»Dann hätte ich jetzt vielleicht zwei Verletzte hier. Ich kann es nicht oft genug sagen: Hochlegen, kühlen und keine Sorge. Das passiert nun mal beim Sport. Leider, obwohl schmerzhaft und ärgerlich, nichts Ungewöhnliches!«

Dr. X wiegte nachdenklich den Kopf. Seine spiegelglatte Glatze glänzte im Licht. Er hatte die ganze Zeit, während er sprach, Fridos Fuß in der Hand und massierte ihn vorsichtig.

Schnittbild senkrecht durch den Fuß (Kernspintomografie)

1 Unterschenkelmuskel
2 Schienbein
3 gerissenes Gelenkband
4 Sprunggelenk
5 Achillessehne
6 Sprungbein
7 Fersenbein
8 Mittelfußknochen
9 Zeh
10 »Luftkissen-Sohle«
11 Haut

Verstauchung oder Bänderriss

Die wichtigsten Gelenke sind die **Scharniergelenke.** Dazu gehören das Sprunggelenk, im Volksmund auch »Knöchel« genannt, sowie Finger-, Zehen- und Ellbogengelenke. Deine Schulter- und Hüftgelenke sind **Kugelgelenke.** Gelenke liegen in Kapseln, wobei Bänder dafür sorgen, dass sie sich bewegen können. Bei einer **Verstauchung** überdehnen sich Kapsel und Bänder, wenn plötzlich abrupt Kraft einwirkt. Sofort schießt ein stechender Schmerz in deinen Fuß, kleine Blutgefäße am Gelenk platzen und durch den **Bluterguss (Hämatom)** entsteht ein blauer Fleck am Knöchel. Der Knöchel schwillt an und du kannst ihn kaum bewegen. Oft jedoch reißen die Bänder ein oder lösen sich vom Knochen ab. Dann hat man einen **Bänderriss.** Beides, Dehnung oder Riss, tut sehr, sehr weh. Nur ein Arzt kann feststellen, ob das Gelenk verletzt ist. Meist heilt ein Bänderriss am Knöchel ohne Operation, in schlimmen Fällen jedoch müssen die Bänder wieder zusammen- oder angenäht werden.

Muskeln und Sehnen

Sehnen haften als Verlängerung der Muskulatur an den Knochen an. Man unterscheidet glatte Muskulatur, die im Darm vorkommt, und quer gestreifte Muskulatur, die für die Bewegungen unseres Körpers zuständig ist. Die glatte Muskulatur wird unbewusst und automatisch durch vegetative Nerven gereizt, die quer gestreifte Muskulatur wird bewusst vom zentralen Nervensystem gesteuert. Die Impulse kommen aus dem Gehirn. Einzelne Muskeln, zwischen denen Nerven, Lymph- und Blutgefäße liegen, sind von einer dünnen Haut, der **Faszie**, umhüllt. Jeder Muskel selbst besteht aus **Faserbündeln**, jede einzelne **Muskelfaser** aus vielen **Muskelfibrillen**, die sich bei Anspannung zusammenziehen, und bei Entspannung ausdehnen. Bewegst du dich viel und steigerst gezielt deine Kräfte, wachsen die Muskeln. Sitzt du ständig vor Fernseher oder Computer, schrumpfen sie und du brauchst Wochen, um sie wieder aufzubauen.

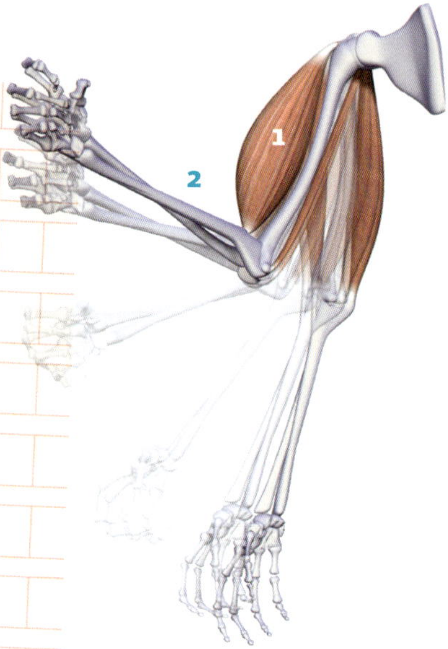

Reflex, komm raus, du bist umzingelt! Mit dem Reflexhammer auf die wichtigste Sehne eines Oberarmmuskels (Bizeps, **1**) im Ellenbogen (**2**) geklopft, und dein Arm boxt deine Nase.

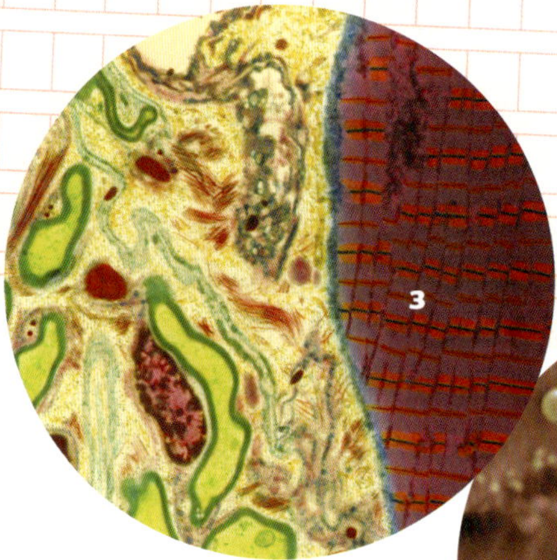

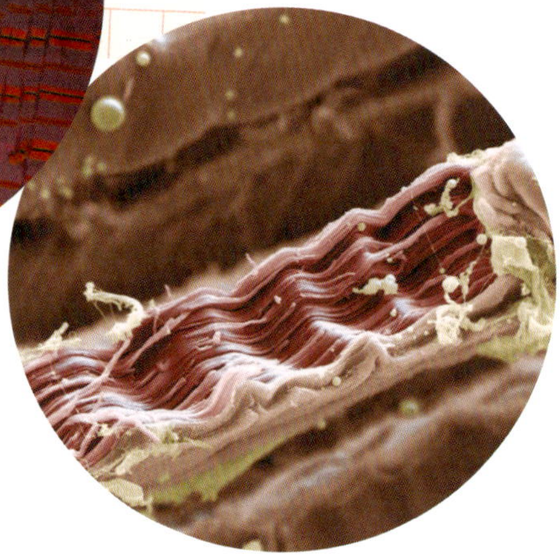

Eine Muskelfaser in Aufsicht und Muskelzellen (**3**) unter dem Mikroskop

Akupunktur

Die Akupunktur stammt aus der **Traditionellen Chinesischen Medizin (TCM)** und wird seit über 10 000 Jahren angewandt. Dabei werden dünne Nadeln in sogenannte **Akupunkturpunkte** in direkt unter der Haut befindliche Muskeln und / oder ins Bindegewebe des Ohres gestochen. Diese Punkte kann man auch massieren, besonders mit der speziellen chinesischen Tuina-Massage, oder mit heißen oder kalten Steinen behandeln. Sie liegen auf gedachten Energieleitbahnen, den **Meridianen**, die den ganzen Körper durchziehen. Die Meridiane sind hauptsächlich den inneren Organen zugeordnet. Akupunktur ist bei bestimmten Erkrankungen und in der **Schmerztherapie** sehr erfolgreich, obwohl man das zum Teil bis heute leider nicht erklären kann.

»Tut richtig gut«, dachte Frido.

»Es soll nicht mehr so viel Blut durch die geplatzten Äderchen in das umliegende Knöchelgewebe fließen. Zwischendurch bitte nicht auftreten! Ich verschreibe dir zwei Gehstützen für die nächsten Wochen.«

»Ach, Quatsch, ich bin doch kein Opa. Das wird morgen schon wieder gehen«, sagte Frido und versuchte erneut, aufzustehen. Doch der Schmerz ließ ihn sofort wieder in den Rollstuhl zurücksinken.

»Siehst du! Ich gebe dir für heute Abend zwei Schmerztabletten mit, lieber trinkst du aber einen Schmerztee. Und bitte sei vernünftig und bleib eine Woche im Bett oder auf dem Sofa, leg den Fuß hoch und kühl das Gelenk. Wenn du weiter Schmerzen hast, lässt du dich vorbeibringen, und ich nehme noch eine Akupunktur vor. Das habe ich, wie die chinesischen Massagen und das Knochenrichten, in Peking gelernt. Mit so kleinen Nadeln«, er zeigte ihm eine der hauchdünnen Nadeln, »werde ich dich an bestimmten Punkten piksen. Tut nicht weh! Pass auf, ich zeig es dir.« Vorsichtig stach er vier hauchdünne Nadeln über ein kleines Führungsröhrchen in den verletzten Knöchel und oberhalb davon. Es tat wirklich nicht weh. Ins Ohr klebte er eine winzige Kugel an einen bestimmten Punkt.

Die heilende Heilerde

Äußerlich:

Man nehme für den Umschlag:
10 Esslöffel Heilerde und mehr, 1 l Wasser

Anwendung:
Man rühre die Heilerde in das kalte Wasser, bis sie nicht mehr klumpt und ein Brei entstanden ist. Dieser wundervolle Matsch wird auf ein vorbereitetes Tuch oder eine Kompresse gegeben und auf der betroffenen Körperpartie als Wickel befestigt. Über Nacht nicht wechseln. Zunächst kühlt die Erde, danach gibt sie eine angenehme Wärme ab.

Indikation:
Blutergüsse genauso wie Gelenkschmerzen, Rheuma oder Arthrose. Du kannst aber auch Hautausschläge, Bläschenbildung, schlecht heilende Wunden sowie Venenentzündungen und chronisch Schwellungen mit Heilerde behandeln, auch Überbeine.

Innerlich:

Man nehme:
1 bis 2 Teelöffel Heilerde, dreimal am Tag

Anwendung:
Die Heilerde bitte als Pulver mit Saft herunterschlucken. Vorsicht, schmeckt staubig und knistert bzw. knirscht gewaltig zwischen den Zähnen. Zur Säurebindung wird die Einnahme 2 Stunden nach den Mahlzeiten empfohlen. Grundsätzlich nicht gleichzeitig mit Medikamenten einnehmen. Bei Durchfall empfiehlt es sich, alle 2 Stunden 1 bis 3 Teelöffel einzunehmen, je nach Alter. Die Dosis für Kinder bitte mit dem Arzt oder auch Apotheker besprechen.

Indikation:
Bei Störungen des Magen-Darm-Traktes, z. B. bei Übelkeit, Durchfall, Sodbrennen, Schleimhautentzündungen oder Völlegefühl bzw. Blähungen. Die pulverisierte Erde bindet Giftstoffe und überschüssige Flüssigkeiten bzw. Magensäure. Heilerde bindet Keime.

Die Heilerde ist in allen Kulturen ein bewährtes Volksheilmittel!

»Die musst du stündlich kurz massieren oder aber wenn du Schmerzen hast. Kinder, guckt nicht so. Das ist keine Hexerei, sondern wird seit Jahrtausenden erfolgreich in Asien angewandt. Nächste Woche kommst du zur Kontrolle. Jetzt mache ich dir erst mal einen kühlenden elastischen Verband mit Arnikasalbe und Heilerde. Du kühlst schön weiter, und wenn du aufstehst, legst du dir diese Luftkissen-Schiene als Stütze an.« Dr. X entfernte die Akupunkturnadeln. Behutsam versorgte er den Fuß, befestigte die Schiene und bat Frido, den Fuß zwei Wochen nicht zu belasten.

»Und wann kann er wieder in die Schule und zum Fußball?«, fragte Mister Schlau.

»Also, in vierzehn Tagen kannst du wieder in die Schule, und wenn du ganz vernünftig und schonend mit dir umgehst, darfst du in sechs Wochen vorsichtig mit Krankengymnastik und in drei Monaten mit dem Training beginnen.«

»Siehst du, du kannst immer noch Profi werden. Die Nationalmannschaft wartet auf Talente wie dich!«, sagte Nano.

Therapie

Wenn du dich schlapp fühlst, Schmerzen hast oder Durchfall, möchtest du in Ruhe gelassen, gepflegt werden und möglichst nichts tun müssen. Am Anfang der Erkrankungen helfen dir die Erwachsenen erst einmal mit Hausmitteln. Wenn es dir nicht besser geht, musst du zum Arzt. Gemeinsam mit deinen Eltern versucht er, dir mit einer Therapie zu helfen. Das Wort Therapie kommt aus dem Griechischen und heißt »Behandlung«, aber auch »pflegen und bedienen« – genau das, was du jetzt brauchst. Zur Therapie gehören Arzneien, manchmal leider auch Operationen, die Pflege von Körper und Seele sowie die richtige Ernährung. Wasser spielt auch eine Rolle, zum Trinken, Schwimmen, Ausleiten, Wickeln, Waschen … Sogar Meditation oder absolute Stille kann helfen. Sie beruhigt den Geist und schafft innere Ruhe. Eine Therapie, die nicht nur einen Teil des Körpers, sondern den ganzen Menschen betrachtet, nennt man ganzheitlich.

Nano trifft Micro Minitec wieder

Drei Tage waren seit dem Besuch bei Dr. X vergangen. Ständig dachte Nano daran zurück. Er konnte nachts kaum ein Auge zumachen. Am liebsten wollte er die Einladung von Dr. X sofort einlösen. Doch das gebrummte » Ja, ja, natürlich « hatte ein wenig unwillig geklungen, und Nano fürchtete, nicht wirklich willkommen zu sein.

Aber allein die Holografie war das Risiko wert. Jedes Mal, wenn er das Bild vom schwebenden Fuß im Raum vor Augen hatte, lief ihm ein kalter Schauer über den Rücken.

Nano beschloss, sich einen freien Tag zu gönnen. Statt zur Schule zu gehen, lief er zum Busbahnhof und bestieg den Bus nach Nanoville. Die Villa Ypsilon lag ein gutes Stück außerhalb des Dorfes, und Nano wusste nicht, wie er von der Bushaltestelle im Ortskern zu Dr. X kommen sollte. Kurzum, als der Bus losbrauste, war Nano ganz schön nervös.

Endlich hielten sie in Nanoville. Nachdem sich die Bustüren hinter Nano geschlossen hatten, stand er mutterseelenallein an der Dorfstraße. Nur eine Katze döste auf einer windschiefen Ziegelmauer. Weit und breit war niemand zu sehen, den er nach dem Weg fragen konnte. Der Ort wirkte noch verschlafener als beim vorigen Mal, fast unheimlich. Auf einmal entdeckte Nano direkt neben dem klapprigen Schuppen, der als Bushaltestelle diente, eine Telefonsäule. Sie war neongrün und sah irgendwie futuristisch aus. Auf einer kleinen Plakette stand: » Praxis Doktor Heinz Glück, Micro Minitec, Shuttledienst «. » Wer ist Heinz Glück? «, fragte sich Nano verwundert. » Und Shuttle, was soll das bedeuten? Sie würden wohl kaum zur Villa fliegen. «

» Na ja, probieren geht über studieren «, dachte er und hob den Hörer ab. Eine Computerstimme sagte: » Bitte warten «, dann kam ein Freizeichen.

» Hallo? «, erklang eine andere Stimme.

» Ich suche Dr. X «, sprach Nano in den Hörer.

» Soso, Dr. X … «, sagte die Stimme am anderen Ende. » Eigentlich haben wir heute keine Sprechstunde. «

» Ich möchte auch nicht zu Doktor Heinz Glück, sondern … «, stotterte Nano. Die Stimme unterbrach ihn: » Na, was meinst du, wer Heinz Glück ist? Ich hab ihm ja gesagt, dass das Schild zu Verwechslungen führen wird, aber er bestand darauf. Dr. Xiang will es den Leuten leichter machen, die seinen chinesischen Namen nicht aussprechen können, sein Name bedeutet nämlich Glück. Dabei nennt ihn sowieso jeder nur Doktor X. Aber der Chef ist halt ein alter Glückskeks. Weißt du eigentlich, warum man ihn Dr. X nennt? «

» Weil sein Name mit X beginnt? «, antwortete Nano.

» Ja, aber nicht nur deswegen. Er experimentiert mit Röntgenstrahlen, und das haben die Leute mitbekommen. Die Strahlen heißen auf Englisch X-Rays. Danach haben sie ihn benannt. « Nano schwieg, und die Stimme fragte: » Was möchtest du? «

» Dr. Glückske…, ich meine Dr. X, hat gesagt, dass wir, äh, ich ihn besuchen kann. « Das Durcheinander der Namen hatte Nano ein wenig verwirrt. Fast wäre ihm der » alte Glückskeks « heraus-

gerutscht. Über die Bezeichnung musste er immer noch lachen. Er presste sich die Hand auf den Mund und prustete hinein.

»Na, du hast aber einen schlimmen Husten. Das sollte der Doktor mal untersuchen. Warte ein paar Minuten, ich komme ...« Ein lang anhaltender Ton verriet, dass sie getrennt worden waren.

Nano ging zu dem Bushaltestellenschuppen und setzte sich auf die Bank. Ringsum war es totenstill. Plötzlich kam ein kleines Auto angeflitzt. Nano erschrak. Ein Fahrer in grüner Uniform mit einer orangefarbenen Schirmmütze und einem Dr.-X-Logo darauf stieg aus und grinste. »Guten Tag, mein Name ist Willi Tusso, zu Diensten.« Er öffnete die Wagentür und Nano stieg ein. Er war froh, endlich das Dorf verlassen zu können.

Sie fuhren los. Nano wunderte sich, dass er keine Motorengeräusche hörte. Fast lautlos glitt das Auto durch die Landschaft, einzig der Fahrtwind rauschte, und die Reifen schnurrten über den Teer.

»Wieso hört man denn vom Auto überhaupt nichts?«, fragte Nano. Sie erreichten den Wald, und er erinnerte sich an die Klapperkiste von Mister Schlau, mit der sie noch vor Kurzem durch denselben Wald gelärmt waren. »Hat das Auto keinen Motor?«

»Tja«, lachte der Fahrer, »das ist auch so eine Erfindung unserer verrückten Micro Minitec. Der Wagen hat an allen Rädern Elektromotoren und verbraucht kaum Strom. Seine gesamte Außenhaut besteht aus Solarzellen, die ständig Strom erzeugen und damit zusätzlich der Batterie Energie zuführen. Außerdem ist eine dünne, durchsichtige Schicht darüber aufgetragen, die der Haut eines Hais nachempfunden ist, sie verringert den

Luftwiderstand und damit den Stromverbrauch, wie übrigens auch die Fischform des Wagens. Durch die seitlichen, kiemenförmigen Lufteinlassschlitze fegt der Fahrtwind hinein und betreibt kleine Propeller, die ebenfalls Strom erzeugen.«

»Das ist wirklich möglich?«, fragte Nano beeindruckt.

»Noch viel mehr, lieber Nano«, erklärte Willi Tusso. »Abends fahre ich das Auto bei uns auf den Parkplatz.«

»Wohin denn auch sonst.« Nano lachte schallend. »Echt toll.«

Willi Tusso schaute erstaunt, aber dann verstand er. »Das ist kein gewöhnlicher Parkplatz. Darunter ist eine riiiiiesige Eisenplatte eingelassen.«

»Na und?«

»Unter dieser Platte ist eine Spule, die kabellos Energie überträgt. Man nennt das Induktion. Damit werden die Batterien wieder aufgeladen. Das werden bald alle Autos haben. Hier ist die allererste Versuchsstation überhaupt!«

»Boa, in echt? Das, das wird es ja dann bestimmt für die meisten Elektrogeräte auf der Welt geben?! Auch für Handys, Computer oder elektrische Zahnbürsten oder so …«

Ein Reh stand am Straßenrand und bemerkte sie erst, als das Auto vorübersurrte. Verdutzt schaute es dem Fahrzeug hinterher.

»Dr. Glückskeks hat veranlasst, dass Patienten, die mit dem Bus kommen, von mir abgeholt werden. Für diejenigen, die sich nicht oder nur schlecht bewegen können, haben wir einen elektrischen Ambulanzwagen.«

»Ja, den habe ich auf dem Hof gesehen!«, kicherte Nano und merkte, dass sie soeben die Villa erreicht hatten.

In der Eingangshalle empfing ihn Micro Minitec. Nano erkannte sie sofort wieder, sie sah noch genauso bunt und verrückt aus wie beim letzten Mal. Lachend kam sie auf ihn zu.

» Hallo, Kleiner, ich bin Micro Minitec. Ich freue mich, dass du uns wieder besuchst! «

Nano mochte ihre direkte und freundliche Art, aber dass sie ihn Kleiner nannte, störte ihn maßlos.

» Ich heiße nicht Kleiner, sondern Florian Sonntag, alle nennen mich Nanolino oder kurz Nano «, sagte er.

» Ah, okay! Schon gut. Dr. X hat mir von dir erzählt. «

» W-was «, stotterte Nano, » was denn? «

» Dass man dich trotz deiner Größe nicht übersehen kann «, lachte Micro Minitec und legte ihm ihre warme Hand auf die Schulter.

» Außerdem hat Dr. X dich sehr gelobt, weil er selten ein Kind erlebt hat, das sich so für Medizin interessiert und vor allen Dingen so viel weiß wie du! « Sie lächelte immer noch.

Es hat doch Vorteile, dass ich so winzig bin, die Leute erkennen mich sofort wieder, dachte Nano, auch wenn er manchmal daran verzweifelte, dass er fast zwei Köpfe kleiner war als seine Freunde.

» Komm, wir gehen jetzt rein und suchen Dr. X, kleiner Sonntag! «

Bevor er sich über diesen neuen Spitznamen aufregen konnte, war sie durch eine große Tür verschwunden. Er beeilte sich, ihr zu folgen, und trat beinahe auf das rote Häschen, das hinter dem Schreibtisch hervorhoppelte. Er wollte das flauschige Tier auf den Arm nehmen, doch der Hase guckte ihn frech an und schlüpfte aus seinem Griff.

»Weißt du«, sagte Micro Minitec, als er sie wieder eingeholt hatte, »wir haben hier in dieser Villa eine Menge außergewöhnliche Technik, manches hast du bereits gesehen. Wir haben aber noch viele andere Geheimnisse. Dr. X bat mich, dir einiges davon zu zeigen. Du musst mir aber versprechen, darüber nicht mit anderen Menschen zu reden! Viele verstehen nicht, was wir hier machen, oder wollen es nicht verstehen.«

»Okay«, sagte Nano, begriff aber nicht, was sie damit meinte. Er war neugierig auf das, was nun kommen sollte.

Sie kamen an einem großen, flachen Bildschirm vorbei, der, wie ein Gemälde in einen schweren Goldrahmen gefasst, an der Wand hing. Und tatsächlich zeigte er gerade ein Bild mit Sonnenblumen, das Nano bekannt vorkam.

Micro Minitec murmelte vor sich hin und tippte auf ihre riesige Armbanduhr. Auf dem Schirm über dem Bild erschien: »Hallo, Dr. X, wo kann ich Sie finden? Wir haben einen Microbesucher zu Gast.«

»Microbesucher hat auch noch keiner zu mir gesagt«, dachte Nano, »aber gut, was soll's, passt eigentlich gut zu mir.«

Über den Sonnenblumen leuchtete eine Antwort von Dr. X auf: »Liebe Micro Minitec, ich sitze im Picostring-Laser-Computer-Magnettomografen und trinke einen Kaffee.«

»So was, trinkt einen Kaffee in meinem PL-C, dem werde ich was erzählen«, grummelte sie und zwinkerte belustigt mit den Augen. Ihr Ohrring funkelte. Welche geheime Funktion mochte sie darin verborgen haben?

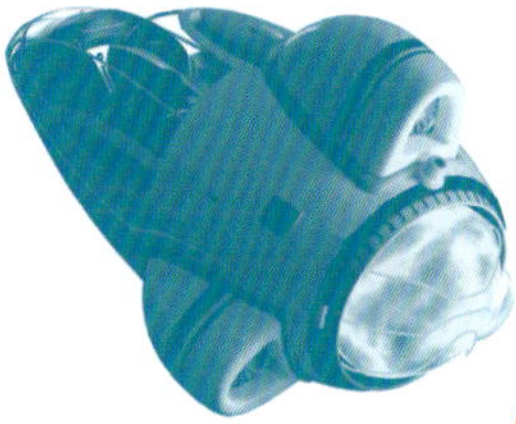

Micro Minitec schrumpft alle

Dr. X zeigte und erklärte ihm eine Menge unglaubliche Dinge über Bildgebung und die Zukunft der Medizin. »Micro Minitec, zeig ihm noch das Sahnestück, ist schließlich auch deine Erfindung«, sagte er, bevor er sich verabschiedete, da er noch Wichtiges zu erledigen habe, und ließ die beiden allein.

»Dann komm mal mit, kleiner Sonntag!« Nano zog die Stirn kraus, schwieg aber erneut zu dem Spitznamen. Was sollte er machen?

Er folgte Micro Minitec zu einer runden Stahltür, die ihn an einen Tresor erinnerte. Diese jedoch besaß ein großes Fenster, das er für Panzerglas hielt. Hinter der Tür war ein schmaler Raum zu erkennen, wiederum von einer Tür verschlossen.

Die Erfinderin gab etwas in ihre uhrähnliche Scheibe ein, die riesige Tür öffnete sich mit einem Rütteln, das die Bilder an der Wand zittern ließ, und verschwand vollständig in der Wand. Sie betraten einen Raum, den Micro Schleuse nannte. Sie holte zwei orangefarbene Plastikanzüge aus einem Verschlag.

Bevor sich die Panzertür mit einem Sauggeräusch schloss, sprang der Hase mit einem Satz noch hinein.

»Zieh dir bitte das über, damit wir nicht unnötig Fremdmaterial in den Raum tragen. Hier ist auch noch was für Schuhe und Kopf. Und lass Rappel in der Schleuse.«

»Rappel? Ach, der kleine Hase! Warum heißt er Rappel?«, fragte Nano.

»Hin und wieder dreht er durch. Ich habe ihn von meinem alten Chef an der Uni bekommen. Ich sollte Versuche mit ihm machen, habe es aber nicht übers Herz gebracht. Mein alter Chef, Professor Götz von Schlotter, hat wohl vorher schon irgendetwas Gemeines mit ihm angestellt, deswegen spielt er verrückt. Rappel ist nun mein kleiner Mitarbeiter. Das wirst du schon noch sehen.«

Sie zogen die Overalls an, streiften sich bunte Mützen und Spezialbrillen über, die Nano an die Verkleidung in seinem Schulzirkus erinnerten. Als sich die Schiebetür vor ihnen automatisch öffnete, betraten sie gut verpackt den geräumigen und hellblau gestrichenen Raum.

Ein schneeweißer, einfacher Stuhl stand an der linken Wand unter einem Fenster, durch das man in einen Nebenraum sehen konnte, von dem Nano jedoch nicht viel erkennen konnte.

Beeindruckt schaute er auf das monströse Gerät, das in der Mitte stand. Es sah aus wie ein riesiger, knallroter Hamburger. Zwei mächtige Brötchenhälften mit einer Aussparung in der Mitte, in der bequem ein Erwachsener liegen, aber auch stehen konnte, sozusagen als Fleischfüllung.

Sie gingen um das Gerät herum, und Nano sah, dass an der Wand, die er vom Eingang aus nicht hatte sehen können, ein Gerät hing, das genau in die Aussparung zielte.

Es hatte die Gestalt und die Größe einer Videokamera, nur vorne verjüngte es sich wie eine Spritze. Das Gehäuse war aus gebürstetem Stahl und glänzte und funkelte im gedämpften Licht. Micro Minitec ging zu der Wand und hob die über-

große Spritze von der Halterung. Sie stellte sich neben den Riesenhamburger und klopfte stolz auf den knallroten Lack. Flink kletterte Nanolino in den Zwischenraum, setzte sich auf die Vorderkante und ließ vergnügt die Beine baumeln. Sie sah ihn verschwörerisch an. »Mithilfe dieser beiden Geräte kann ich Dinge verkleinern und später wieder vergrößern!«, erklärte sie leise.

»Wie bitte?«, fragte Nano, der seinen Ohren nicht traute.

»Du hast schon richtig gehört, aber lass uns in mein Arbeitszimmer gehen, da ist es gemütlicher, da erkläre ich dir alles.«

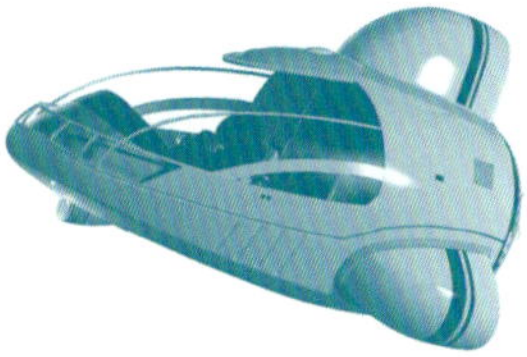

Ein Riesen-Burger mit Zauberkräften

Sprachlos folgte Nano Micro Minitec, die die seltsame Spritze mitgenommen hatte. In der Schleuse schlüpften sie aus dem Plastikzeug und waren kurz darauf wieder im Hauptflur der hypermodernen Villa, wo nur die riesige Stahltür an den sterilen Raum erinnerte. Rappel, der die kurze Trennungszeit mit der Nase an der Schiebetür verbracht hatte, hoppelte wieder hinterher. Sie gingen durch eine der grauen Eisentüren und fanden sich an einem der chaotischsten Orte wieder, die Nano jemals gesehen hatte.

Der Raum war bis an die Decke mit technischen Geräten gefüllt. Schief und verdreht standen verschiedenste Messgeräte aufeinander, es war ein Wunder, dass nicht alles zusammenbrach und ihnen auf den Kopf fiel. Dazwischen lagen aufgeschlagene Bücher, Messbecher mit bunten Flüssigkeiten, Medikamentenpackungen, vertrocknete Sandwiches, schmutzige Tassen mit Kaffeerändern, halb leer getrunkene Flaschen und allerlei anderes Zeug, das Nano nicht einordnen konnte.

An der rechten Wand war das Fenster, durch das man das Labor und die rote Maschine sah. An der hinteren Wand unter einem weiteren Fenster, das den Blick in den Garten öffnete, stand ein großer Schreibtisch, dessen Platte sich unter der Last der Papiere und Bücher gefährlich bog.

»Willkommen in meinem Palast«, sagte Micro Minitec, die Nano insgeheim in Mini Chaostec umtaufte.

Sie ging zum Schreibtisch, legte die Kameraigendwasschrumpfmaschine zur Seite und setzte sich auf einen Bürostuhl hinter dem Papierberg. Nano nahm auf einem Stuhl davor Platz. Rappel sprang auf Micros Schoß und drückte einen Knopf am Laptop, der zwischen den Papierbergen fast verschwand. »Pling!« Der Bildschirm leuchtete auf. »Jetzt lass mich mal, Rappel«, sagte die Erfinderin und schob den Hasen sanft, aber bestimmt hinunter.

»Die Technik, um Gegenstände zu miniaturisieren, habe ich zufällig entdeckt. Die dafür notwendigen Maschinen hast du bereits kennengelernt.« Sie zeigte auf die merkwürdige Kamera: »Das Ding nenne ich ›Mikro-Multi-Quaser-Turbobeamer‹. Und eben hast du in der anderen Maschine gesessen, die gebraucht wird, das PL-C. Das Gerät tastet mit einem Laser die Energielevel der Atomschalen von den zu untersuchenden Dingen ab. Alle Stoffe in der Umwelt bestehen aus Atomen, in denen Elektronen auf Schalen um den Atomkern kreisen.«

Nano blickte Micro Minitec verständnislos an. Sie setzte sich aufrecht in ihren Bürostuhl.

»Während meiner Forschungsaufenthalte im Ausland habe ich mich intensiv mit der Verkleinerung von Uhren befasst. Erst habe ich ihre Zahnräder verkleinert und den Computer mit den Daten gefüttert. Der zeichnete dann auf den Bruchteil eines Millimeters genau das Zahnrad nach. Ich wollte die Zahnräder originalgetreu nachbauen, vor allem aber diese uralten Uhrwerke, und zwar maßstabsgetreu. Es war eine enorme Arbeit, die Zahnräder einzeln heraus-

zumontieren … Ich überlegte, wie ich das einfacher machen kann – und mir fiel was Tolles ein!«

Gebannt hörte Nano zu.

»Zufällig lernte ich damals Dr. X kennen. Ich fragte ihn, ob ich meine Uhren in seinem Computertomografen untersuchen kann. Er ließ mich das gesamte Uhrwerk auf einen Schlag scannen, sodass ich es nicht mehr Stück für Stück auseinanderbauen musste, um es anschließend von einer anderen Maschine nachbauen zu lassen.«

So kopierte sie also Zahnräder originalgetreu. Aus den zunächst zwanzig Zentimeter großen Uhrwerken wurden klitzekleine Mechaniken von ein bis vier Millimetern Größe, die sie nur unter dem Mikroskop zusammenfügen konnte. Als Nächstes nahm sich Micro vor, Dinge herzustellen, die so klein wie Staubkörner waren.

Micro Minitec probierte weiter und dehnte ihre Versuche auf andere Dinge aus. Sie nannte die Verkleinerung »Mikrotisierung«. Erst verringerte sie in vorher festgelegten Abständen die Größe von Messern und Gabeln, später auch von Kaffeemaschinen, Kühlschränken oder Handys. Auch Puppenstuben und Teddybären wurden mikrotisiert.

»Aber irgendwann war ich das Nachbauen leid und fragte mich, ob ich nicht einfach das Original schrumpfen könnte.«

Nano sprang vom Stuhl auf. »Unsinn, das geht doch nicht!«, rief er.

»Doch, ich habe es möglich gemacht, mit einer speziellen Werkzeugmaschine, die ich erfunden habe: einem Quaser, der mit speziellen Ultraviolettfrequenzen und superspeziellen Magnetfeldern arbeitet. Inzwischen kann ich damit sogar Lebewesen schrumpfen.« Sie tätschelte das Kameradingsbums.

Nanolino schaute ungläubig.

»Wie so oft im Leben war es ein Zufall, oder sogar ein Unfall. Ich hatte eine wunderschöne Rose im Garten gepflückt, die ich mit sehr viel Mühe selbst gezogen hatte. Du musst wissen, Doktor X und ich lieben es, Rosen zu züchten. Wenn du durchs Fenster schaust, sieht du unseren Rosengarten. Wundervoll, nicht?«

Nano nickte, obwohl ihn Blumen überhaupt nicht interessierten. Aber das sollte sich noch ändern.

»Die Rose legte ich in einen starken Magneten, ähnlich dem roten Klotz nebenan, anschließend machte ich von ihr Schnittbilder im Submillimeterbereich, das heißt kleiner als auf der Millimeterskala. Du kannst dir diese Bilder nicht vorstellen, einzigartig! Irgendwo muss ich sie doch haben. Verdorri …« Wie verrückt wühlte sie in dem Haufen auf ihrem Schreibtisch. Für kurze Zeit verschwand ihr Schopf unter der Tischplatte. Als sie mit gerötetem Gesicht wieder auftauchte, hatte sie ein gerahmtes Bild in der Hand.

»Ist das nicht superspitzentoll? Die Natur ist selbst im Detail wunderschön!«

»So wie du«, sagte Nano. Als ihm klar wurde, dass er den Gedanken laut ausgesprochen hatte, wurde er knallrot.

Aber Micro Minitec hatte es anscheinend nicht gehört. Gedankenverloren streichelte sie das Bild.

»Ja, und was ist mit der Rose passiert?«

»Sie war am nächsten Morgen nicht mehr da.«

»Wie, nicht mehr da, hat die jemand geklaut?«

»Nein. Es war Wochenende und ich war allein im Labor. Ich stellte alles auf den Kopf, suchte in jeder Ecke. Aber nichts zu machen. Die Rose war verschwunden.«

»Aber du hast sie doch wiedergefunden, oder?«, drängelte Nano.

»Zum Glück! Aber du glaubst nicht, was ich gesehen habe!«

Nano bewegte unruhig seine Beine.

Eine betörende Rose im ungewöhnlichen tomografischen Feinschnitt

ULTRAVIOLETTES LICHT

In allen Kulturen ist es seit dem Altertum bekannt, dass Sonnenlicht heilend wirkt. Die Sonne hat spezielle ultraviolette Strahlen, die zur Behandlung von vielen Hauterkrankungen angewandt werden. Zum Beispiel können Schuppenflechten, eine spezielle Erkrankung mit Abschuppung der Haut, oder besondere Formen von Pickeln bei Akne und Hautausschläge (Ekzeme) sehr gut mit UV-Licht behandelt werden. Hierzu gibt es spezielle Lampen oder medizinische Sonnenbänke. Übrigens: Sonnenlicht wirkt auch positiv auf Depressionen. Das da was dran ist, merkst du an Sonnentagen, wenn dein Herz normalerweise zu hüpfen anfängt und du dich wohler fühlst. Aber Vorsicht, man kann sich auch verbrennen! Deshalb musst du aufpassen, wie lange du mit einer bestimmten Sonnenschutzcreme in der Sonne bleiben darfst.

»Vor lauter Frust habe ich das Gerät getreten und geschüttelt. Plötzlich ging die Klappe auf, ein Untersuchungsblech glitt heraus und landete seitlich in einem künstlichen Sonnenbad.

Darin werden normalerweise mit ultraviolettem Licht Kunstharze ausgehärtet.«

Nano lief zu Micro Minitec, die lässig hinter dem Schreibtisch saß und mit Hochgenuss erzählte.

»Wo war denn nun die Rose? Nun sag es mir endlich«, fragte er aufgeregt.

»Auf einmal bewegte sich unter dem ultravioletten Licht etwas. Ich traute meinen Augen kaum. Vor mir lag die mikrotisierte Rose – und wuchs. Anfangs war sie so groß wie eine Stecknadel, bald wie ein Bleistift, und dann war sie so lang wie das Original. Da lag die verwunschene Rose direkt vor mir. Ihre roten Blütenblätter leuchteten im künstlichen Sonnenlicht. Das war ein Augenblick! Mein ganzer Körper kribbelte. Ich nahm sie in die Hand und roch an ihr: Was für ein Duft!«

Micro Minitecs Augen leuchteten. »Und weißt du, wie die Mikrotisierung funktioniert?« Die Erfinderin erklärte es Nano: Ein hyperstarkes Magnetfeld muss mit einem Quaser – einem bisher nie da gewesenen System, das gleichzeitig viele verschiedene Radiofrequenzen und Wellenlängen des Lichts bündelt – zusammen auf lebendige oder tote Materie einstrahlen. Diese schrumpft auf Staubkorngröße. Eine bestimmte Wellenlänge des ultravioletten Lichts bringt die miniaturisierten Lebewesen wieder zum Wachsen, so wie die Rose im künstlichen Sonnenbad. Das mit dem Magnetfeld und dem UV-Licht war ihr ziemlich schnell klar, nur den Quaserstrahlen musste sie noch ein paar Monate hinterherforschen.

»Und mittlerweile weiß ich, wie man diesen Prozess der Mikro- und Makrotisierung steuert. Ich kann theoretisch jede Größe von haushoch bis so klein wie die allerwinzigsten Teile einer menschlichen Zelle einstellen. Toll, was?«

Die Erfinderin wuschelte Nano kräftig die Haare. Sie lachten und hörten erst auf, als Dr. X verwundert zur Tür hereinsah.

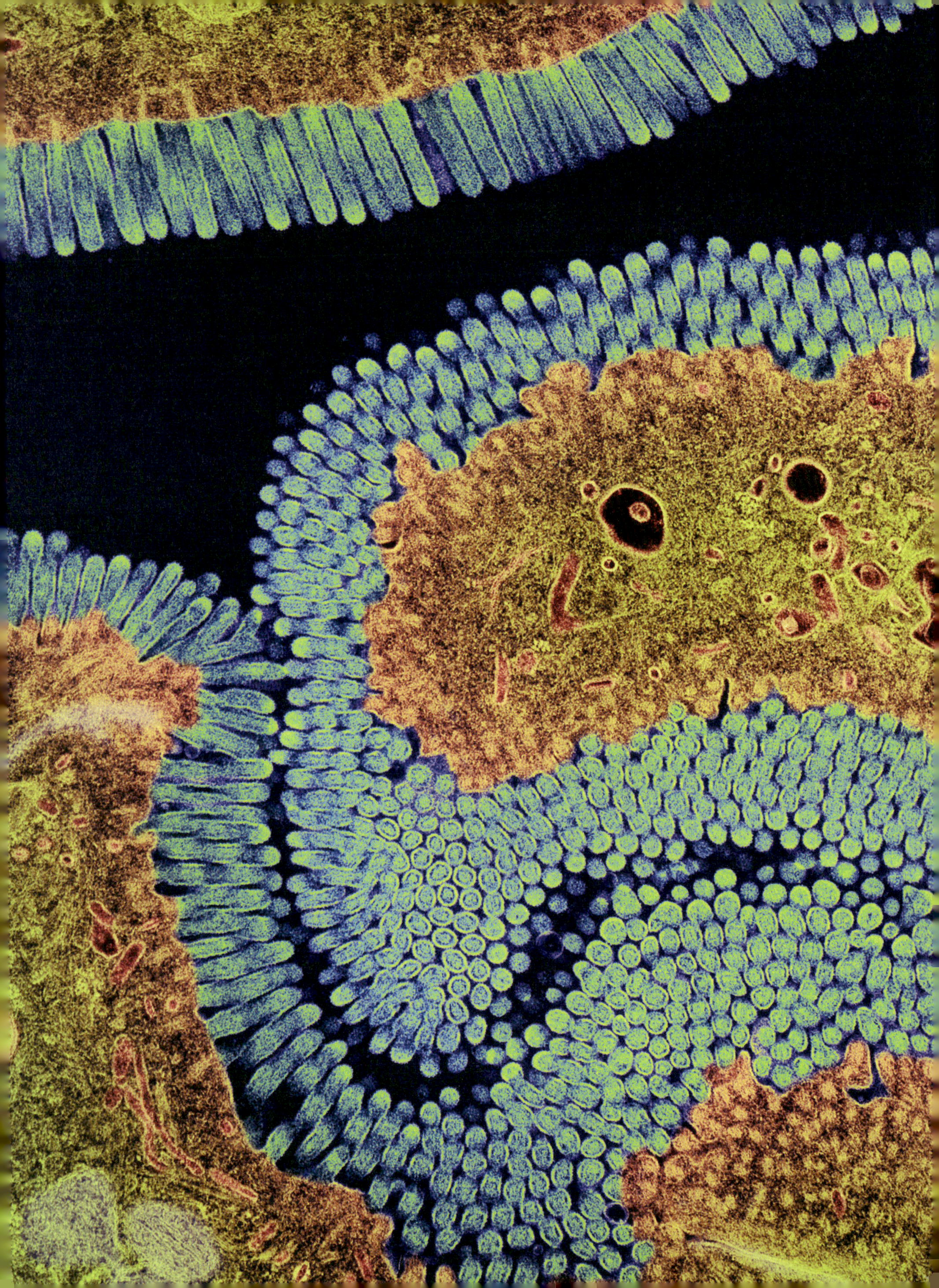

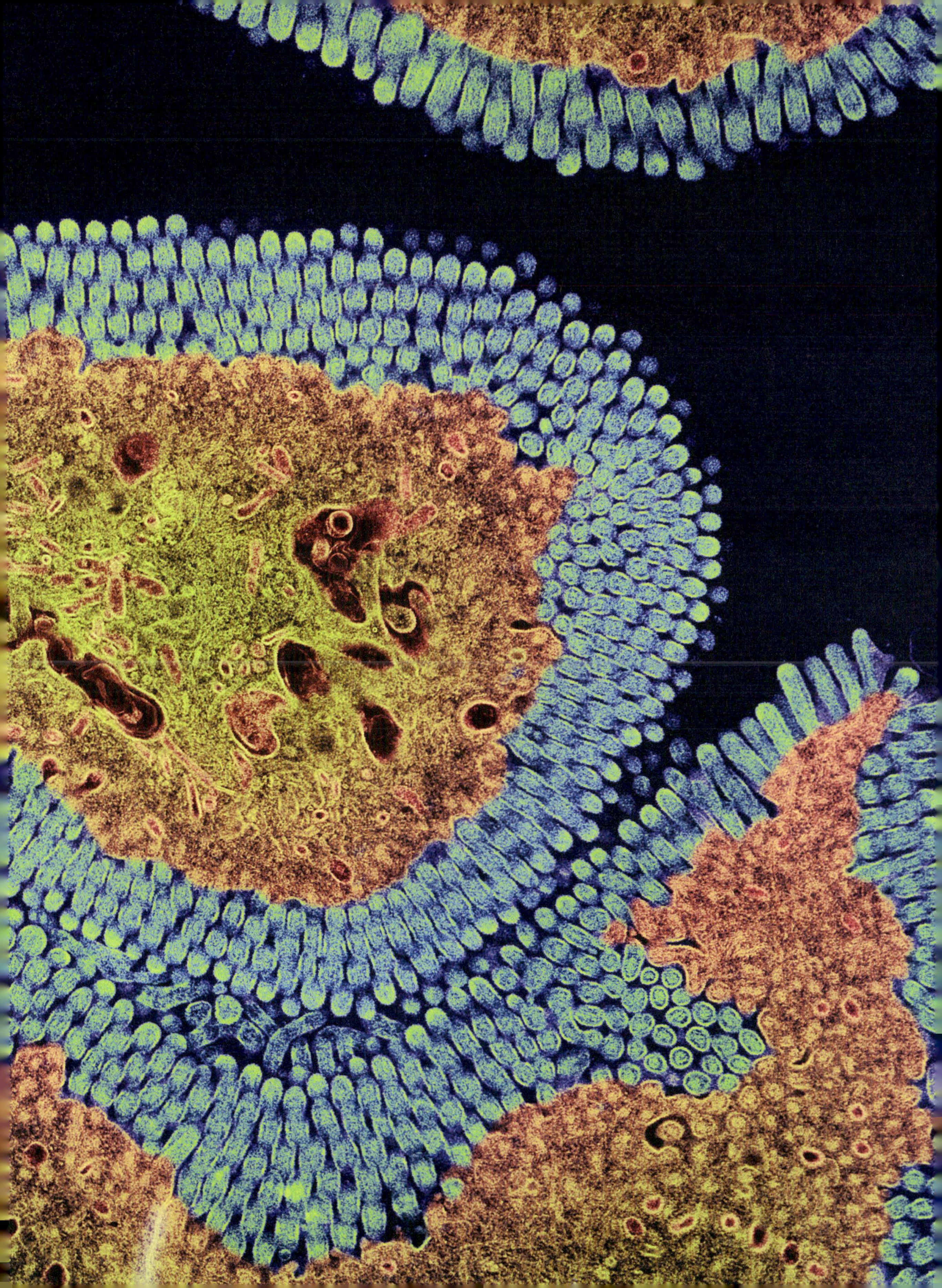

Erstes Abenteuer im Dschungel des Körpers

»Nano, wir müssen dich jetzt für einen Moment allein lassen. Rappel müssen wir leider auch entführen, der hat was Großes oder vielmehr Kleines vor. Micro Minitec und ich haben beschlossen, dass du anwesend sein darfst. Ich sage dir, du wirst nachher Bauklötze staunen! Schau dich in der Zwischenzeit ruhig in der Villa um, aber denk daran, das alles sind hochempfindliche Hightechgeräte.«

Dr. X verließ mit Micro Minitec, die den Hasen trug, das Büro. Nano sah, wie sie drüben im blauen Raum das Gerät, von dem er jetzt wusste, dass es Multi-Quaser-Turbodingsbums hieß, wieder in die Wandhalterung einpasste. Er stand auf und setzte sich eine viel zu große Schutzbrille auf die Nase, die neben einem der vielen Laborutensilien lag. Er sah damit aus wie ein Pilot oder Rennfahrer vergangener Zeiten. Mit hinter dem Rücken gekreuzten Händen verließ er Micro Minitecs Rumpelkammer.

Nano fühlte sich sehr wichtig. Eingehend betrachtete er die Geräte. Nach einem Rundgang stand er wieder vor der Panzertür. Plötzlich öffnete sie sich, begleitet von dem gewohnten Schütteln. Nano betrat die Schleuse und zog den Overall an. Auch die Schiebetür öffnete sich wie von selbst. Da stand er wieder vor dem roten Klotz. Er hatte das Gefühl, dass die Maschine ihn höhnisch musterte. Es war, als würde sie sagen:

»Was willst du denn hier, Kurzer!« Mit bedeutender Miene trat Nano näher heran. Sein Bauch meldete Unbehagen. Er beachtete es nicht und schwang sich erneut in die Aussparung zwischen die brötchenähnlichen Hälften.

An einer Seite war ein blitzblankes Stahltablett auf einem Schwenkarm montiert. Er rutschte mit dem Po auf die Kante der Sitzfläche und angelte danach. Fast wäre er runtergefallen, bekam aber eine Ecke des kühlen Metalls zu fassen und zog es zu sich herüber. Über dem Tablett war ein zierlicher Greifarm montiert. Auf der Metallfläche lag in einer mit Watte ausgepolsterten Glasschale eine kleine Kapsel. Neben dem flachen Gefäß lag eine Fernsteuerung. Neugierig hielt er die Glasschale dicht vor die Augen. Die Kapsel hatte vorne eine verspiegelte Fläche und sah mit dem weißen, glänzenden Lack makellos und elegant aus; nur an der Rückseite konnte er eine Naht erkennen, die ein Quadrat bildete, und zwei schmale Nähte an beiden Seiten. Sie wirkte dermaßen glatt und flutschig, dass er sich nicht traute, sie aus der Schale zu heben, aus Angst, sie würde ihm durch die Finger schlüpfen.

Vorsichtig stellte er sie zurück und schnappte sich die Fernsteuerung. Als er den roten Powerknopf betätigte, schaute er sich erwartungsvoll im Raum um. Nichts passierte. In Micro Minitecs Büro jedoch sprang ein Computer an. Eine Stimme sagte: »Aufwärmphase, bitte warten.« Doch das hörte er nicht.

Nano schaute sich die Fernbedienung genauer an. Er hatte gedacht, man könnte damit Musik einschalten oder einen gut verborgenen Bildschirm aktivieren. Aber die Beschriftung der Tasten sagte ihm nichts. Oben in der Nähe der Infraroteinheit war ein kleiner Kippschalter, neben dem auf der einen Seite

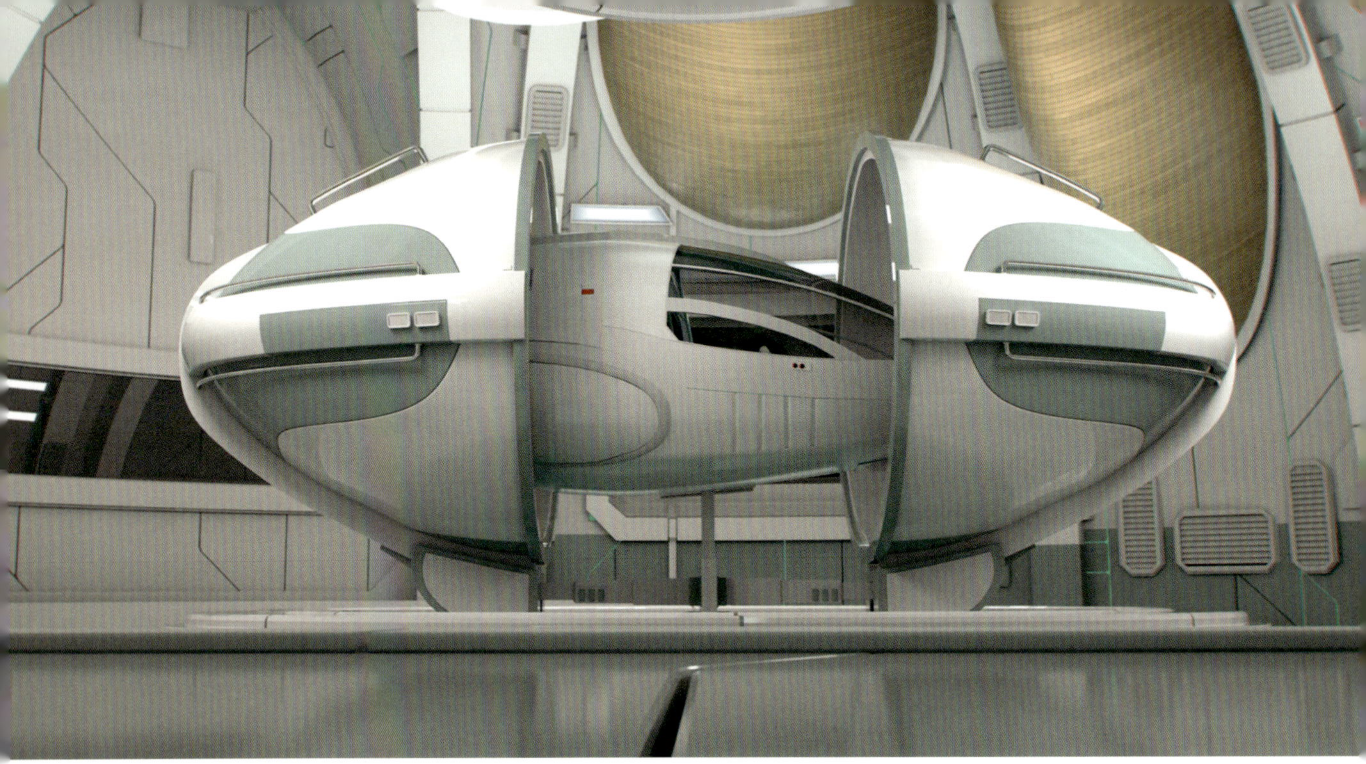

» Mikro «, auf der anderen Seite » Makro « stand. War die Fernsteuerung Teil des Verkleinerungsapparats? Unter dem Schalter gab es viele Knöpfe, über denen verschiedene Zahlenkombinationen und Symbole standen. Ganz unten war noch ein Drehregler, der mit » Freie Einstellung « beschriftet war. Nanos Blick fiel auf eine Taste mit einem winzigen Symbol. Erst als er die Fernbedienung ganz nah vor die Augen hielt, konnte er einen lustig aussehenden Zwerg erkennen. Aus einem Gefühl der Verbundenheit mit allen Kleinwüchsigen drückte er die Taste. Auf einem kleinen, eingebauten LCD-Display erschien die Zahlenfolge » eins zu tausend « und dann » bitte warten «.

Nano wurde nervös, Dr. X hatte ihn gebeten, nichts zu berühren. Auf einmal fing der Riesenhamburger an zu vibrieren. Gleich darauf brach ein Höllenlärm aus dem Gerät. Sein Verstand signalisierte ihm » Flucht «, aber seine Glieder gehorchten ihm nicht mehr. Es war wie in einem Albtraum. Vorsichtig löste er seine Hände von den Rändern. Er wollte sich gerade abstoßen, da spürte er ein Kribbeln im Rücken, das sich augenblicklich auf seinen ganzen Körper übertrug. Er drehte sich um und sah einen feinen, grünblauen Lichtstrahl, der ihn traf und den ganzen Raum zwischen den beiden Hamburgerhälften in farbiges Licht tauchte.

Der Raum begann zu fließen, die Wände stürzten wie ein umgekehrter Wasserfall dem Himmel entgegen, die Zimmerdecke verschwand aus seinem Blickfeld. Alle Flächen, die er sah, schienen sich ins Unendliche zu verlängern. Voller Angst schloss er die Augen. Nach kurzer Zeit verstummte das Getöse.

Vorsichtig hob Nano das rechte Augenlid, dann auch das linke. Ungläubig rieb er sich die Augen. Nano lehnte mit dem Rücken an etwas Kühlem. Er stand auf und drehte sich um. Direkt vor seiner Nase breitete sich eine Fläche aus, die nach glänzendem, weißem Plastik aussah. Als er einen Schritt zurücktrat, war sie hoch wie ein Kleiderschrank und lang wie ein Kleinlaster. Die war doch eben noch nicht da gewesen. Wer hatte sie da hingezaubert? Er selbst vielleicht, als er auf die Taste gedrückt hatte?

Auch der Rest des Zimmers hatte sich verändert. Nano kam die Umgebung vor wie ein fremder Planet. Plötzlich packte ihn etwas hinten am Overall und hob ihn in die Luft. Der Boden, den er zwischen seinen zappelnden Füßen hindurch sah, wirkte unfassbar weit entfernt. Das Etwas, das ihn an der Schutzkleidung gepackt hatte – hoffentlich hielt der synthetische Stoff! –, setzte ihn sanft auf einer spiegelnden Fläche ab, die glatt wie eine Schlittschuhbahn war. Da fiel es ihm wie

Schuppen von den Augen. Er hatte sich geschrumpft! Die spiegelnde Fläche war das Tablett, und das weiße Ungetüm, an das er sich gelehnt hatte, war die Fernbedienung, mit der er die Mikrotisierung gestartet hatte. Oje, was würden Micro Minitec und Dr. X dazu sagen?

Und am allerwichtigsten: Was war mit ihm? Würde er jemals wieder so groß sein wie vorher? Oder bekäme er demnächst ein Zimmer im Puppenhaus seiner Schwester? Das war so ungerecht: Schon immer kleiner als alle anderen, war er jetzt nicht mehr als eine Nanolino-Miniaturausgabe. Ängstlich schaute er sich um und entdeckte den Greifarm, der ihn auf das Tablett gehoben hatte. Er sah auch die Glasschale mit der weißen Kapsel. Langsam ging er auf sie zu, rutschte jedoch trotz aller Vorsicht aus und fiel auf den Hintern. Der Rand der Petrischale wirkte wie eine gläserne Mauer, die einen weißen Wattegarten umschloss. Er kletterte hinüber und ließ sich in die weiche Watte fallen.

Voller Respekt schaute er zur fast haushohen Kapsel hoch, stand auf und berührte sie vorsichtig mit den Fingerspitzen. Er ging um sie herum. Als er sich selbst im Spiegel vorn an der Kapsel sah, streckte er sich die Minizunge heraus. Am anderen Ende angekommen, strich er über die Naht im weißen Metall. Es zischte und die quadratische Fläche öffnete sich. Er kletterte hinein. Kaum war er drin, schloss sich die Klappe. Er stand im Dunkeln. Als seine Augen sich an das Dämmerlicht gewöhnt hatten, entdeckte er vor der getönten Scheibe zwei Sitze, einen sehr kleinen und einen weiteren, offensichtlich für einen Erwachsenen. Müde und erschöpft ließ sich Nano in den großen Sitz sinken und schloss die Augen.

Er sah nicht, wie Micro Minitec und Dr. X den Raum betraten. Die Erfinderin trug einen Glaskasten, in dem Rappel saß. Er passte gerade so hinein, schien sich aber nicht im Mindesten daran zu stören.

Micro Minitec stellte das Gefäß mit dem Hasen in den roten Klotz. Als sie die Fernsteuerung sah, die Nano zurückgelassen hatte, schaute sie Dr. X tadelnd an.

» Die hat hier nichts zu suchen. Zum hoffentlich letzten Mal: Die Fernsteuerung gehört in mein Büro! «

Dr. X guckte verdattert, umfasste freundschaftlich seine Mitarbeiterin und zog sie hinaus. In Micro Minitecs Büro stellten sie sich vor das Fenster und starteten, wie zuvor Nano, per Fernsteuerung die Mikrotisierung. Sobald der Hase verkleinert war, trat der Greifarm in Aktion und dockte das Aquarium an die Einstiegsluke der Kapsel. Rappel hopste aus dem Glaskasten hinaus. » Los, Rappel, auf den Haustiersitz «, murmelte Dr. X. Der ließ sich auf dem kleinen Sitz nieder und wurde sofort mit einem Hasenspezialgurt festgezurrt. Micro Minitec hatte dieses System in den Anfängen der Mikrotisierung entwickelt.

Sie hatte Rappel beim ersten Verkleinerungsversuch fast verloren und ihn deshalb mit Henna orangerot gefärbt, ihm einen kleinen Sensor in die Ohren geknipst und eine kleine, goldene Schelle in Herzform an der Brust befestigt. Beide lösten ein klitzekleines Funksignal aus und konnten über Lautsprecher und Bildschirm in ihrer Jacke verfolgt werden. Herzzerreißend sah das rote Häschen unter dem Mikroskop aus! (Micro Minitec glaubte, ein henna-rotes Staubkorn sei besser zu finden als ein weißes – zumindest mit einer Lupe.) Mit seinen Kulleraugen! Zum Kaputtlachen, wenn er einen so fragend unter dem

Mikroskop anblickte, den Kopf schief hielt und mit den Ohren schlackerte. Wie hatte sich Micro Minitec darüber beim allerersten Mal amüsiert und zu kichern angefangen! Aber aus Erfahrung wird man ja bekanntlich schlauer. Denn beim Kichern entstand ein Luftzug und ihr klitzekleines Häschen flog vom Schreibtisch irgendwohin ins Nirgendwo. Zum Glück hatte sie ihn nach Stunden aufgeregter Suche mit Vergrößerungsbrille und Megalupe total verschreckt und zitternd auf dem Rand ihres Papierkorbs wiedergefunden. Beide waren heilfroh gewesen. Nie wieder eine solche Panikattacke, das hatte Micro Minitec sich damals geschworen.

Deshalb der Hasenspezialgurt, die rote Farbe, der Ohrsensor und die witzige Funkschelle. Ein lauter werdendes Schrillen signalisierte Rappels Position in der Kapsel.

Der Sitz fuhr aus seiner ursprünglichen bodennahen Position in eine höhere, damit das rote Häschen ungehindert aus der Scheibe schauen konnte. Entspannt sah es dem entgegen, was da kommen mochte. Nano, der tief schlief, bekam von alledem nichts mit. Weder das automatische Gurtsystem noch das durch die Kapselwände gedämpft zu ihm dringende Rumoren der zweiten Verkleinerung weckten ihn auf.

Sogar die Ankunft Rappels verschlief er.

Micro Minitec nahm das Tablett mit der Kapsel und trug es in die Schleuse. Draußen auf dem Flur wartete Dr. X. Gemeinsam betraten sie einen anderen Raum, auf dessen Türschild »Zimmertomograf« stand.

»Ich frage mich, wo der Kleine ist«, wunderte sich Micro Minitec. Rappel war wirklich besonders süß.

»Wahrscheinlich schon auf dem Weg nach Hause. Sah ein

bisschen erschöpft aus, du hast es auch ein wenig mit der Geschichte und den ganzen Erklärungen übertrieben«, antwortete Dr. X nachdenklich.

»Nein, das glaube ich nicht, dafür war er viel zu interessiert.«

»Ja, du hast recht. Wir sollten aber trotzdem mit dem Experiment beginnen. Es war ein langer Tag und ich werde langsam müde.«

»Dann hol dir einen Kaffee. Im Gegensatz zu dir durfte ich den ganzen Tag nur Wasser trinken«, flapste Micro Minitec.

»Natürlich Wasser, wir wollen ja gute Bilder von den Organen in deinem Verdauungstrakt, und dazu musst du viel, viel klares Wasser trinken. Das wird ja eine moderne Untersuchung bei dir, dazu brauchst du sozusagen eine ›Überschwemmung‹ in deinem Magen-Darm-Trakt. Die Mini-LED-Lampen des

Kapselendoskops leuchten zwar sehr stark, aber bei zu dickem Brei im Darm können auch sie nicht mehr die Umgebung für die Kamera erhellen. Und übrigens, danke nein …«

»Danke nein – was?«, fragte Micro Minitec.

»Keinen Kaffee, ich bin schon jetzt rappeliger als dein kleiner Hase«, antwortete Dr. X.

Micro Minitec schaute ihn belustigt an: »Für dich ist das jedes Mal ein Abenteuer, oder?«

»Und ob, eine Reise in das Innere des Menschen … Es ist zu schade, dass wir Rappel nicht begleiten können.«

Micro Minitec schloss die Tür hinter sich und dem Doktor. Der Raum war pistaziengrün gestrichen und abgesehen von einem braunen Ledersofa, vor dem auf einem gläsernen Beistelltisch Zeitschriften und Bücher lagen, leer.

Eine Glasfläche ersetzte die hintere Wand und grenzte einen kleinen Raum ab, in dem ein Schreibtisch und ein Computer standen. An der hinteren Wand hing eine merkwürdige Karte. Auf der Glasscheibe waren außen und mit einigem Abstand drei grün lackierte, schmale Gehäuse befestigt. Micro Minitec drückte auf ihre Hightechuhr, und aus jeder der restlichen drei Wände kamen ähnliche Metallkästen gefahren, die vorher versenkt gewesen waren. »Zimmertomograf einsatzbereit!«, rief sie. Sie hielt Dr. X an der Hand fest, der in den separaten Raum gehen wollte. »Irgendwann schaffen wir es auch, einen Menschen zu verkleinern, wirklich! Wir sind schon fast so weit.« Dr. X nickte und ging in den Kontrollraum.

Sie stellte das Tablett auf den Couchtisch, setzte sich auf das Sofa und holte eine Pinzette aus der Jackentasche. Vorsichtig hob sie damit die Kapsel aus der Petrischale. »Machen wir zuerst einen Systemcheck«, sagte sie zum Doktor, der hinter dem Schreibtisch Platz genommen hatte. »Zuerst die Mini-Scheinwerfer!«

Ein unvergesslicher Augenblick

Nanos Kopf fiel zur Seite, als Micro Minitec die Kapsel hochhob. Er erwachte und dachte einen Moment lang, dass er immer noch träumte. Auf dem Armaturenbrett vor der helikopterartigen Scheibe flackerten bunte Lichter kleiner Lampen und Anzeigen. Auf dem Cockpitfenster erschienen verschiedene Projektionen. Rechts oben drehte sich ein Querschnitt der Kapsel, links von ihm leuchteten einige Zahlen auf, und in der Mitte der Glaswölbung erschienen die durchsichtigen Buchstaben »system check in progress«.

Aber was war das? Rechts von ihm saß ein Hase, auf dem Monitor passierten unglaubliche Dinge. Er wusste nicht, wohin er zuerst schauen sollte. Nach kurzer Zeit erkannte Nano, wer der Hase war: Rappel. Er strahlte über beide Wangen und beide begrüßten sich freudig mit einem Handzeichen. »Du hier und nicht in Hollywood«, witzelte Nano. Rappels Backen erglühten noch mehr, als es seine rosa Fellfarbe für möglich erschienen ließ. Rappel zeigte mit seiner Pfote demonstrativ auf das Cockpit: Ein riesig großes **Auge** glitt vorbei, dann eine Nase, die Nano bekannt vorkam, und wieder ein Auge. »Ja, natürlich.« Er kratzte sich am Kopf, und langsam dämmerte es ihm. Er sah mitten in die rechte Pupille von Micro Minitec, die gerade die Kapsel aus der Nähe betrachtete. Nur wusste er zuerst nicht, was er sah. Dr. X schaltete die Mini-Scheinwerfer der weißen

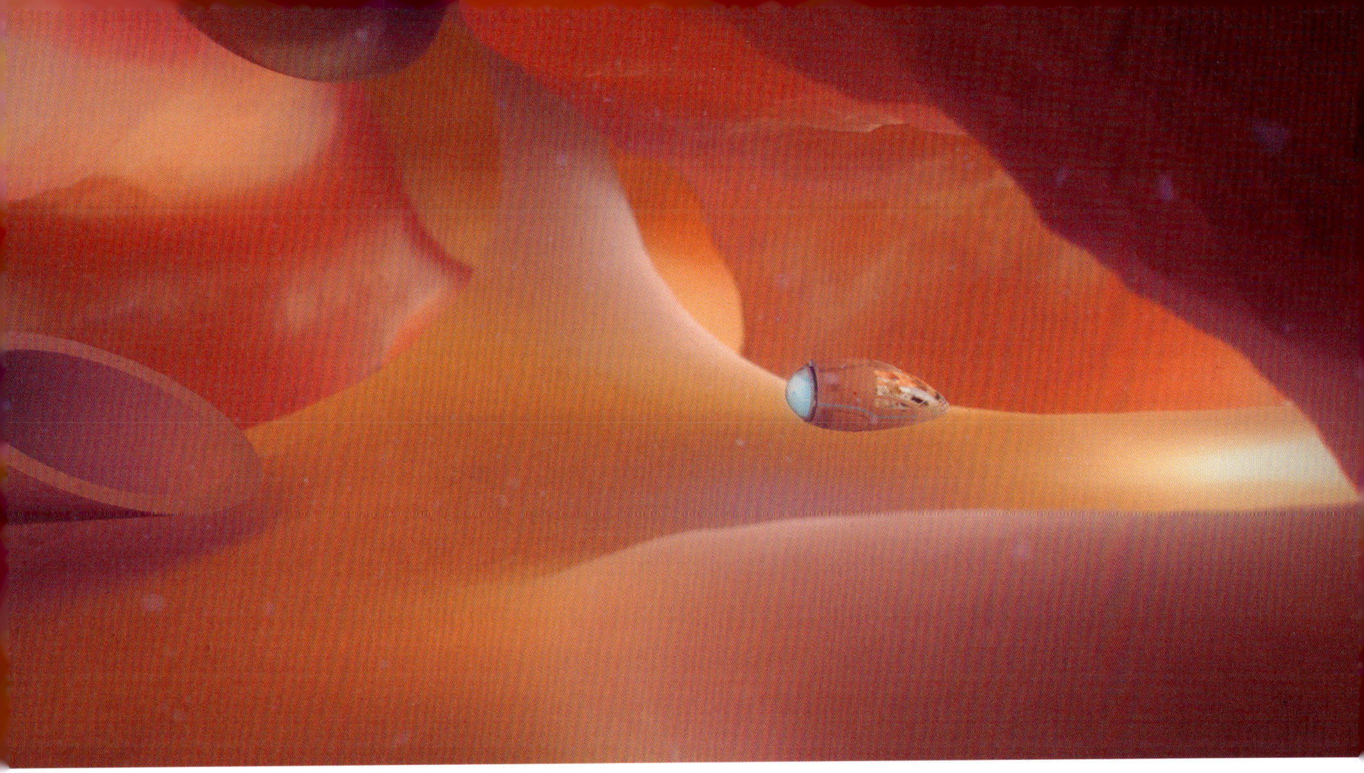

U-Boot-Kapsel über den Monitor von außen ein. Das starke, gebündelte Licht strahlte auf den Augenhintergrund und erhellte eine wunderschöne »Flusslandschaft«. Nano sah einen tiefroten, breiten Fluss mit vielen kleinen Seitenärmchen, die in eine orangerote Landschaft eingebettet waren. Atemberaubend! Irgendwo hatte er schon ähnliche Bilder gesehen. Hatte er nicht letztens mit Marie ein Buch über den Amazonasdschungel durchgeblättert? Ja klar, Luftaufnahmen vom Flusslauf, das war es. Nur die Farben waren anders gewesen.

Geblendet blinzelte Micro Minitec. Das herabschnellende Lid erschreckte Nano, aber es war so schnell wieder verschwunden, wie es aufgetaucht war.

Er sah wieder Micro Minitecs Augen-Amazonas, in der Mitte dieses fremdartigen Erdkreises war eine gelbe Sonne. Oder vielmehr ein sonnenartiger See, durch den der breite

Strom zog. Dr. X sprach in das Mikrofon neben seinem Computer. Seine Stimme erklang sowohl in dem Raum, in dem Micro Minitec saß, als auch in dem U-Boot. Nano vernahm die vertraute Stimme und war fasziniert von dem Anblick. Er vergaß sogar, dass er in Miniaturformat verkleinert neben einem roten Hasen in einem kapselähnlichen U-Boot saß.

»Testen wir, ob die Kamera auch bei größerer Detailschärfe einwandfrei funktioniert«, sagte Dr. X.

Ein kurzer Moment der Unschärfe, und die Gefäße rückten noch näher heran. Er sah, wie sich im Licht der winzigen Scheinwerfer glänzende Flüssigkeit durch die Adern schob.

»Die Natur spiegelt das Große im Kleinen. Die Formen wiederholen sich anscheinend immer wieder im Kosmos«, philosophierte Dr. X, der sowohl die Sicht aus dem Cockpit als auch die der Kamerakapsel in den Körper auf seinem Bildschirm genau beobachten konnte. »Sieh nur da, Micro, die Hauptaugenarterie mit ihren Ausläufern. Und da, der gelbe Fleck. Ich vergesse doch immer wieder, wie ergreifend schön der Augenhintergrund ist. Das ist wie ein Blick in das Innerste des Menschen!«

»Ach Doktor, es ist immer wieder schön, wenn Sie ins Schwärmen geraten. Na, dann wollen wir mal«, sagte Micro Minitec. Nano und Rappel schaukelten heftig in den Sitzen, als sie die U-Boot-Kapsel wie eine Pille zwischen den Fingern zum Mund führte. Kurz sahen die beiden ihr strahlendes und gefährlich großes Lächeln.

Es wurde stockfinster im Cockpit, bevor eine schummrige Innenbeleuchtung die Dunkelheit vertrieb. Das Gefährt wurde ordentlich herumgeschleudert, sodass die kleinen Passagiere

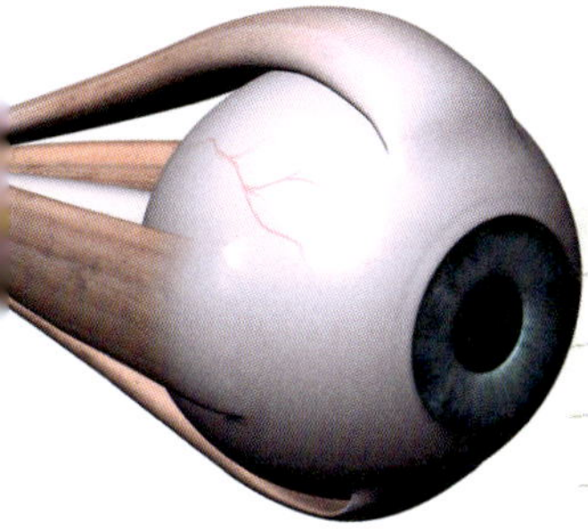

Auge

Siehst du einen Baum, macht dein Auge ein Bild von ihm. Es funktioniert wie eine Kamera, nur noch viel besser. Die **Linse** nimmt die Lichtstrahlen des Baumes auf, sammelt sie und wirft sie – verkehrt herum – auf deine innere Leinwand, die **Netzhaut**. In ihr münden die Nervenenden des **Sehnervs**. Und diese Nerven führen bis in das Gehirn. Erst das Gehirn dreht das Bild von der Netzhaut wieder, sodass du den Baum richtig herum wahrnimmst. Deine Linse kann sich verändern. Sie ist zwischen dem **Sehmuskel** aufgespannt. Dieser zieht sich zusammen oder dehnt sich. Dann verändert sich auch die Linse und wird zu einem Weitwinkel- oder Teleobjektiv. Dein Auge besteht innen aus der **Pupille** mit seiner Regenbogenhaut (Iris), die deine Augenfarbe und den Lichteinfall bestimmt. Sie kann sich weiten oder verschließen wie die Blende einer Kamera. Für den Fall, dass du nicht gut sehen kannst, gibt es Brillen oder Kontaktlinsen. Es gibt im Wesentlichen zwei Formen von **Fehlsichtigkeit**. Menschen, die entfernte Dinge schlecht sehen können, nennt man **kurzsichtig**. Andere, die Sachen schlecht erkennen, die direkt vor ihrer Nase sind, aber sehr gut in die Ferne sehen, nennt man **weitsichtig**. Mittlerweile lassen sich Erwachsene die Augen lasern, um die Fehlsichtigkeit ohne Brille zu korrigieren.

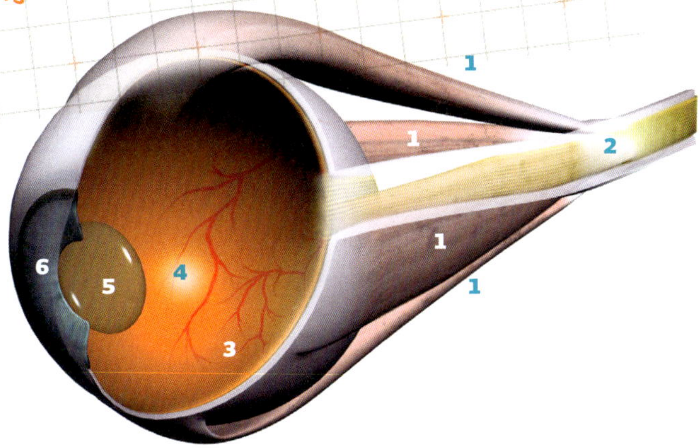

Schielen möglich! Das Auge mit den Muskeln für die Augenbewegung sowie Anschnitt des Augen-Fotoapparates. Iris, Linse, Gelber Fleck und Sehnerv.

1 Augenmuskel
2 Sehnerv
3 Netzhaut
4 Gelber Fleck (Macula)
5 Linse
6 Iris

Zähne, Karies

Jeder deiner Zähne ist mit seiner **Wurzel** fest im Kieferknochen verankert. Der Zahn ist der härteste Teil an einem Menschen. Denn er ist an der sichtbaren Oberfläche, der **Zahnkrone**, komplett mit **Zahnschmelz** überzogen, ähnlich wie die Keramik im Waschbecken. Darunter liegt das weichere **Zahnbein**, das als Stoßdämpfer wirkt. Sonst wäre jeder Biss eine unerträgliche Erschütterung in deinem Kopf. Im inneren **Zahnmark** laufen Nerven und Blutgefäße. Sie halten den Zahn am Leben und lassen ihn wachsen. Du solltest morgens und abends deine Zähne sorgfältig putzen. Denn Speisereste auf und zwischen den Zähnen werden von Bakterien angeknabbert, die ganz natürlich in deiner Mundhöhle vorkommen. Vor allem die süßen **Kohlenhydrate** lieben sie! Die Bakterien bauen Zucker ab und produzieren dabei Milchsäure, die den Zahnschmelz angreift. Sie fressen sich durch die entstandenen Löcher im Schmelz bis ins Zahninnere. So entsteht **Karies**, auch Zahnfäule genannt.

mehrmals kopfüber in den Gurten hingen. Rappels Ohren wirbelten lustig im Kuddelmuddel der Karussellfahrt herum, während der Hase gelassen vor sich hin mümmelte. Dann ruhte die Kapsel. Die Karussellfahrt war genauso plötzlich zu Ende, wie sie angefangen hatte. Tageslicht brach in die Finsternis der Höhle, als Micro Minitec den Mund öffnete. Vor dem Fenster breitete sich eine rote » Zungenebene « aus, die von einer Wand weißer Türme abgeschlossen wurde: den **Zähnen.**

Nano beugte sich so weit vor, wie es die Gurte zuließen, und schaute nach oben. Die gewaltige Mundhöhle raubte ihm den Atem. Dies war der Ort, so erfuhr er später, an dem die Energiegewinnung für das Wachstum der Zellen begann.

» Schicken wir ein bisschen Brot und etwas Tomate mit auf die Reise, das macht die Bilder eindrucksvoller «, hörte Nano Dr. X sagen. Jetzt musste er sich aber endlich bemerkbar machen. » Hallo, Doktor, hallo, Minitec, ich bin auch hier drin! «, rief er. Keine Antwort. » Hallo, hallo, haaalloo! Dr. X? « Doch sie hörten ihn anscheinend nicht. Verflixt! Irgendwo musste es doch ein Funksprechgerät geben! Er begann, das Armaturenbrett abzusuchen.

Da wurde die Kapsel von etwas getroffen. Nach dem dumpfen Aufprall schaute Nano aus dem Fenster und sah ein gewaltiges Stück Brot. Ein zweiter Brotfetzen flog über sie hinweg, gefolgt von etwas Rotem. Offensichtlich zerkleinerte Micro Minitec Brot und Tomaten und warf sie sich in den Mund. Auf einmal prasselten kleine Wasserfontänen auf Boot, Brot und Gemüse. Die Kapsel schwankte. Nano kam sich vor wie in einer Autowaschanlage. Wie er ganz richtig vermutete, waren es die Speicheldrüsen, die beim Essen aktiv werden und die Zähne bei der Erzeugung des Speisebreis unterstützen. Sie spritzten ihre Wasserfontänen direkt aus den Seitenwänden des Höhlengewölbes auf das Boot. Es platschte gewaltig. Im Speichel sind kräftige Weichmacher. Enzyme. Eiweiße, die auch an anderen Stellen im Körper wie im Magen oder Darm wirken, helfen mit, die Nahrung zu zerteilen.

Plötzlich wurden sie wieder herumgewirbelt und kamen mehrmals den riesigen, mahlenden Backenzähnen sehr nah.

»Nein, wir werden noch zerbissen!«, schrie er und begann wieder, eine Verbindung nach außen zu suchen. Rappel schaute ihn erstaunt an und machte eine Bewegung mit der Pfote, als wollte er ihm sagen: »Immer mit der Ruhe.«

»Micro Minitec, pass auf, dass du nicht auf die Kapsel beißt, die ist so massiv, dass sie dir noch eine Plombe knackt«, sagte Dr. X, der den Weg der Kapsel auf seinem Bildschirm überwachte.

Nano und Rappel landeten weiter hinten auf der **Zunge.** Die Außenbeleuchtung sprang an. In dem starken Licht, das durch den flachen Winkel, mit dem es alles beleuchtete, auch tiefe Schatten erzeugte, sah Nano zum ersten Mal die vielen Furchen auf der Zunge. Sie erinnerten ihn an das frisch gepflügte Feld, das sich hinter dem Garten seiner Oma ausdehnte. In den Furchen waren bizarre spiralförmige und knorrige Gewächse, die Geschmacksnerven, wie er später lernte.

»So, ich glaube, jetzt kannst du das Ganze runterschlucken«, sagte Dr. X, und hätte er das Innenmikrofon eingeschaltet, hätte er Nano laut schlucken hören.

Karies?

Hast du schon mal bei deinen Freunden oder bei Erwachsenen schwarz-gelbe Stummelzähne gesehen? Sieht nicht gerade schön aus, was meinst du? Sie entstehen durch die Zerstörung des **Zahnschmelzes** und des **Zahnbeins.** Karieserreger bohren Löcher, und die führen durch die Entzündung und Vernichtung des **Zahnmarks** zur vollständigen Zerstörung der Zähne. Deshalb solltest du morgens und abends deine Zähne sorgfältig putzen. Und nicht zu viel Süßes. Speisereste auf und zwischen den Zähnen werden von bestimmten Bakterien angeknabbert, die in deiner Mundhöhle natürlich vorkommen. Vor allem die süßen **Kohlenhydrate** lieben sie tierisch! Wenn du diese Streptokokken oder **Laktobazillen** mit Zucker verwöhnst, mutieren aus friedlichen Miniwesen ungeheure Monster. Diese bohren und fressen trotz allem Schutz die härteste Substanz deines Körpers, deinen Zahnschmelz, auf. Denn beim Abbau des Zuckers entsteht Milchsäure, die deinen Zahnschmelz angreift. Die Bakterien nutzen die entstandenen Löcher im Schmelz und fressen sich ins Zahninnere. Der Schaden, der dabei angerichtet wird, ist nicht wiedergutzumachen. Da muss dann dein Zahnarzt ran, um Schlimmeres zu verhindern. Also regelmäßig zum Zahnarzt, damit Karies gar nicht erst eine Chance kriegt.

Es rumorte auf einmal unheimlich im Hintergrund, wie bei einem Lawinenabgang in den Bergen. Eine gigantische, rote Wand wölbte sich schraubenartig über und um das Boot. Sie wurden überrollt und eingeschlossen. Die feuchte Oberfläche der Zunge nahm ihnen die Sicht. Nano hielt den Atem an. Er sah kurz den Gaumen, an den das Schiff gepresst wurde, dann tat sich vor ihnen ein riesiger, dunkler Abgrund auf. Mit dem vorderen Teil des Bootes hingen sie schon über dem tiefen, düsteren Schlund. So weit das Auge reichte, sah man gähnende Leere. Nano wurde schwindelig, seine Beine zitterten.

Rechts und links vom Cockpit sah Nano mächtig zerklüftete, tiefrote, felsenartige Gebilde mit vielen kleinen Höhlen und Nischen. »Das müssen wohl die Mandeln sein«, schoss es ihm durch den Kopf. Wie zwei riesige Wächter vor einer Hafeneinfahrt sahen sie aus. Er hatte früher mal eine heftige

Mandelentzündung gehabt und sich vor dem Spiegel mit Oma Rosi seine knallroten Mandeln angesehen. »Die sehen ja aus wie angeklebte Erdbeeren«, erinnerte er sich an seine Worte und das Lächeln seiner Oma. Sie hatte ihm erklärt, wie er die Schmerzen und Schluckstörungen behandeln konnte. »Oma Rosi hat immer so tolle Hausmittel und kann einen wirklich gut beruhigen. Schade, dass sie nicht hier ist«, dachte er.

Über ihm legte sich eine mächtige, schlaffe Säule auf das Boot – das Zäpfchen.

»Na, Rappel, alles in Ordnung? Gleich geht's abwärts!«, sprach Dr. X ins Mikro. Nano, der endlich die Sprechanlage gefunden hatte, die in eine der Armlehnen des Sessels eingebaut war, antwortete bewusst ruhig: »Es geht, eigentlich bin ich es gewohnt, klein zu sein. Doch an diesen Zustand kann und will ich mich nicht gewöhnen!«

Zunge

Du wirst es kaum glauben, aber deine Zunge ist ein riesiger **Muskel**. Sie besteht aus der Zungenwurzel, dem Zungenkörper und der Zungenspitze und wird durch das **Zungenbändchen** (unter der Zunge) festgehalten. Dein Mund ist eine wahre Sinneszentrale! An deinen Zungenrändern und auf dem Zungenrücken finden sich **kleine, warzenförmige Sinneszellen**. Sie checken Wärme, Kälte, alle Oberflächen oder Bestandteile der Nahrung und den Geschmack. Du hast folgende Geschmacksrezeptoren auf deiner Zunge: für **süß** an der Spitze, **salzig** am vorderen Zungenrand, **sauer** an den Seitenrändern und **bitter** an der hinteren Zungenwurzel. Die Eigenschaften **pfeffrig** und **zusammenziehend** werden von deinem Gaumen geschmeckt. Der Geschmack führt zu elektrischen Erregungen. Diese werden über Geschmacksnerven an dein Gehirn gemeldet. Das große **Geschmackszentrum** befindet sich in den sensorischen Rindenfeldern deiner **Großhirnrinde**. Außerdem unterteilt die Zunge die Nahrung in Portionen und leitet das Schlucken ein. Unverzichtbar ist sie auch beim Saugen oder Sprechen.

Senkrechter Schnitt durch die Mitte des Schädels (Kernspintomografie)

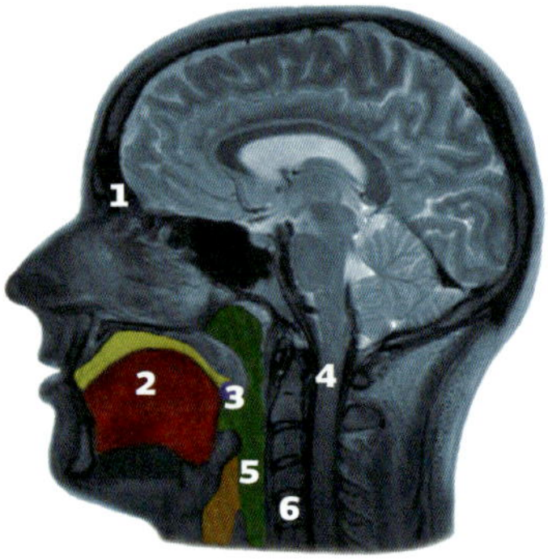

1 Siebbein mit Riechzellen
2 Zunge
3 Zäpfchen
4 Rückenmark
5 Schlund
6 Wirbelsäule

Mandelentzündung

Die Mandelentzündung macht sich häufig durch eine sehr starke Schwellung der **Gaumenmandeln**, aber auch des benachbarten Rachens und des Zäpfchens bemerkbar. Meistens sind dann auch noch Lymphknoten unter deinem Kinn oder am Hals geschwollen. Fühl mal nach! Das ist aber ganz normal, weil dein **Immunsystem** in höchster Alarmbereitschaft ist. Jetzt werden Keime abgewehrt und sogar ein Immungedächtnis gebildet oder es wird aufgefrischt, damit sich die Mandeln an den Keim erinnern. Ganz schön schlau! Sind deine Mandeln rötlich geschwollen, sind sie wahrscheinlich nur gereizt. Bekommst du Fieber und hast stark gerötete Mandeln ohne gelb-grünliche Flecken, weist das auf eine **Viruserkrankung** hin. Dann sind abwehrsteigernde Medikamente und Bettruhe angesagt. Spätestens wenn du Flecken auf den Mandeln hast, musst du zum Arzt gehen. Er sollte einen Abstrich mit einem sterilen Wattetupfer entnehmen und die Bakterien für eine gezielte Antibiotikatherapie bestimmen lassen.

→ *Gurgeln mit Salbeiöl*

Gegen Mandelentzündung, Halsschmerzen und Heiserkeit

Man nehme:
4 Tropfen Salbeiöl
1/2 Teelöffel Honig
1 l warmes Wasser

Zubereitung:
Das Öl musst du in das Wasser tropfen und den Honig darin umrühren.

Anwendung:
Du solltest 4-mal täglich 3 Minuten gurgeln und: lutschen, lutschen. So viele Bonbons wie möglich, am besten Salbei-, Minz- oder Honigbonbons. Oder Eis essen oder einen kalten Halswickel machen, das kühlt den Schmerz runter.

Für Erwachsene: Noch stärker antibiotisch wirkt Teebaumöl in gleicher Menge. Allerdings: Vorher 1 Tropfen auf die Haut geben, um das Allergiepotenzial zu testen. Teebaumöl ist stärker allergisierend. Den gleichen Teebaumsud kann man auch gegen leichten Fußpilz einsetzen. 2-mal täglich ein 10-minütiges Fußbad wirkt Wunder. Mindestens 3 Wochen lang.

Dr. X' Gesichtszüge entgleisten. Micro Minitec verschluckte vor Schreck das U-Boot mitsamt den winzigen Insassen.

Es grollte und grunzte tief, gleichzeitig bewegte sich das Boot ruckartig vor- und rückwärts. Kaum hatte Nano das Getöse wahrgenommen, ging es im Sturzflug abwärts. Die Köpfe nach unten – Rappels Ohren waren dem Abgrund am nächsten –, stürzten sie ins Bodenlose. »Hui-ui-ui!«, entfuhr es Nano. Er linste zu Rappel. Der schien Spaß daran zu haben.

Nano musste zwischendurch die Augen zukneifen. Glatte, rosarote Wände schossen an ihnen vorbei. »Dagegen ist die Turborutschbahn im Schwimmbad ein Klacks«, dachte er.

Dann tat es einen Schlag und sie saßen fest. Alle schwiegen – auch die beiden Erwachsenen. Dr. X hatte sich umgedreht und schaute mit weit aufgerissenen Augen auf die große Leinwand, die hinter dem Schreibtisch an der Wand hing und auf der er den Sturz der Kapsel beobachtet hatte. Micro Minitec war aufgestanden und stand mit platt gedrückter Nase direkt an der Scheibe. Nano stierte auf das Gebilde vor ihm. Rappel mümmelte gelassen.

»Eh, Nano, alles in Ordnung?«, fragte Dr. X. Er hatte die Innenkamera der Kapsel eingeschaltet und ärgerte sich, dass ihm das nicht schon vorher eingefallen war. Er sah den Jungen in dem Sessel hängen, etwas bleich um die Nase.

»Wir dachten, du wärst schon zu Hause ...«

»Kinder! Ja natürlich! Wie konnte ich so blind sein!«, legte Micro Minitec plötzlich los. »Klar, deshalb kann ich uns nicht verkleinern ... Das muss mit den Hormonen zusammenhängen! Ich kann nur Kinder schrumpfen ... Super!«

Freudig küsste sie das Fenster, das sie von Dr. X trennte. In der Nähe seines Gesichts blieb ein fettiger Fleck vom Lippenstift zurück.

»Das ist ja gut und schön«, sagte Nano, »aber ich wäre gern wieder etwas größer, und das bald.«

»Wie? Ach was, mach dir keine Sorgen, bisher habe ich noch alles, was ich mikrotisiert habe, wieder groß bekommen«, antwortete sie.

»Irgendwann ist immer das erste Mal«, dachte Nano. Ihm war bei dem Gedanken nicht wohl. Maries Puppenhaus spukte wieder durch seinen Kopf.

Dr. X schaltete sich ein: »Das müssen wir, fürchte ich, später besprechen, denn die Reise geht gleich weiter. Du brauchst dich übrigens nicht zu fürchten, Rappel hat das schon einige Dutzend Mal erlebt, und ihm ist nie etwas passiert. Im Gegenteil, er freut sich förmlich darauf, habe ich das Gefühl.« Nano schaute zu dem lässig kauenden Hasen, der ihm ermunternd zunickte. »Ihr hängt im Magenpförtner fest! Direkt über dem Magen. Dieser Verschlussmechanismus zwischen Magen und Speiseröhre verhindert, dass der Magen ›überläuft‹ und Säure aus dem Magen in die Speiseröhre kommt. Ist der Muskel ›ausgeleiert‹, hat man nach dem Essen fast immer Sodbrennen. Das ist so ein komisches Brennen in der Brust, weil die Magensäure die Speiseröhre reizt und eine Entzündung bewirkt.«

»Und, hast du Sodbrennen, Micro Minitec?«, rief Nanolino.

»Ja, jetzt zum ersten Mal, weil ich dich Quälgeist verschluckt habe. Löchere mir bloß nicht mit deinen Fragen meine Magenwände«, neckte sie ihn.

»Kleiner, aufgepasst, die Fahrt geht weiter!«, sagte Dr. X.

»Wieso?«, fragte Nano ahnungslos. Er war froh, dass der

Sturzflug ein Ende hatte. Doch in diesem Moment öffnete der Magenmund wie von Geisterhand seine Tore. Aber anstelle eines Sturzes glitten sie diesmal hinab. Es fühlte sich an, als würden sie fliegen. Er schaute auf das Display auf dem Armaturenbrett und sah, dass an den Seiten der abgebildeten Kapsel Flügel erschienen waren. Das war also unter den langen Nähten verborgen gewesen. Sanft setzten sie auf der Oberfläche des Magensäuremeers auf. Das »fliegende U-Boot« schwamm obenauf. Die »Wasserlinie« trennte die Cockpitscheibe, sodass er sowohl die Magenwände sah als auch die Tiefen des Ozeans. Aber was war das für ein seltsames Wasser? Schaumwellen glitschten in Schlieren vor dem Fenster, und Reste von etwas, das nach Tomaten und Brot aussah, schwammen vereinzelt darin herum. Das Magenmeer schwappte manchmal wellenförmig hin und her und schaukelte das kleine Boot. Nano erinnerte es an die Nordsee. Er lehnte sich in seinem Sessel zurück und streichelte gedankenverloren Rappels daunenweiches Fell.

Bauchweh

Bauchschmerzen kommen bei Kindern und Jugendlichen häufig vor. Vor allem jüngere Kinder klagen oft über »Aua« im Bauch, auch wenn es ihnen woanders wehtut. Doch typische Zeichen verraten meist, welche Bauchschmerzen es sind. Oft haben Kinder Verstopfung, weil sie wieder einmal Unmengen von Schokolade gegessen haben. Tauchen die Bauchschmerzen immer vor einer Klassenarbeit auf, sind sie sehr wahrscheinlich **seelisch** bedingt – eine der Hauptursachen für Bauchschmerzen im Kindes- und Jugendalter. Wenn man plötzlich über sehr heftige **Schmerzen** klagt, bitte lieber zum Arzt gehen, auch wenn dahinter oft nur eine harmlose **Infektion** steckt. Wenn du dich allgemein schlecht fühlst, zum Beispiel Fieber oder starke Krämpfe vor allem im rechten Unterbauch hast, musst du sofort zu einem Arzt oder einen Notarzt rufen. Es kann eine **Blinddarmentzündung** sein. Wenn du oder jemand anders längere Zeit Bauchweh hat und nicht weiß, warum, solltet ihr ebenfalls einen Arzt aufsuchen. Vielleicht handelt es sich um eine **Wurmerkrankung**, eine **Magenschleimhautentzündung** oder ein **Geschwür**. Kleinkinder können auch über Bauchschmerzen klagen, wenn sie eine Mandelentzündung haben. Deshalb unbedingt in den Rachen schauen (lassen).

Der Bauchweh-ex-Tee

Gegen Bauchschmerzen, Blähungen, Völlegefühl, Durchfall

Man nehme:
1 Teelöffel Fenchelsamen
1/4 l warmes Wasser

Zubereitung:
Die Samen musst du zum Kochen bringen, 10 Minuten ziehen lassen und dann abseihen.

Anwendung:
Täglich 1 Tasse pro Stunde warm trinken. Auch ein wunderbarer Zusatz zur Flaschenernährung von Babys.

Bei starken oder lang anhaltenden Schmerzen können zusätzlich noch Anissamen oder Kamillenblüten beigegeben werden. Aber achte drauf: pro Löffel 1/4 Liter Wasser, sonst wird der Sud zu stark.

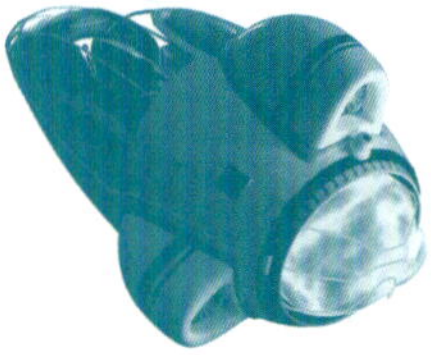

Nano wird zum Höhlentaucher

Nano begriff, wie sich ein Taucher fühlen muss, der unterirdische Höhlen erforscht. Sein Herz verkrampfte sich. Zum Glück war er nicht allein und die von Micro Minitec entwickelte Technik beruhigte ihn.

Er genoss den spektakulären Ausblick. Über ihm wölbte sich die riesige **Magen**höhle. An den hohen Wänden funkelten girlandenförmige Strukturen im Licht der Scheinwerfer. Blickte er durch den Boden des Schiffs nach unten, sah er in dem Abgrund einen rotfarbenen Meeresboden mit riesigen Gebirgsketten und tiefen Schluchten.

Die Magenwände hatten eine Oberfläche, die Nano an einen von den Gezeiten ausgewaschenen Fels erinnerte, der sich bewegt ... Moment – ein Fels, der sich bewegt ...?

»Es bewegt sich? Ja wirklich, das Meeresgebirge bewegt sich! Schau mal, Rappel!«

»Hallo ... hallo? Ihr da draußen. Hört ihr mich? Dr. X und Micro Minitec, bitte antworten, hier passieren unglaubliche Dinge!«, stammelte Nano. Eine große Welle überrollte das Boot und schüttelte die beiden durch.

»Hab keine Angst, Tiefseeforscher«, beruhigte Dr. X ihn über die Lautsprecher, »dir wird nichts passieren, wir passen auf.«

»Aber ich bin hier in stürmischer See! Alles bewegt sich zur gleichen Zeit! Das Höhlendach, das Meer, der Meeresboden.

Magen

Dein Magen besteht aus einem **Magenmund**, in den deine **Speiseröhre** mündet, dem **Magenboden, Magengrund** genannt, dem **Magenkörper**, einem Lagerabschnitt vor dem **Zwölffingerdarm**, dem Vorraum und deinem Passagewächter, dem **Magenpförtner**. Dein Magen ist wie ein intelligenter Rucksack. Ist er leer, liegt er flach in deinem Bauch. Gefüllt wird er zu einem Sack und kann 1,5 Liter fassen (bei Erwachsenen). Bis zu sieben Stunden reicht dein Reiseproviant in deinem Spezialrucksack. Die im Mund zerkleinerte Nahrung erreicht den Magen über die Speiseröhre. Seine starken Muskelwände ziehen sich zusammen und kneten die Nahrung wie ein Betonmischer durch. Zusätzlich wird sie mit Magensäften, der Magensäure, eine körpereigene Salzsäure, und weiteren Verdauungsstoffen – **Pepsine** genannt – vermischt. Sie zerlegen die Nahrung in die kleinsten Grundbausteine, die der Körper für Kraft und Wachstum braucht. Die Magensäure zerstört auch schädliche Bakterien, die wir mit der Nahrung aufgenommen haben. Der Magen bildet einen **Schleim**, der verhindert, dass die Magenwände von der Säure angegriffen werden. Säfte und Schleim werden in Magendrüsen gebildet, die in den Schleimhautfalten versteckt liegen. Die **Schleimhäute** überziehen die gesamte **Mageninnenwand**.

Die Wände … Sie bewegen sich auf uns zu. Aah! « Schützend hielt er den Arm hoch, als die Magenwand das Boot traf, über sie hinwegrollte und daruntergriff. Kurz wurden sie aus der Säure gehoben, klatschten wieder hinein und wurden vom Boden erneut nach oben geboxt. Wie ein spielender Delfin machten sie einen kurzen Satz aus dem Wasser. Nanolino verlor vollends die Orientierung. »Wo bin ich?«

»Du befindest dich in der Mitte von Micro Minitecs Magen. Du sendest glasklare Bilder von den Magenwänden und der wogenden Magenflüssigkeit«, antwortete der Doktor.

»Nimm den Steuerknüppel vor dir in die Hand und zieh ihn zu dir. Damit kannst du die Schnauze des Cockpits anheben,

und wenn du ihn von dir wegdrückst, senkt sie sich. Mehr ist nicht möglich, die anderen Bewegungen des Mini-U-Bootes kontrollieren wir von außen«, erklärte Micro Minitec. Mit fachkundiger Miene wies Rappel mit der Pfote auf das Instrument vor ihm.

Nanolino gehorchte, schwupp, ragte die Spitze des Bootes aus dem Wasser. Seine Scheinwerfer strahlten auf das in vielen Rottönen fantastisch glitzernde, bewegte Gewölbedach.

»Warum bewegt sich eigentlich die ganze Höhle ... ich meine natürlich die Magenwand? Und was ist das eigentlich für ein bedrohliches, schwarzes Loch da oben?«

»Durch die Bewegung des gesamten Magens wird der Speisebrei durchgeknetet und durchmischt. Anschließend wird er zum Magenausgang transportiert und von dort portionsweise in den Zwölffingerdarm befördert. Dort wirst du auch noch vorbeischwimmen. « Er hörte über die Lautsprecher, dass Micro Minitec hustete.

» Achtung: Jetzt kommt ein Fisch durch das schwarze Loch. Das ist der Mageneingang, durch den bist du ebenfalls in den Magen gelangt, wenn du dich erinnerst. «

» Ein Fisch? « Nanolino glaubte, sich verhört zu haben.

» Ja, ich habe eine kleine Sardine geschluckt «, Micro Minitec hüstelte, » sie ist auf dem Weg, extra für dich. Damit du sehen kannst, was in meiner Unterwelt passiert. «

Und tatsächlich, durch den Mageneingang fiel ein riesiger Fisch platschend in das Säurebad. Nanolino drückte die Schnauze des Bootes mit dem Stick nach unten und verfolgte, wie der Fisch versank. Nach einer Weile lösten sich langsam Schuppen, Haut und Fleisch von den Gräten. Auf einmal war der Fisch verschwunden. Die Magenmuskulatur zog sich erneut zusammen, ein Fischgerippe schrammte an der Scheibe vorbei. » Igitt, das ist ja widerlich «, entfuhr es Nanolino. » Wie am Meer, da liegen manchmal auch angefressene Fische herum. «

» Betrachte einfach diesen Fisch als stellvertretend für alles, was du bereits in deinem Leben gegessen hast und noch essen wirst «, sagte Dr. X. » Aus der Nahrung werden Eiweiße, Zucker, Vitamine, Mineralien oder Fette benötigt, Bausteine, die zum Beispiel Gedanken erzeugen oder deine Muskeln aufbauen oder bewegen. «

» Ich esse aber eigentlich gar keine Tiere. «

» Na gut, Micro mag sie aber! «

Plötzlich wurden sie auch noch von den Wänden des Magens bespritzt.

» Was ist denn das schon wieder? Muss das Boot jetzt in eine

Waschstraße? Hier schäumt es gewaltig und ich sehe nichts mehr!«, rief Nanolino kleinlaut.

»Weißt du«, antwortete der Doktor vergnügt, »das sind die sogenannten Belegzellen, die sitzen in den gewölbeartigen Schleimhautfalten und -grübchen. Die sondern Säure ab und ... Nun ja, die versuchen, dein Boot zu verdauen. Aber keine Angst, du bist da drinnen geschützt. Die Kapsel ist unverdaulich!«

»Draußen zu schwimmen, wäre wahrscheinlich jetzt keine gute Idee«, scherzte Nanolino, der sich wieder beruhigt hatte.

»Da hast du recht. Die Magenschleimhaut produziert täglich bis zu drei Liter Magensaft: Das ist eine sehr starke Säure, die unerwünschte Eindringlinge wie Bakterien verdaut und abtötet. Außerdem produziert sie noch andere Verdauungssäfte und auch zähflüssigen Schleim.«

»Wozu Schleim?«

»Damit die Magenwände nicht durch die aggressive Säure geschädigt werden. Sonst bekommt man ein **Magengeschwür.**«

»Und wie sieht das aus?«

»Meistens sieht man dann eine blassgelbe Stelle in der rotbraunen Schleimhaut.«

»So etwas habe ich hier noch nicht gesehen!«

»Na, Gott sei Dank«, rief Micro Minitec, »Jetzt müsste ich eigentlich dreimal auf Holz klopfen, damit das auch so bleibt. Allerdings ist dein kleiner Holzkopf jetzt außer Reichweite.«

»Ja, sehr witzig«, spielte Nanolino den Beleidigten.

»Ich werde das U-Boot jetzt zur Weiterfahrt von außen in die Magenfluten absenken. Bist du bereit?«, fragte sie ihn.

»Schon, ich habe aber noch eine Frage«, antwortete er.

»Und du wirst wahrscheinlich keine Ruhe geben, bevor dir die nicht beantwortet wird. Oder? Schieß los!«

»Wie steuert ihr eigentlich dieses Boot?«

»Die Frage musste ja kommen. Unter anderem haben wir hier eine Karte von Minitecs ›Rio Grande‹ auf der Leinwand, das ist ein Fluss in Südamerika ...«

»Kenn ich«, unterbrach Nano Dr. X' Ausführungen.

»Soso. Das freut mich. Jedenfalls fanden wir es lustig und passend, die Karte so zu nennen, weil unser Verdauungstrakt von Kopf bis Po an einen Fluss mit einem großen See mittendrin erinnert. Am Ende ist die Tiefebene, da kommt ihr demnächst ans Tageslicht zurück. Auf dieser Karte können wir deine Position genau verfolgen. Jetzt bist du übrigens mitten im Magen und tauchst durch den ›See des Verdauens‹. Das Boot sendet ständig wie ein Flugzeug Positionssignale. Die erscheinen dann fast zeitgleich auf der Karte. Außerdem steht Micro Minitec in einem Zimmertomografen.«

»Zimmertomograf?« Nanolino runzelte die Stirn.

»Ja, das ist ein Kernspintomograf, dessen Pole in die Wände eines Raums eingebaut sind. Man kann sich während der Aufnahmen ganz ungezwungen im Raum bewegen und muss nicht wie bei den anderen Geräten in einer Röhre liegen.«

»Zusätzlich können wir euer Boot in meinem Bauch von außen mithilfe von starken Magnetfeldern steuern und alles mit ansehen«, fügte Micro Minitec stolz hinzu.

»Tja, seit Neuestem habt ihr ja auch einen Gesprächspartner hier in der Kapsel.«

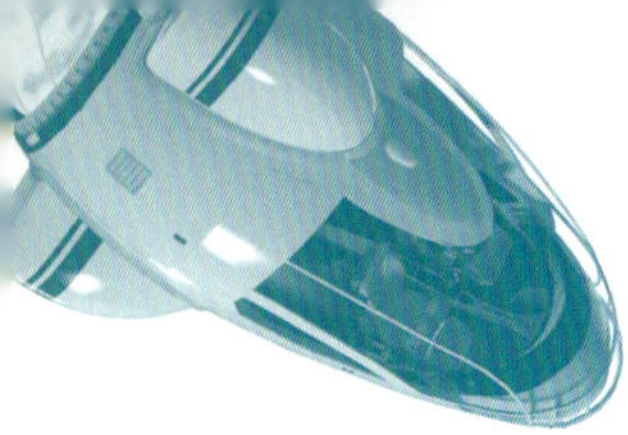

Weiter in den Katakomben

»Haltet euch fest: Wir tauchen wieder ab«, teilte Micro Minitec den beiden mit.

Der Bug des Bootes senkte sich, und ein leichtes Vibrieren der Außenwände zeigte an, dass die Magnetsteuerung die Kontrolle übernommen hatte.

Sie sackten ab. Unendlich erscheinende Falten und Spalten des Magengebirges schnellten an dem Fenster vorbei. Hin und wieder, wenn die Kapsel kurzen Kontakt mit den elastischen Wänden hatte, rumste es.

Schließlich saßen sie fest.

Die Wände zogen sich wie Quallen zusammen. Bedrohlich kamen sie näher. Nanolino beobachtete, wie sie sich ringförmig um die Kapsel legten.

»Hey, ihr da oben, wir werden hier zerquetscht! Seht ihr das denn nicht?« Hektisch fuhr er fort: »Weiß nicht, ob wir das überleben. Das Boot hält das bestimmt nicht lange aus. Los, tut doch endlich was!« Rappel warf Nano einen mitleidigen Blick zu.

»Keine Panik auf der Titanic«, hörte er Micro Minitecs Stimme aus dem Lautsprecher.

Nanolinos Stimme überschlug sich: »Es knirschen hier alle Fugen. Was ist das für ein fürchterliches Ungeheuer, das uns zusammenquetscht?«

In diesem Augenblick legte sich eine Magenfalte direkt auf das Cockpitfenster und schmatzte wie eine Lippe, die an eine Fensterscheibe gepresst wird.

»Ekelhaft.« Nanolino schauderte.

Das Flackern der vielen Lämpchen tauchte die Kabine in schnell wechselndes Licht. Zeiger schienen aus den Armaturen zu springen.

Auf dem Fenster leuchtete in roten Buchstaben: VORSICHT, DRUCK!

»Ganz ruhig, Jungs. Das ist der Pylorus, vor dem braucht ihr euch nicht zu fürchten. Die Druckzunahme ist normal«, beruhigte Micro Minitec.

»Na, dann halt mir diesen Pylodingsbums vom Hals ...«, stotterte Nanolino und schloss die Augen.

»Hör mal, der Pylorus ist doch der Pförtner am Magenausgang. Ein wenig unheimlich ist er schon, das gebe ich gerne zu. Aber du brauchst wirklich keine Angst zu haben.«

»Ihr habt gut reden. Ihr sitzt nicht eingekesselt hier drin!« Nano schlug mit den Händen so fest auf die Armlehnen, dass Rappel aufhörte zu mümmeln. Er lehnte sich so weit er konnte zu Nano, schaute dem Jungen fest in die Augen und legte ihm seine Pfote auf die Hand. Der Hase hatte diesen Teil der Fahrt schon oft erlebt und wusste, dass es unnötig war, sich aufzuregen.

Als Nanolino sah, wie gelassen der rote Nager reagierte, zwang er sich zur Ruhe.

Dr. X führte Micro Minitecs Erklärung fort: »Der Magenpförtner sorgt dafür, dass der Nahrungsbrei in den Darm transportiert wird.

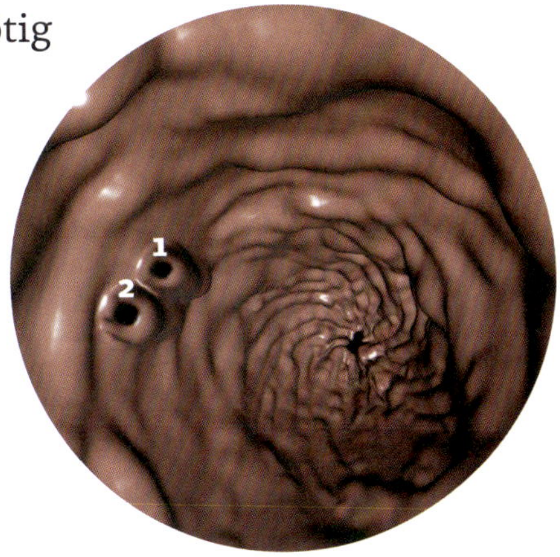

Innenansicht des Zwölffingerdarms mit zwei Mündungsgängen (**1, 2**)

Er öffnet sich kurz, und schwupp, rutscht ein Teil des Mageninhaltes in den Darm. Der Pylorus besteht aus einem unheimlich starken Muskel, der auch manchmal krampfen kann. Dann öffnet er sich kaum oder nur unvollständig, und die ganze ›Magensuppe‹ staut sich zurück. Das kann ganz schön wehtun.«

»Ja schön … Aber die Wände zerdrücken uns trotzdem zu Brei!«, unterbrach ihn Nanolino. Rappels Ohren stellten sich achtsam auf.

»Quatsch! Das ringförmige Zusammenpressen ist ganz normal, wenn der Pylorus gefüllt wird. Die Kapsel ist für diesen Druck von uns entwickelt worden. Wenn die Füllung des Magenausgangs ausreichend ist, öffnet er sich in der Regel. Du wirst schon sehen.«

Keine Sekunde verstrich, da flutschte das Boot, jetzt wieder ein Flugboot, von einem Schwall Flüssigkeit begleitet in die Tiefe. Nach einem kurzen Gleitflug fanden sich die beiden Reisenden in eigentümlich luftigen und weiträumigen Höhlen wieder. Von mehreren Seiten strömte Wasser in diese ungewöhnlichen Katakomben und vermischte sich mit dem Magenbrei.

Magen- oder Zwölffingerdarmgeschwür

»Ein Problem liegt mir schwer im Magen«, sagt man so treffend. Manchmal kann andauernder Magendruck zu einem Leck im Schleimmantel des Magens, Zwölffingerdarms, Dünndarms oder Dickdarms und einer lokalen, das heißt **örtlichen Entzündung** führen. Ursache ist nicht selten übermäßiger Stress. Der Magen-Darm-Trakt ist das Sensibelchen deines Körpers. Es ist ein wichtiges **psychosomatisches Organ**, an dem du spürst, wenn mit deiner Seele oder Psyche etwas nicht stimmt. Aufgrund der Verbindung zum Gehirn, vor allem zum emotionalen Teil, wird manchmal zu viel Säure ausgeschüttet. Diese Säure reizt den Magen-Darm-Trakt, bis er schmerzt und entzündet ist. Auch **Bakterien**, **Vergiftungen** oder falsche **Essgewohnheiten** können die Ursache eines Geschwürs sein. Geschwüre müssen unbedingt vom Arzt behandelt werden. Sonst können sie wachsen, zu einem Tumor werden oder die Magen- und Darmwand zerstören.

Das U-Boot wurde angehoben und schwamm langsam im Strom, den die beiden wie gewohnt unterhalb und oberhalb der Wasserlinie betrachten konnten.

Die von den Mini-Scheinwerfern erzeugten Lichtstrahlen huschten über die Wände.

»Nanolino, siehst du dort rechts die gelbe Flüssigkeit?«, fragte Dr. X.

»Ja, klar. Sieht aus wie Zitronensaft. Was ist das?«

»Das ist die **Galle!** Die Spezialflüssigkeit der Leber. Über die Galle entsorgt die **Leber** ihre Abbauprodukte. Außerdem ist Galle wichtig für die Fettverdauung.«

Nanolino entdeckte eine leicht gerötete Stelle in der Darmwand, die er sogleich Micro Minitec beschrieb. »Hast du Schmerzen?«, erkundigte er sich besorgt.

»Nein, ich fühl mich pudelwohl. Aber vor einigen Jahren ging es mir eine Weile nicht so gut.«

»Was war denn los?«, bohrte Nanolino neugierig nach.

Er hörte, wie Micro Minitec müde stöhnte, sodass die Membranen der Lautsprecher knisterten.

»Ich habe dir doch von meinem miesen Doktorvater, Professor von Schlotter erzählt. Er sollte mich bei meiner wissenschaftlichen Arbeit unterstützen, hat mir aber nur das Leben schwer gemacht und meine Forschungen für sich beansprucht. Das hätte mich fast den Titel gekostet. Als ich an Rappel herumexperimentieren sollte, habe ich mir den Hasen geschnappt und bin gegangen.«

»Armes Rappelchen«, murmelte Nanolino und strich ein Schlappohr gerade, das trotz der moralischen Unterstützung gleich wieder einknickte.

Die Leber

In der Leber werden Schadstoffe, Medikamentenreste, Abfälle des Stoffwechsels und auch Alkohol abgebaut. Aber: Zu viel Alkohol kann sie auf Dauer schädigen. Daneben speichert deine Leber viele Substanzen, die immer wieder ans Blut abgegeben werden, um die Konzentration dieser Stoffe im Blut möglichst konstant zu halten. Man nennt dieses Gleichgewicht auch **Homöostase.** Bis zu 150 Gramm unlöslicher Speicherzucker werden hier gelagert; bei Mangel im Blut wird er abgebaut und dem Blut zur Verfügung gestellt. Das macht die Leber auch mit den gespeicherten Vitaminen und Mineralien. Aus Fettabbauprodukten wird Cholesterin hergestellt, das als Rohstoff vieler Hormone sowie der **Gallensäuren** dient und für die Zellwände wichtig ist.

1 Eine steinreiche Gallenblase
2 Gallengang

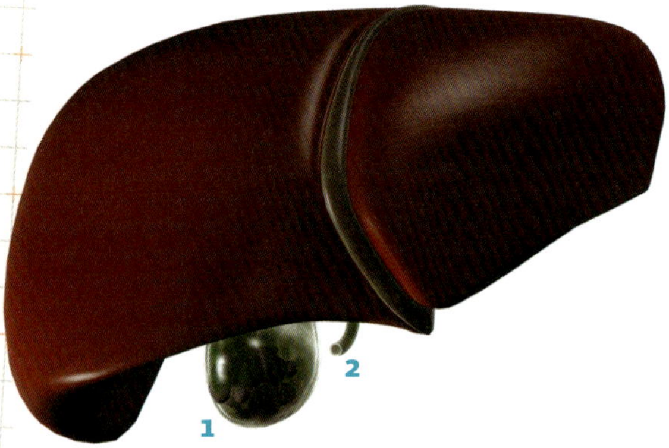

Galle, Gallenblase

» Da läuft mir die Galle über! « Ein altbekanntes Sprichwort, das darauf verweist, dass überschießende Gallensaftbildung und Ärger zusammenhängen. Die Galle, eine gelbgrüne Flüssigkeit, die von der Leber produziert wird, ist ein regelrechter **Fettlöser.** Sie funktioniert wie ein Spülmittel: Die Fette werden in feinste Tröpfchen zerlegt, damit sie von der Darmwand aufgenommen werden können. Neben Wasser besteht sie aus starken **Säuren, Cholesterin** und dem Bilirubin, einem Abbauprodukt des roten Blutfarbstoffes. **Bilirubin** gibt der Galle die giftige Farbe. Auch andere Abbauprodukte des Stoffwechsels werden über die Galle von der Leber in den Darm befördert. Wenn du dich erbrichst und der Magen schon ganz leer ist, kommt nur noch grünliche Galle, die ganz bitter schmeckt. Der Gallensaft wird in der Gallenblase gespeichert, die an der Unterseite deiner Leber im rechten **Oberbauch** hängt. Sie ist mit Leber und Zwölffingerdarm über einen Gallengang verbunden.

»Zum Glück bist du gegangen, sonst wäre dein Bauchweh vor lauter Frust stärker geworden, und du hättest wahrscheinlich längst ein Magen- oder Zwölffingerdarmgeschwür bekommen. Aber jetzt bist du ja bei mir«, sagte Dr. X.

»Stimmt, und das Einzige, was mir hier Bauchschmerzen macht, ist, dass du ständig mit einer Tasse Kaffee über den hochempfindlichen Geräten herumfuchteln musst!«

Dr. X brummelte irgendetwas Unverständliches, und man hörte verräterisch Porzellan klirren.

»Dir ist also der Ärger auf den Magen geschlagen, wie meine Oma immer sagt. Sie meint, das sei eines der Sprichwörter, das absolut wahr ist, und dass das beste Mittel gegen seelisches Bauchweh sei, das Problem zu lösen. Außerdem helfen Tee und Wickel, erst wenn das nichts wirkt, Medikamente.«

»Du hörst dich immer mehr wie der Doktor an«, lachte Micro Minitec.

Nano fügte stolz hinzu: »Ein anderes Sprichwort sagt: Liebe geht durch den Magen, und das ist nach meiner Oma die beste Medizin gegen Magenbeschwerden.«

»Also … Micro Minitec wird ein beginnendes Zwölffingerdarmgeschwür gehabt haben, das jetzt fast abgeheilt ist. Aber auch nur fast, sonst wären die roten Zonen, die wir hier sehen, nicht da.«

Nachdenklich betrachtete Dr. X Micro Minitecs Gesicht.

»Nur keine Sorge, Mr Röntgenblick«, sagte sie. »Mir geht es gut! Mir ist nur vorhin der Schreck in die Glieder gefahren, als Nano sich aus dem Höhlengleiter meldete. Der Schock hat wohl meine Schleimhaut etwas zu sehr gereizt. Nicht der Rede wert.«

»Ja, du bist mir schon ein Sensibelchen!«

»Nanu, was ist das?«, unterbrach Nano die beiden. »Da plätschert ein kleiner Wasserfall aus der Höhlenwand. Könnt ihr das bitte mal vergrößern?« Nanolino hatte der Wissensdurst gepackt, seine Angst war verflogen.

»Das müsste der Ausführungsgang von Micro Minitecs Bauchspeicheldrüse sein«, sagte Dr. X und zoomte näher heran. »Ja genau, laut Rio-Grande-Minitec-Karte ist er das.«

In der Kommandozentrale des Zimmertomografen schauten Dr. X und Micro Minitec interessiert auf die Leinwand. Dr. X lächelte, er hatte eine Idee: »Wir sollten in die Kapsel einen Medikamententank montieren, sodass wir mit einer kleinen Düse direkt die entzündeten Schleimhäute besprühen können.«

»Mmh, mmh«, grübelte Micro Minitec, verschiedene Baupläne schossen ihr durch den Kopf, »eine gute Idee. Nur müsste ich dafür Platz in der Kapsel schaffen.«

»Ja, ich bin dabei. Nano der Darmbesänftiger und -bändiger. Mit der Kamille-, Fenchel- und Kümmelkanone gegen Entzündungen, Reizungen und **Erbrechen.** Ich sprühe es auf jede Wand!«, rief Nano.

Erbrechen und Durchfall

Kinder erbrechen viel häufiger als Erwachsene. Grund dafür ist oft nur, dass sie viel durcheinandergegessen oder sehr kalte Getränke zu sich genommen haben. Auch aufregende Situationen können der Auslöser sein. Haben sie außerdem Durchfall und Fieber, handelt es sich meist um eine **Magen-Darm-Infektion.** Kommen dann noch andere Symptome wie zunehmende Müdigkeit oder Abgeschlagenheit hinzu, kann eine schwerwiegendere Erkrankung des Magen-Darm-Trakts vorliegen. Übelkeit oder Erbrechen können allerdings auch Zeichen für Erkrankungen oder Verletzungen des Gehirns sein.

»Lass den Lärm, da rollt sich mein Dünndarm vor Schreck auf!«, lachte Micro Minitec.

»Na gut, Nanolino, wir werden deine Reise jetzt beschleunigen«, erklärte Dr. X. »Der Dünn- und Dickdarm ist acht Meter lang, und alles sieht ziemlich gleich aus, solltest du aber was Interessantes sehen, ruf einfach stopp.«

»Stopp!«

»Was heißt hier stopp? Vielleicht wartest du, bis wir die Kapsel beschleunigt haben?«

»Stopp! Du hast mir die Bauchspeicheldrüse noch nicht erklärt. Was machen denn diese Säfte, die wie ein Springbrunnen sprudeln?«

»Toll, dass du so viel wissen willst! Das sind ganz wichtige Enzyme, die den Magenbrei, das heißt in unserem Fall die vorverdauten Fische, Tomaten und Brote, in weitere Kleinstbausteine zerlegen, damit sie im Dünndarm durch die Wand ins Blut wandern können. Deine Galle macht dasselbe mit den Fetten und zerschäumt sie wie ein Spülmittel in kleinste Tröpfchen.«

»Und warum schleimt das hier wieder so?«

»Weil die innere Speicheldrüse bis zu zwei Liter Flüssigkeit abgibt, mit der vor allem die Magensäure neutralisiert und die Schleimhaut benetzt wird.«

»Ach so. Ich verstehe! Damit keine Entzündungen oder schlimmeren Geschwüre durch die Salzsäure entstehen. Siehst du, Rappel, ich lerne hier viel mehr als in der Schule.«

»Na, na, was meinst du, wie viele Jahre ich die Schulbank gedrückt habe! Es war, zugegeben, nicht immer das reinste Vergnügen«, meldete sich Dr. X. »Aber eins darfst du nicht

Spezialwirkung von Tees und Ölen

Melissentee:
beruhigt und entspannt den Unterbauch (Darm, Eierstöcke, Blase).

Schafgarbentee:
ist entzündungshemmend und krampflösend bei Bauchschmerzen.

Kamillentee:
lindert Schmerz und beruhigt.

Sauerklee:
wirkt krampflösend, vor allem bei seelischer Anspannung.

Kümmeltee:
Bauchkrampf lösend.

Melissenöl:
bei Blähungen, Bauchkrämpfen, Menstruationsbeschwerden.

Rosenöl:
Brustwickel bei Schlafstörungen und seelischen Verstimmungen.

Lavendelöl:
als Unterleibs- oder Rückenwickel. Brustwickel auch bei Nervosität, Unruhe und Schlafstörungen.

Kümmelöl:
bei Blähungen und Verdauungsbeschwerden Bauchwickel.

Eukalyptusöl:
bei nervöser Reizblase und akuten bzw. chronischen Blasenentzündungen.

Johanniskrautöl:
als Brustwickel bei seelischen Verstimmungen und Unruhe. Als lokaler Wickel bei schlecht heilenden Wunden und Verspannungen der Muskulatur.

Arnikaöl:
bei Arthroseschmerzen der großen Gelenke, aber auch der kleinen Gelenke von Hand, Fuß oder Wirbelsäule.

Salbeitee und -öl:
entzündungshemmend und schmerzlindernd bei Halsschmerzen, Mandel- und Zahnfleischentzündungen. Tee auch bei Erkältungen.

vergessen, Büffeln gehört immer dazu. Ohne grundlegende Mathekenntnisse zum Beispiel wirst du kaum einen deiner Traumberufe ausüben können.«

Rappel wackelte zustimmend mit der Nase, und Nano meinte zu sehen, dass er verschmitzt ein Auge zukniff.

»Und zu guter Letzt solltest du wissen, dass die Bauchspeicheldrüse Insulin produziert und es direkt ins Blut abgibt. Dieses Hormon transportiert den Zucker, der aus aufgenommenen Kohlenhydraten entsteht, mithilfe des Blutkreislaufes in die Zellen.«

Micro Minitec mischte sich ein: »Energie pur, um zu denken, zu fühlen und um mit Muskelkraft die Umwelt zu verändern. Diese Energie besteht aus Traubenzucker, der Glukose. Und wenn kein Insulin da ist, wie bei Diabetikern, den Zuckerkranken, dann trocknen die Zellen aus und sterben ab.«

»Ich weiß ...!«

»Was weißt du?«

»Wir haben einen Jungen in der Klasse, Paule. Der muss sich jeden Morgen Insulin in den Oberschenkel spritzen. Er hat mir gesagt, wenn er das nicht machen würde, würden seine **Arterien** in den Beinen, aber auch im Gehirn und Herz bald verkümmern. Auch könne er blind werden. Schrecklich! Was sind eigentlich Arterien?«

»Arterien, man nennt sie auch Schlagadern, sind Blutgefäße, in denen Blut vom Herzen zu den anderen Körpergegenden fließt. Vielleicht darfst du mal bei einer Reise zum Herzen dabei sein«, erklärte Dr. X.

Micro Minitec lächelte: »Wir werden sehen ...

Paule hat übrigens recht. Bevor es künstliches Insulin gab, starben die Patienten an der Zuckerkrankheit. Zum Glück hat die Forschung einen Weg gefunden, Insulin gentechnisch herzustellen, sodass diesen Menschen, inzwischen auch mit künstlichem Insulin, geholfen werden kann.«

»Wollen wir den Jungen mal nicht mit Informationen überfüttern«, unterbrach Dr. X Micro Minitec, »Ich habe in meinem Büro eine Gesundheitsfibel aus dem vorigen Jahrhundert, die werde ich dir schenken, sobald du wieder groß genug bist, um darin zu blättern.« Nano schaute verärgert. »Sorry, ich meine wieder vergrößert bist ... In der kannst du viel über den Körper nachlesen und auch lernen. Vielleicht kannst du dann deinen Freunden von deinen Erlebnissen erzählen und sie über den menschlichen Körper aufklären. Aber schneide nicht so auf und erzähl keine Märchen!«

Nano lachte so laut, dass Rappel, der eingenickt war, aufschreckte und anfing, wild herumzuzappeln, soweit es der Sicherheitsgurt zuließ.

Zuckerkrankheit

Leider ist es nicht so lustig, wie es sich anhört: Man wird ziemlich süß bei dieser Volkskrankheit. Ursache ist ein Mangel an **Insulin**, einem Hormon, das in der **Bauchspeicheldrüse** gebildet wird. Dieses regelt die Aufnahme des Energielieferanten **Zucker** (des Kohlenhydrats) in die Zellen. Bei Insulinmangel wird das Blut mit Zucker überschwemmt. Die Übersetzung von **Diabetes mellitus** lautet: honig-süßer Durchfluss, weil der vermehrte Urinfluss und der süße Geschmack des Urins schon zu Urzeiten den Ärzten auffiel. Ja, du hast richtig gelesen: Als die Ärzte noch kein Labor zur Verfügung hatten, ließen sie den Urin auf der Zunge zergehen. Zu viel Zucker im Blut schädigt viele Organe und führt zu **Gefäßleiden.** Eine Folge davon kann sein, dass Zehen oder gar ein ganzer Fuß absterben. Man kann bereits im jungen Erwachsenenalter erblinden, einen **Herzinfarkt** oder **Schlaganfall** erleiden.

»Ich glaub, Rappel hat einen Rappel!«

»Keine Sorge, der kommt schon wieder zu sich«, beruhigte Micro Minitec ihn.

»Es ist seltsam. Immer wenn ich aufgeregt bin, brauche ich nur Rappel anzuschauen, und ich rege mich ab. Eine richtige Beruhigungspille sozusagen. Dass er ab und zu ausflippt, passt nicht so recht zu ihm«, überlegte Nano laut.

»Irgendwann bekommen wir das auch noch in den Griff. Und du hast recht: Haustiere haben oft einen heilsamen Einfluss auf das Gemüt eines kranken Menschen.«

»Und Menschen haben manchmal eine beruhigende Wirkung auf Haustiere«, lachte Nano, der begonnen hatte, den Hasen zu streicheln.

Arterien und Venen

Wenn du atmest, gelangt Sauerstoff in deine **Lungen** und zu den roten Blutkörperchen in deinem Blut. Dort wird der Sauerstoff in dem roten Blutfarbstoff, dem **Hämoglobin**, gespeichert. Du produzierst also laufend klitzekleine Sauerstoffflaschen, die über die Lungenvenen zum linken Vorhof deines Herzens gelangen. Von dort wird das Blut in die linke Kammer gepresst und über die große **Hauptschlagader (Aorta)** und die Arterien bis in die Kapillaren gepumpt. Die hauchzarten Kapillaren sind in deinem Körper zu einem feinen Netz verwoben. Hier trifft sich dein Blut aus den Arterien mit den Ausläufern der Venen. In den Venen werden die Abbauprodukte deines Körpers, vor allem giftiges Kohlendioxid, entsorgt. Dieses wird über die große **Hohlvene** in den rechten Vorhof gesogen und von dort über die rechte Herzkammer via **Lungenarterien** in deine Lunge gepumpt. Hier atmest du das Kohlendioxid wieder aus. Kohlendioxid ist nur gefährlich für dich, wenn du es in großen Mengen einatmest.

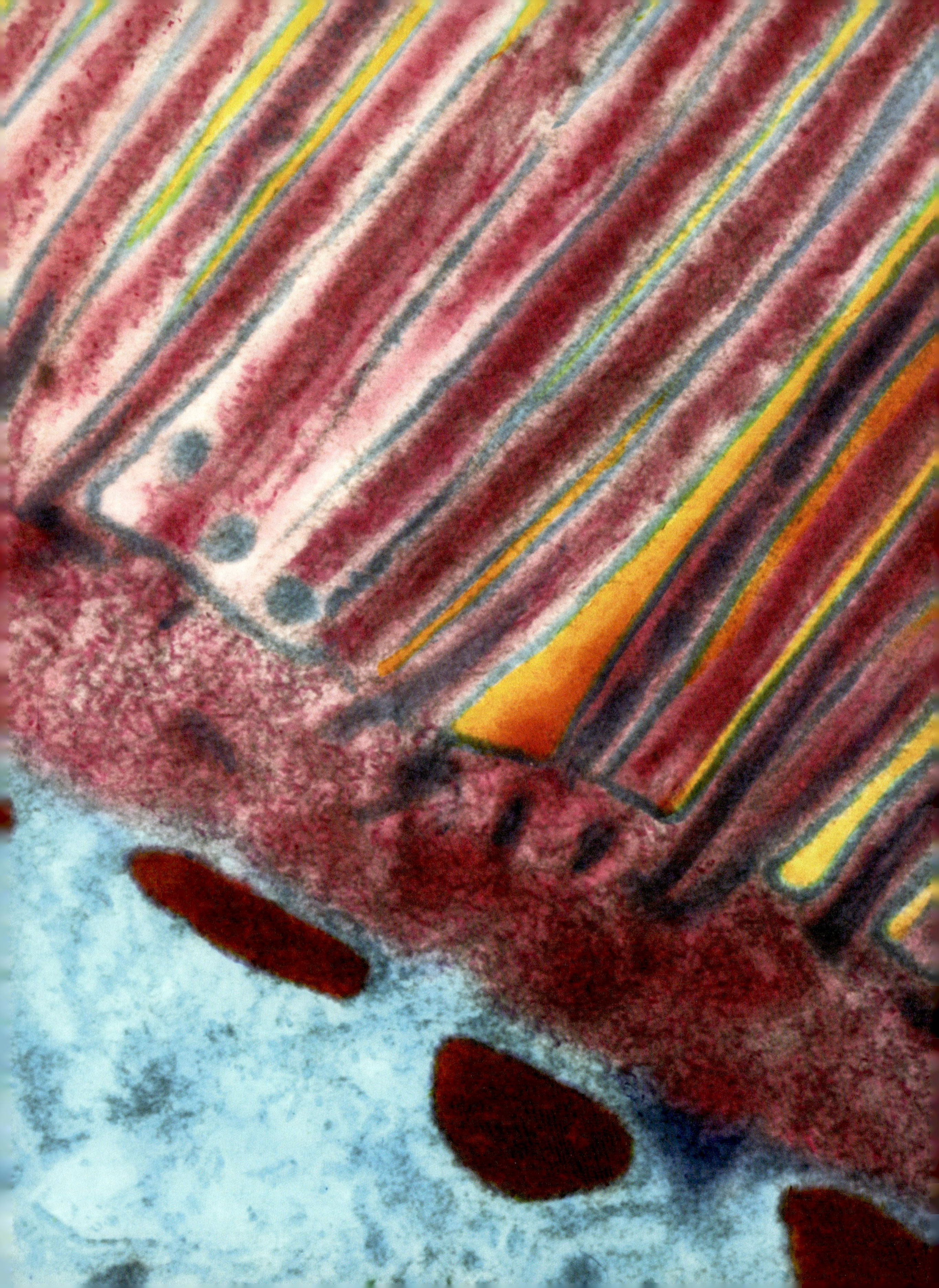

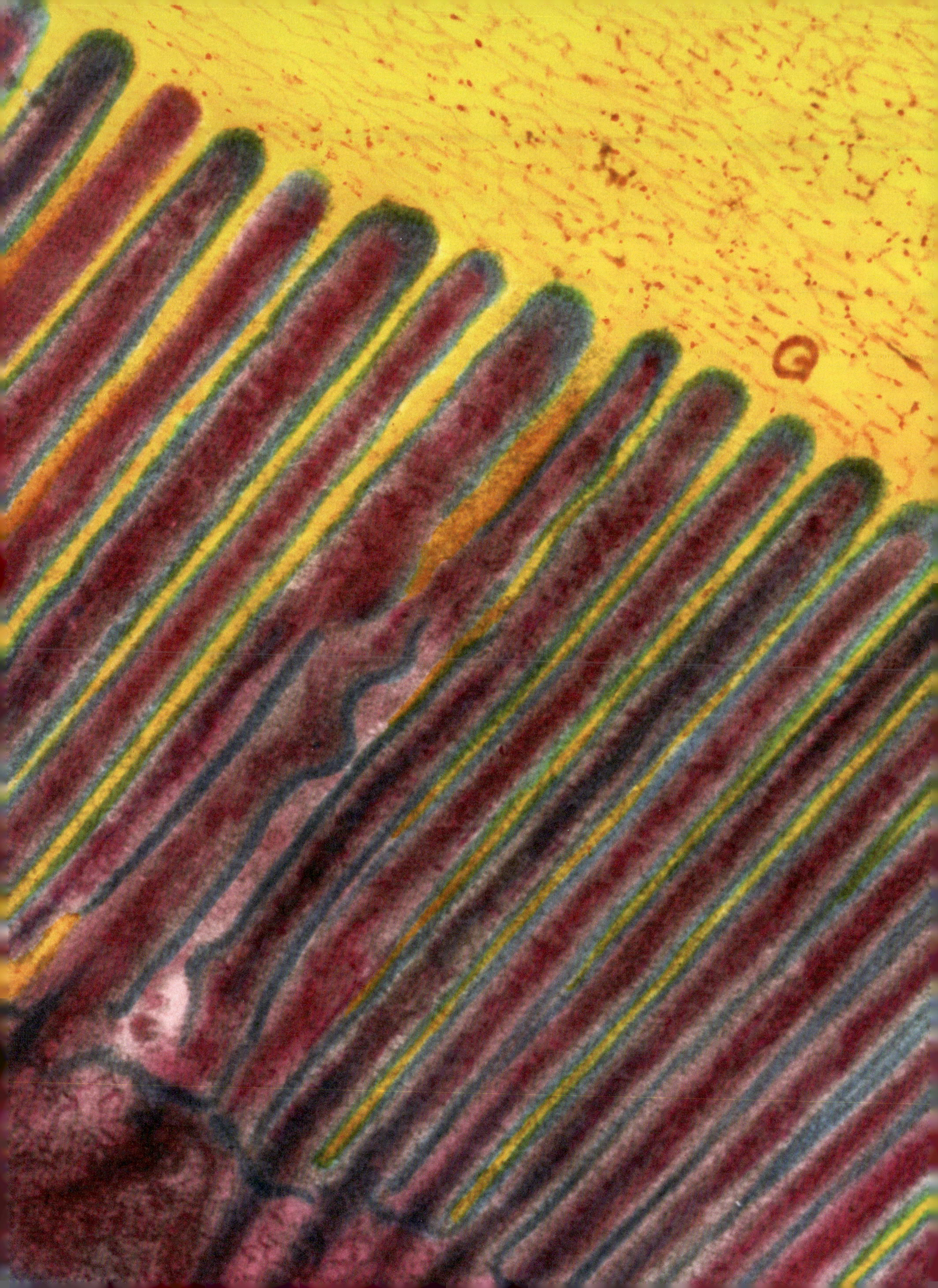
G

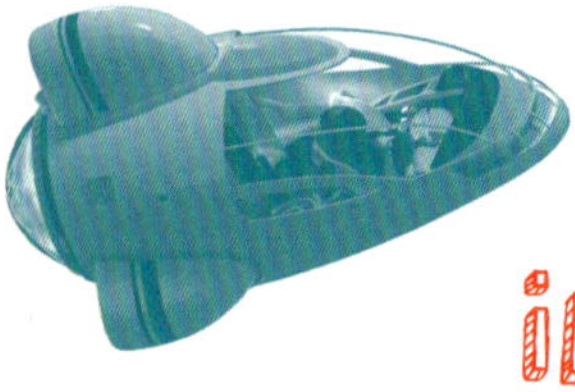

Finstere Machenschaften in der verlassenen Fleischerei

Während sich Nano und Rappel auf den Weg durch den Dünndarm machten, passierten in Nanoville seltsame Dinge. Vor der alten, verlassenen Fleischerei parkten zwei schwarze Lieferwagen. Eine Tür in dem verwitterten Gebäude öffnete sich und Scherge trat heraus. Er setzte sich auf sein klappriges Motorrad, mit dem er gerade aus dem Dorf gekommen war, und suchte in seinen Taschen nach einem Päckchen Zigaretten. Das große Gebäude mit Spitzbogenfenstern lag auf einem Hügel, von dem man das ganze Dorf überblicken konnte. Viele Fensterscheiben fehlten oder waren eingeschlagen. Auf dem Gelände wucherte Unkraut, sodass die Einfahrt kaum zu sehen war. Scherge schaute zu dem Wald, aus dem die Turmspitze der Villa Ypsilon ragte.

»Professor von Schlotter, ich habe ganz Nanoville in der Festscheune eingesperrt!«, zischte er und rieb sich die Hände. Als dieser unversehens aus dem Dunkel der Türöffnung trat, zuckte er zusammen.

»Ja, Scherge, das hast du zur Abwechslung mal gut gemacht. Niemand wird unseren Test bemerken. Die Vorbereitungen für ihr albernes Dorfjubiläum haben sie voll in Anspruch genommen. Fahr die Lieferwagen in die hintere Halle«, befahl er und zog sich die breite Krempe seines grünen Filzhutes tiefer ins Gesicht. Er verabscheute Sonnenlicht. Professor von Schlotter

lächelte und zeigte seine gelben Zahnstummel und lange, sehr spitze Eckzähne.

»Nachdem ich Jahrzehnte heimlich in feuchten Löchern geforscht habe, von Kollegen geächtet wurde, Niederlagen und Erniedrigungen erlitten habe, bin ich wieder da: Die Zeit der Rache ist gekommen!«

»Ja, Professor von Schlotter, Sie werden es den Zweiflern zeigen«, schleimte Scherge und kicherte nervös. Sein finsterer Chef schaute ihm in die Augen. Scherge guckte unterwürfig zu Boden und wischte den Speichel weg, der aus seinen Mundwinkeln rann.

»Du bist ja immer noch hier, sieh zu, dass die Wagen verschwinden, du Dummkopf!«, geiferte Professor von Schlotter und schlug mit der flachen Hand nach seinem Gehilfen, der sich duckte.

»Ja, Herr Professor …«, sagte er, verbeugte sich und kletterte in einen der Lieferwagen. Durch die getönten Scheiben beobachtete er, wie von Schlotter in der Fleischerei verschwand.

»Scherge, tu dies, Scherge, mach das, Scherge, was hast du nun wieder angestellt … Es ist doch immer das Gleiche, die Drecksarbeit bleibt an mir hängen, und wenn etwas schiefläuft, ist es meine Schuld. Wer hat den Roboter zusammengebaut? Das war wohl ich. Und die anderen Erfindungen? Die hat er alle von seinen ehemaligen Schülern gestohlen, vor allem von dieser Micro Minitec. Tja, die war ihm von Anfang an haushoch überlegen, und das hat er nie verwunden. Den Titel hat er auch geklaut und den Namen seines verunglückten Bruders angenommen. Professor von Schlotter, dass ich nicht lache!« Missmutig startete er den Wagen und rumpelte damit über den Hof. Er stieg aus, öffnete die morschen Türflügel der hinteren, kleinen Halle und fuhr auch den zweiten Wagen hinein. Scherge verschloss das Tor, zündete sich eine Zigarette an und atmete den Rauch tief in die **Lunge** ein. Er hustete röhrend, spuckte auf den Boden und rauchte weiter.

Derweil zog Professor Götz von Schlotter im Dämmerlicht der großen Halle mit seinen großen, knochigen Händen die letzte Schraube an einer rostigen, gigantischen Maschine fest, die entfernt dem roten Riesenhamburger in der Villa Ypsilon glich. Nur die beiden »Brötchenhälften« von Micro Minitecs Original sahen wie gekrümmte Krallen eines Greifvogels aus, Professor von Schlotter klappte eine gam-

Lunge

Damit ein Feuer brennen kann, braucht es Luft, vor allem **Sauerstoff**. Wie du auch! Ohne Sauerstoff kannst du nicht leben. Mit jedem Atemzug, fünfzehnmal pro Minute, atmest du gasförmigen Sauerstoff ein. Er gelangt in die **Luftröhre** und über die **Bronchien** in die **Lungenbläschen** deines rechten und linken Lungenflügels. Hier wird der Sauerstoff über die hauchdünnen Lungenbläschen in feine Arterien und ins Blut abgegeben. Gleichzeitig werden die Kohlendioxid-Abgase deines Körpers über winzige Venen zum Ausatmen in die Lungenbläschen aufgenommen. Die zarten Lungenbläschen sowie der Blut-Gas-Austausch können durch Keime oder Gase, Staub, Ruß und Strahlung geschädigt werden. Das kann zu Atemstörungen führen, **Zigarettenrauch** sogar dazu, dass das Gewebe völlig zerstört wird. Schlimmstenfalls bildet sich eine **krebsartige, tödliche Wucherung.**

melige Plastikkappe auf, die auf ein Steuerungspult vor der monströsen Maschine montiert war, und legte den darunter verborgenen Kippschalter um.

Die Krallen öffneten sich laut kreischend. Zwischen den Fängen kauerte eine Gestalt, die von Schlotter lauernd anschaute. »Aufgewacht, Gobbot, heute ist dein großer Tag. Wollen wir mal sehen, ob die Pläne, die wir mithilfe dieses nichts ahnenden roten Hasen ausspioniert haben, funktionieren!«

Rappel war, ohne es zu wollen, Teil von Professor von Schlotters Plänen geworden. Er hatte ihm, bevor er Micro Minitec gehörte, eine Minikamera implantiert. So konnte er Micro Minitecs Erfindungen kopieren, ohne dass sie etwas davon ahnte. Vor Kurzem jedoch war das Gerät durch einen von Rappels Anfällen beschädigt worden. Es sendete nur noch selten, und dazu verwackelte Bilder. Daher wusste der Professor nichts von Nanos Mikrotisierung.

Gobbot, eine Abkürzung für »Götz' Roboter«, entfaltete seine spindeldürren Glieder und kroch aus der Krallenmaschine. Seine Augen leuchteten grün. Er klappte seine langen, röhrenförmigen Finger auf und zu. Die Fingerröhren, eine der wenigen Erfindungen, die von Götz von Schlotter persönlich stammten, dienten dazu, sich in das menschliche Gehirn einzuklinken und Kontrolle über den Verstand zu übernehmen.

»Ja, mein geliebter Gobbot, heute werden wir dich verkleinern, dank der neuesten Erfindung von Micro Minitec.« Er hielt ein Gerät in der Hand, das aussah wie Micro Minitecs Verkleinerungsbeamer. »Dann brauchen wir nur noch einen Menschen, an dem wir das Ganze ausprobieren können ... Aber den finden wir schon.«

Er lachte und starrte Scherge an, der eintrat.

»Hast du getan, was ich dir befohlen habe?«

»Ja, Chef!«, beeilte sich Scherge, zu antworten.

Professor von Schlotter setzte den Beamer in eine Halterung vor dem Schaltpult und richtete den Strahler auf die Krallenmaschine.

»Los, Gobbot, hock dich wieder in die Maschine!«

Der Roboter gehorchte stumm.

»Los geht's.« Der hinterhältige Professor drückte einen Knopf. Nichts passierte.

»Scherge!«

»Ja, Chef.«

»Was geht hier vor?«

»Professor … habt Ihr die Energiezellen des Beamers überprüft?«

»Natürlich, du Trottel! Moment … Die Halterung ist leer! Sabotage!«

»Aber Chef, hier drüben sind sie doch, in der Ladestation …«

»Bring sie rüber, na, mach schon!«

Mit einem vernichtenden Blick nahm Professor von Schlotter Scherge die Batterien ab und setzte sie in die Maschine ein.

»Also noch einmal: Los geht's!«, sagte er und grinste teuflisch. Er schaltete die Maschine ein. Ein Inferno brach aus.

Die alte Halle knirschte. Scheppernd schlugen alte, rostige Fleischerhaken aneinander. Ein Lichtblitz blendete. Es folgte ein ohrenbetäubender Donner. Klirrend zersprangen Fensterscheiben. Gobbot war verschwunden.

Kichernd rieb sich Professor von Schlotter die geblendeten Augen. Er ging zu einem großen Metalltisch hinüber, auf dem neben vielen verdreckten Werkzeugen, Instrumenten und verknitterten, vergilbten Plänen und Papier eine alte Lederschatulle stand.

Er hob den Deckel und holte eine große Spritze und eine riesige, schwarze Lupe hervor.

» So, Gobbot, dein neues Zuhause wartet. «

Professor von Schlotter ging zur Krallenmaschine und suchte mit der Lupe den ganzen Tisch nach dem Roboter ab. » Ha, da bist du ja, mein Ein und Alles! «, murmelte er. Vorsichtig saugte er den mikrotisierten Roboter in die Spritze, wo dieser wenig später in einer klaren Flüssigkeit schwamm und seine eingebauten Propeller ausprobierte.

Draußen, in der Nähe der hinteren Halle, kläffte ein Hund. Eine Stimme rief: » Komm her, Kannickel! «

» Schau nach, Scherge. Vielleicht haben wir unsere Testperson gefunden. «

Scherge ging raus, lief um das Gebäude und entdeckte einen Hund, der am Tor schnüffelte.

» Komm her, du kleine Ratte «, raunzte er und ging in die Hocke.

Kannickel knurrte, entwischte durch eine Lücke im morschen Tor und versteckte sich in der kleinen Nachbarhalle.

» Mist! «

»Guten Tag, haben Sie vielleicht einen kleinen, weißen und strubbeligen Hund gesehen? Der Racker büxt ständig aus.«

Scherge richtete sich auf und schüttelte den Kopf. Ärgerlich schaute sich Opa Erwin um.

»Meine kleine Nichte weint sich die Augen aus. Im Dorf konnte ich ihn nicht finden.«

»Moment, ich glaube, ich habe in der großen Halle etwas Weißes vorbeihuschen sehen«, log Scherge.

»Oh, das wäre wunderbar!« Und mit einem Blick auf die Uhr: »Ich war vor zwanzig Minuten mit meiner Enkelin verabredet, unten bei der Scheune. Gehen Sie nicht zur Feier?«

»Ich mache mir nichts aus Festen. Zu viele Menschen auf zu engem Raum.« Scherge schlurfte voraus, Nanos Opa folgte.

»Ich wusste gar nicht, dass hier wieder gearbeitet wird«, wunderte sich Opa Erwin.

»Oh, der Herr Professor und ich sind erst seit Kurzem hier.«

Der alte Mann trat in die Halle, und als sich seine Augen an die Dunkelheit gewöhnt hatten, erblickte er die Krallenmaschine.

»Was ist denn das für ein Ungetüm?«

»Das, mein lieber Freund, ist das Ergebnis meines unglaublichen Genies«, sagte eine Stimme hinter ihm, und ehe sich der alte Herr Sonntag umdrehen konnte, hatte ihm Professor von Schlotter das Betäubungsmittel, in dem Gobbot schwamm, durch den Jackenkragen in den Nacken injiziert.

Per Express durch den Dünndarm

Der Dünndarm raste an ihnen vorbei. Nano schwindelte von der rasanten und kurvenreichen Fahrt. Micro Minitec steuerte die Kapsel von außen. Sie hatte von Dr. X einen kabellosen Joystick erhalten, den sie auf dem linken Arm an ihre Jacke andockte. Mit ihm konnte sie in alle Richtungen steuern. Sie stand vor der Leinwand und lenkte das Boot lässig durch ihre eigenen inneren Organe. Auf der Leinwand konnte man in ihren kompletten Bauchraum gucken. Die dreidimensionalen Gedärme leuchteten in kräftigen Farben, Nieren, Leber und umliegende Gefäße waren ebenfalls sichtbar.

Zwischendurch wechselte Micro Minitec mit kurzem Druck auf eine Joysticktaste die Perspektive. Mal sah man die winzige Kapsel von der Seite, mal von unten. Das Navigieren machte ihr Spaß.

Micro Minitec setzte ihre 4D-Spezialbrille auf, die wie eine Schweißerbrille aussah. Mit ihr konnte sie nicht nur dreidimensional sehen, sondern sogar durch Gewebe und Organe schauen wie mit einer Röntgenbrille.

Auf einem Bild im Bildfenster konnte sie die Aufnahmen beobachten, die von der Bordkamera des Bootes gesendet wurden.

»Stopp!«, rief Nano. »Ich würde gern den Dünndarm im Detail sehen. Außerdem wird mir langsam schlecht«, schob er kleinlaut hinterher.

»Okay, wir sind eh fast durch. Lass uns mal eine Stelle vergrößern, das sieht gut aus …« Der Zoom holte die Darmwand näher heran. Feinste Härchen erschienen, die Nano an blühende Gräser auf einer wilden Wiese erinnerten.

»Oh, ist das schön …«, staunte er.

»Stell dir vor, die Verdauung findet auf der Fläche eines kleinen Fußballplatzes statt. Auf einer Gesamtfläche von mehr als zweihundert Quadratmetern. Cool, oder?«

»Wie soll das denn gehen?«

»Der Darm hat Abertausende dieser fingerförmigen Zapfen.« Sie zoomte die Darmwiese heran, und tatsächlich, die einzelnen Härchen sahen aus wie Finger.

»Die Zapfen, sie heißen Darmzotten, sind prall gefüllt mit Blut- und Lymphgefäßen. Dadurch wird die Darmoberfläche extrem vergrößert und die Verdauung erst möglich. Die meisten Nährstoffe würden bei einer glatten Oberfläche einfach durchgespült und verloren gehen. In der Wiese jedoch setzen sich die mikroskopisch kleinen Nährstoffe ab und können so über die dünnen Wände der Zotten direkt ins Blut übergehen.«

Die Reise ging weiter. Sie kamen bald am Übergang zum Dickdarm an.

»Na, wie geht's euch zwei? Nicht mehr schwindelig?«

»Nein, alles klar!«

»Dann schaut euch das hier an.« Sie stellte eine mikroskopische Hochauflösung der Darmwand ein.

Nano staunte.

Per Express durch den Dünndarm. Kleinste Fettkügelchen glitschen durch die Darmzotten in die Lymphbahnen (1).

»Siehst du den runden Körper? Das ist ein rotes Blutkörperchen! Und direkt daneben den staubkorngroßen Spritzer?«

Er starrte so angestrengt auf die Vergrößerung, dass er fürchtete, seine Augen würden aus den Höhlen treten. Da war wirklich irgendetwas unendlich Kleines.

»Ja, ich glaube, ich sehe ihn.«

»Das sind die kleinsten Bausteine der Fette und der Eiweiße, Aminosäuren genannt. Sie wurden aus dem Fisch und den Tomaten herausgelöst und werden jetzt, wie du inzwischen weißt, gebraucht, um neue Eiweiße zum Beispiel in deinen Muskeln aufzubauen.«

»Nichts geht verloren in der Natur, es findet nur ein unendlicher Wandel statt«, sagte Dr. X und klapperte mit der Tasse.

Plötzlich drückte Micro Minitec den Steuerknüppel so heftig, dass sie sich fast den Jackenärmel abriss. Gleichzeitig beugte sie ihren ganzen Körper in die Richtung, in die sie lenkte, als könnte sie damit die Flugbahn des Bootes beeinflussen. Ihre vorherige Lässigkeit war verflogen. Die Bilder und Gespräche hatten sie abgelenkt, die Kapsel war vom Dünndarm in den Dickdarm in ihrem rechten Unterbauch getrieben. Jetzt drohte das Schiff, in die blinde Ecke des Dickdarms zu stürzen.

»Verflucht!«

Rappels Ohren stellten sich auf. Fragend sah er Nanolino an. Das Boot rumorte und sie wurden total durchgeschüttelt. Kurz sahen sie ein schlauchartiges, sehr eng wirkendes Gebilde, dann war es weg.

»Was ist denn jetzt schon wieder los?«, rief Nano.

»Tut mir leid, aber ihr drohtet gerade, in meinen Blinddarm zu plumpsen.«

»Ja und?«

»Ja und! Da fragst du noch! Wenn ihr in meinem Wurmfortsatz stecken bleibt, kommst ihr auf natürlichem Wege nicht mehr raus, und ich weiß nicht, ob ich euch mit der Magnetsteuerung wieder freibekommen würde, bevor mich der Schmerz niederstreckt. Hast du schon mal eine Blinddarmentzündung gehabt?«

»Nee, zum Glück nicht, aber meine Mutter. Das war fürchterlich. Die Ärzte hatten sie fast übersehen. Sie dachten, es wäre eine Blasenentzündung. Gerade rechtzeitig, bevor der Blinddarm platzte, wurde meine Mutter operiert!«

Micro Minitec hörte nicht zu. Der Druck in ihrem Unterbauch nahm zu.

»Jetzt keinen Fehler machen«, dachte sie. »Ganz schön eng da unten in meinen Katakomben. Gut, wieder auf Kurs, dann auf Richtung Dickdarm.«

Blinddarmentzündung

Bei einer Blinddarmentzündung schmerzt es rechts unten im Bauch. Man kann kaum aufrecht stehen, weil es noch mehr wehtut, wenn sich die **Bauchdecke** spannt. Der Blinddarm hängt gleich am Anfang des Dickdarms und ähnelt der fingerförmigen Ausstülpung eines Handschuhs. Dieser **Wurmfortsatz** ist ein Überbleibsel aus der Entwicklung des Menschen. Vermutlich dient er, wie das Zäpfchen im Hals, dem Immunsystem. Er ist nicht lebenswichtig und kann, wenn er entzündet ist, problemlos entfernt werden. Das sollte er auch, denn er kann bei längerer Entzündung platzen. Dann entleert sich der Eiter in die Bauchhöhle und zieht eine lebensbedrohliche **Bauchfellentzündung** nach sich. **Zeichen einer Blinddarmentzündung:** Schmerzen zunächst im ganzen Bauch, dann im rechten Unterbauch; an der Stelle »Loslass-Schmerz«, das heißt, wenn man kurz drückt und abrupt loslässt, tut es weh; Erschöpfung; ein Grad Celsius Temperaturunterschied zwischen Fiebermessung in Mund und Darm.

Nano schaute in die Tiefen des Dickdarms, über dem sich der röhrenförmige Himmel wölbte. Das im Vergleich zum engen Dünndarm großzügige Gewölbe war durch halbmondförmige Falten in Waben aufgeteilt.

Vereinzelt hingen braun-gelbliche Gesteinsbrocken an den Rändern oder kullerten wie kleine Lawinen auf das Gefährt zu. Nanolino zuckte zusammen. Automatisch duckte er sich, als einer der Brocken das Fenster traf.

»Was …?« Er rümpfte die Nase.

Micro Minitec, die sein Gesicht durch die Innenkamera sah, lächelte.

»Das sind Überbleibsel von all dem leckeren Obst, Gemüse … ach, und von der Portion Spaghetti bolognese, die ich gegessen habe. Normalerweise ist das viel voller hier, schwer durchzukommen, und vor allem wenig Sicht für ein kleines U-Boot, aber ich habe unglaublich viel getrunken, damit es etwas aufgeräumter ist.«

Auf einmal donnerte es. Das Schiff machte einen gewaltigen Satz nach vorne.

»’tschuldigung …«

»Kannst du nicht vorsichtiger steuern?«, bat Nano.

»Ich fürchte, das liegt nicht in Minitecs Macht«, lachte Dr. X. »Das war die Schockwelle einer Entgasung des Darms, und ich sage euch: Micro Minitecs Pupse sind legendär!«

Ein weiterer, lang gezogener Donner folgte.

Micro Minitec schaute Dr. X tadelnd an und wechselte das Thema: »Wie wäre es mit einer kleinen Übersicht, jetzt so kurz vor Ende der Reise? Wenn man bedenkt, wie lange die Nahrung normalerweise durch den Körper benötigt, war eure

Der gigantische Antipupstee

Gegen Pupsen und Blähungen!

Man nehme:
1/4 Teelöffel Kümmelsamen
1/4 Teelöffel Anissamen
1 Teetasse Wasser

Zubereitung:
Gieß das sprudelnde heiße Wasser über die Samen und lass den Tee 10 Minuten lang ziehen.

Kombinationsmöglichkeiten:

Gegen Völlegefühl: Fenchel

Beruhigend: Kamille

Zusätzlich den Bauch mit Kümmel- oder Melissenöl einreiben, mit einem Leinentuch abdecken und eine warme Wärmflasche oder Heublumensäckchen auflegen.

Fahrt ziemlich kurz. Der Speisebrei bleibt bis zu fünf Stunden im Magen. Nach einer intensiven Verdauung gelangt er über den Zwölffingerdarm in den dünnen und dann in den dicken Darm. Nach ungefähr achtundvierzig Stunden wird er ausgeschieden. So lange dauert es, die Nahrung zu zerkleinern, Nährstoffe, Vitamine und Mineralien aufzunehmen, Energie zu gewinnen, dem Brei das Wasser zu entziehen und den Abfall im Dickdarm zu lagern. Aber viele Teile der Nahrung, besonders pflanzliche Stoffe, sind unverdaulich. Diese Ballaststoffe werden von Bakterien im Dickdarm aufgespalten. Dabei entstehen Gase, die Schwefelwasserstoff enthalten.«

»Und Schwefel stinkt«, sagte Dr. X und schmunzelte.

Auf einmal war ein leises Pfeifen in der Kapsel zu hören. Ein leicht fauliger Geruch breitete sich aus. Nano rümpfte die Nase und wendete sich zu seinem Kompagnon. Rappel zwinkerte ihm zu und lachte.

Unerwartete Vielfalt im Unterweltdschungel

Die Reise ging weiter. Geschickt manövrierte Micro Minitec das Schiff durch den Darm.

»Was meinen Sie, Doc? Sollen wir ihm die kleinen Monster in der Vergrößerung zeigen?«

»Hm, der Junge ist kein Feigling, aber sich diesen Ungeheuern gegenüberzusehen … Ach, fragen wir ihn einfach.«

»Hey, Nano! Wir möchten dich etwas fragen …«, Micro Minitec wurde von Nanolino unterbrochen.

»Habt ihr nichts mehr auf der Pfanne für mich. Sorry …« Nano wurde rot, »so reden wir in der Schule miteinander. Aber es wird ein bisschen langweilig hier … Immer derselbe Brei …«

»Also gut … Ich schalte jetzt die Sicht wieder auf mikroskopische Vergrößerung, aber bekomm keinen Schreck: Es wird gleich wimmeln!«

Unzählige Tierchen in allen Farben, Formen und Größen krabbelten plötzlich durch die Darmwelt vor seinem Fenster. Manche waren dick und schwammig, andere so dünn und fadenförmig, dass man sie leicht übersehen konnte. Einige besaßen riesige, aufgeschwollene Köpfe, andere Minischädel. Es gab welche mit nur einem und solche mit fünf oder sogar zwanzig Armen. Ein Tier mit einem Hals wie eine Giraffe grinste Nano an. Er winkte einer Darmgiraffe zu. Rappel ließ sich sogleich von Nanos Übermut anstecken und schwenkte

den Lebewesen mit beiden Pfoten einen Willkommensgruß entgegen. Ein riesiges, kugelförmiges Wesen mit winzigen Ausstülpungen, die wie Beine aussahen, schob sich ins Bild. Sein durchsichtiges Inneres war prall gefüllt mit der überall gegenwärtigen, braungelben Masse. Überall wühlten, stocherten die Wesen in den unzähligen Haufen. Ein Tierchen, das aussah wie eine Mischung aus Seepferdchen und chinesischem Drachen, spie Schleim in die Luft.

»Total verrückt, ich hätte nie gedacht, dass wir einen solchen Zoo in unserem Körper haben.«

»Er klingt nicht wie jemand, der sich fürchtet«, sagte Dr. X zu Micro Minitec, die anerkennend nickte.

»Eine ungewöhnliche Lebensgemeinschaft«, sagte Dr. X, »von der wir viel lernen können! Mehr als hundert verschiedene Bakterienarten und insgesamt mehr als eine Billion Bewohner leben in Micro Minitecs Innenwelt friedlich miteinander. «

» Irre! «, sagte Nano beeindruckt.

» Alle haben bestimmte Aufgaben. Die einen reinigen, andere transportieren die dazu benötigte Flüssigkeit heran, wieder andere versuchen, bisher unverdaute Fasern zu knacken. Und alle haben ein Ziel: den Darm sauber zu halten und ihn vor Angreifern zu schützen. Sie bauen alles ab, was kommt, und ernähren damit sich selbst, aber auch den Körper, in dem sie leben. «

» Was macht der Glibber speiende Drache? «, fragte Nano. Rappel schüttelte sich angeekelt.

» Das ist eine Bakterienart, die entweder Vitamine produziert oder Fettsäuren zerlegt, die dann durch die Darmwand in Micro Minitecs Blut gelangen. «

» Und was passiert, wenn fremde Bakterien eindringen? «

» Dann wehrt die Lebensgemeinschaft diese Keime ab, indem sie sich vermehrt. Sie versucht, die Eindringlinge durch Überzahl zu besiegen. Dieses Abwehrprinzip funktioniert aber nicht immer. In dem Fall kommen dann andere Abwehrstoffe zum Einsatz. Zum Beispiel wird ganz viel Wasser produziert, um die Keime auszuspülen, das führt dann zu Durchfall. «

» Ah, ich verstehe «, antwortete Nano. » Aber was passiert eigentlich, wenn man Antibiotika einnimmt? Meine Oma hat mir erklärt, das tötet alle Bakterien ab. Sterben dann nicht auch die ganzen guten Bakterien im Darm? «

» Es gibt zwar auch welche, denen das Antibiotikum nichts anhaben kann und die sich zum Glück nach einer Weile wieder vermehren. Aber es stimmt leider, die meisten sterben ab. «

Antibiotikum

Wenn du das Wort übersetzen würdest, bekämst du wahrscheinlich einen großen Schreck. Es kommt aus dem Griechischen und heißt wörtlich **» gegen das Lebendige «**. Aber keine Sorge, du bist damit nicht gemeint, sondern nur die Bakterien, die deinen Körper angreifen und dich krank machen. Denn diese vernichtet das Antibiotikum, wenn deine Abwehr das nicht schafft. Du kannst Antibiotika als **Tabletten** oder **Saft** einnehmen. Ganz selten müssen Spritzen gegeben werden. Antibiotika wirken nicht gegen **Viren** oder **Pilze!** Das wird häufig nicht beachtet. Auch solltest du das Medikament ganz **regelmäßig** nehmen. Zweimal täglich heißt beispielsweise alle zwölf Stunden. Du musst also deinen Wecker stellen. Sonst besteht die Gefahr, dass die Antibiotika nicht richtig wirken und die Bakterien immun gegen das Antibiotikum werden. Man sagt dann: Die Bakterien sind resistent. Diese Resistenz können sie auf andere Bakterien übertragen.

» Kann man auch gezüchtete Darmbakterien einnehmen? «

» Richtig, du Blitzmerker. In der Naturheilkunde verwendet man zum Beispiel Pillen, die spezielle Bakterienstämme enthalten. Werden sie eingenommen, lebt die Bakteriengemeinschaft im Darm wieder auf. Außerdem enthalten Joghurt und vergorene Milchspeisen viele Milchsäurebakterien, die dein Darm braucht! Denke immer daran: Die meisten Bakterien in deinem Darm sind nützlich und ungefährlich, aber wenn sie in Wunden kommen, können sich diese entzünden. Also, nachdem du auf der Toilette warst: Hände waschen! «

» Genug gequatscht! «, sagte Micro Minitec. » Ich und meine Mitbewohner haben Durst. « Sie lachte. Rappel klatschte vor Freude in die Pfoten. » Doc, füllen Sie mir doch bitte mal den großen Becher, den Sie mir vom Münchener Oktoberfest mitgebracht haben, mit stillem Wasser. Nano, sitzen die Gurte richtig? Macht euch auf eine Riesenwelle gefasst. «

Nano schluckte: » In Ordnung ... «

Mit einem Zug leerte Micro Minitec das riesige Glas. Es geschah nichts. Dr. X erklärte Nano derweil noch ein Detail über die Verdauung und wie wichtig die kleine **Bauchspeicheldrüse** dabei ist.

»Die ursprüngliche Nahrung verlässt zum Schluss als fast trockene Masse den Darm. Das hast du jetzt nicht gesehen – nur einzelne Bröckchen, da wir vor dem Experiment Micro Minitecs Darm mit viel **Wasser** durchgespült haben. Zwei Tage lang musste sie trinken, trinken und nochmals trinken.«

»Jetzt verstehe ich! Deshalb die klare Sicht.« Nano tippte sich mit dem Zeigefinger gegen die Stirn und Rappel tat es ihm nach. Beide lachten sich dabei fröhlich an.

Auf einmal hörte Nano einen Lärm, der sich von hinten näherte. Er bat Micro, das Boot zu drehen. Eine gewaltige Welle rollte auf ihn zu, die ihn im nächsten Moment verschluckte. Selbst Rappel schaute ungläubig und klemmte sich fest in den Sessel.

Bauchspeicheldrüse

Wie in deinem Mund gibt es auch im Bauch eine Speicheldrüse, die deine Nahrung zusätzlich »einspeichelt«. Sie ist bis zu fünfzehn Zentimeter lang, sieht aus wie ein Kopf mit Körper und Schwanz, ist in die C-förmige Windung deines Zwölffingerdarms eingepasst und hat zwei kleine Ausführungsgänge dort hinein. Sie produziert täglich bis zu **zwei Liter Bauchspeichel!** Die darin enthaltenen Enzyme knacken die mit der Nahrung gelieferten Kohlenhydrate, Fette und besonders die Eiweiße in kleinere Bausteine auf. Damit deine Salzsäure aus dem Magen nicht den Zwölffingerdarm auffrisst, werden die Wände vom Bauchspeichel »beschleimt«. Drei Prozent des sogenannten **Pankreas** stellen **Hormone** her, die in Mini-Mengen ans Blut abgegeben werden: **Insulin** zur Zuckerverwertung oder **Glukagon**, das deine eigene Zuckerproduktion in den Leberspeichern aktiviert, wenn du zu wenig im Blut hast.

Wasser Unter der Dusche, in der Badewanne oder im warmen Mittelmeer – überall fühlst du dich pudelwohl, denn du kommst aus dem geborgenen »Urmeer« des Mutterleibes auf die Welt. Alles Leben auf der Erde, ob Pflanzen, Tiere oder wir selbst, stammt aus den großen Urmeeren. Wasser ist das Urelement allen Lebens: Unser Körper besteht zu siebzig Prozent aus Wasser, so wie die Erde zu etwa siebzig Prozent von Wasser bedeckt ist. Alle Funktionen des Organismus, vom Körperaufbau über die Herz-Kreislauf-Funktionen zum Stoffwechsel und zur Verdauung, werden vom Wasser geregelt. Es durchdringt alle Körperzellen und ist auch an deinen Gefühlen, deinen Stimmungslagen und vor allem an deinen Denkvorgängen beteiligt. Dein Blut ist mit vielen Mineralien angereichert, die du genauso in Meeren findest und im naturbelassenen Salz. Wasser ist damit das Lebensmittel Nummer »Eins«, und Salz Nummer »Zwei«.

Das Brausen und Dröhnen der Wassermassen hatte er noch in den Ohren und den schwindelerregenden Makrotisierungsprozess, der ihn wieder zur alten Größe wachsen ließ, in allen Sinnen, als er einige Zeit später an der Bushaltestelle stand, wo ihn Willi Tusso abgesetzt hatte. Nano hatte die ganze Fahrt im Haifischauto geschwiegen. Er war dermaßen tief in Gedanken versunken gewesen, dass er fast vergessen hatte, sich von Willi zu verabschieden. Schnell und abwesend hatte er noch ein »Tschüs« genuschelt. Es waren einfach zu viele Eindrücke auf einmal gewesen, und er würde bestimmt lange brauchen, um sie alle zu verarbeiten. Wie er aus Micros Körper wieder herausgespült wurde und was geschah, als die Forscher Rappel und ihn zurückvergrößerten – das kam ihm vor wie ein wilder Traum. Er nahm sich vor, später alles aufzuschreiben.

Nachdenklich stand er an der Haltestelle und starrte wie »Hans-Guck-in-die-Luft« in die Wolken, da sprang ihn etwas von hinten an.

Marie allein im Dorf

Marie suchte Kannickel ebenfalls. Nervös strich sie um den Dorfweiher. Die Frösche quakten laut. Sie war zusammen mit ihrem Opa ins Dorf gekommen. Als Marie von der Schule nach Hause gekommen war, hatte er gerade telefoniert. Sein Gesicht war von Sekunde zu Sekunde finsterer geworden, und sie hatte vermutet, dass es um ihren Bruder ging. Hinterher erfuhr sie, dass sich der Schuldirektor persönlich beschwert hatte, dass Nano heute nicht zum Unterricht erschienen war und ihn seine Lehrerin, Frau Baumeister, im Bus nach Nanoville gesehen hatte. Wütend hatte sich der alte Herr Sonntag hinter das Steuer seines Wagens gesetzt. Im letzten Moment war Marie mit Kannickel unterm Arm und der festen Absicht, Opa Erwins Ärger zu zerstreuen, in den Wagen gesprungen. Doch es kam noch schlimmer. Im Dorf angekommen, hatte Opa neben einer Gruppe von Leuten gehalten, die augenscheinlich auf dem Weg zum Festzelt gewesen waren, war ausgestiegen und hatte versucht herauszufinden, wo Nano steckte.

Plötzlich hatte sich die Hündin aus Maries Griff entwunden, war trotz ihrer Rufe aus dem Auto geschlüpft und verschwunden. » Opa, wie finden wir Kannickel nur wieder? «, hatte Marie verzweifelt gerufen. Um die beiden auf andere Gedanken zu bringen, hatten die fröhlich gestimmten Menschen sie zu ihrem Fest eingeladen. Doch Opa und Marie hatten nicht die

Ruhe gehabt, zu feiern. »Wir helfen euch«, hatte eines von drei Dorfkindern gesagt, die auf sie zutraten. »Ich heiße übrigens Ben.« Der Junge, der wesentlich älter als Marie war, hatte gelächelt. Sie hatten sich darauf geeinigt, zuerst den Hund zu suchen. Opa, Marie, Ben und die anderen beiden Kinder hatten verabredet, sich in einer halben Stunde, mit oder ohne Kannickel, bei der Festscheune zu treffen, und waren in verschiedene Richtungen losgezogen.

Am Weiher traf Marie Ben wieder. Der Junge schüttelte den Kopf, als er sie kommen sah.

»Nichts!«

»Nichts«, wiederholte Marie traurig.

»Er wird schon wieder auftauchen, wir haben ja deine Telefonnummer«, versuchte Ben, sie zu trösten, und wischte sich die schmutzigen Hände an seiner fleckigen Hose ab.

»Komm, gehen wir zum Fest, da bekommst du dann eine Cola und Pommes.«

»Nö, danke. Das mag ich nicht. Außerdem kriegt man schlechte Zähne davon.«

Fast Food

Wenn du **zu viel, zu fett, zu süß, zu einseitig** isst, dann lebst du ungesund! Früher oder später wirst du es daran merken, dass du immer dicker wirst, dass du Bauchweh bekommst oder an anderen Zeichen.
Zu viel Fast Food, aber auch bestimmte Medikamente, können ein Ungleichgewicht in der **Darmflora** verursachen. Die Schleimhäute des Darms sind nämlich rasenartig von Bakterien und anderen Mikroorganismen besiedelt. Diese sind aber wichtig für dein **Abwehrsystem.** Ist das Gleichgewicht im Darm gestört, nehmen die krank machenden Keime überhand und führen zur Bildung von giftigen Substanzen. Völlegefühl, ein Blähbauch, Durchfall, Müdigkeit und Leistungsabfall können die Folge sein. Die Darmflora lässt sich mit speziellen **Darmbakterien-Präparaten,** einer gesunden Ernährung sowie mit **Milchsäureprodukten** wie Joghurt oder Vitaminen wieder aufbauen.

»Wir haben bestimmt auch noch etwas anderes für dich. Ich dachte, Stadtkinder essen nur Fast Food und trinken am liebsten Cola oder Limonade«, sagte Ben lächelnd.

»Was du so von uns denkst! Kinder von heute trinken viel Wasser.«

Ein lauter Knall dröhnte durch das Dorf.

»Was war denn das?«, fragte Marie.

»Keine Ahnung. Kam aus der Richtung der Fleischerei.«

Gemeinsam gingen sie zur Festscheune am Rande des Dorfes, ganz in der Nähe des Waldes, der Villa Ypsilon umgab, in der sich bereits viele Menschen eingefunden hatten, um zu feiern. Sie näherten sich der Scheune von hinten und kamen gerade hinter einem Stapel Holzscheite hervor, als sie sahen, wie ein Mann einen Traktor genau vor dem geschlossenen Scheunentor parkte. Der Fahrer trug einen Armeeparka, sein Gesicht war unter der Kapuze verborgen.

»Was macht der denn da, die Tore gehen doch nur nach außen auf, so kommt doch keiner mehr raus!« Ben wollte gerade losrennen, da sprang der Mann vom Sitz, zerschnitt mit einem Messer die Verkabelung des Traktormotors und lachte schadenfroh. Entgeistert blieb Ben stehen.

»Ich glaub … ich sehe nicht richtig.«

»Bleib hier, der Mann ist mir nicht geheuer, guck dir den schrecklichen Dolch an!«, bat Marie.

»Du hast recht, warten wir, bis er weg ist.«

Der Mann sprang auf ein Motorrad, das an der Scheune angelehnt war, startete und knatterte vom Hof.

Marie und Ben rannten zum Traktor, wo sich der Junge den Schaden anschaute.

»Da ist nichts zu machen, den kriegen wir hier so nicht weg. Ich renne am besten zu unserem Hof und guck nach, ob wir passende Ersatzteile haben. Du beruhigst in der Zwischenzeit die Leute. In der Hintertür fehlt ein Brett …«

Sie lief um das Gebäude und fand die beschriebene Lücke.

»Hallo?«

Ein Augenpaar, über das sich eine einzelne durchgehende Augenbraue wölbte, erschien.

»Bist du für diesen Quatsch verantwortlich? Wir kommen nicht mehr raus!«, sagte die Augenbraue gereizt.

»Nein, irgendein Typ hat einen Trecker vor das Tor gefahren und den Motor zerstört.«

»Wie bitte? … Wie sah er aus?«

»Klein und dick, mehr konnten wir nicht erkennen. Er hatte eine Kapuze auf.«

»Wer ist wir?«

»Ich und Ben, ein Junge aus dem Dorf. Er ist zum Hof, nach einem Ersatzteil suchen.«

»Das ist mein Junge«, sagte eine Stimme im Hintergrund.

»Er wird wenig Glück haben, die wichtigsten Teile habe ich neulich verbraucht, als ich einen Traktor repariert habe.«

»So ein Ärger!«, rief die Augenbraue.

»Wir haben noch nicht mal die Schlüssel, um diese Hintertür zu öffnen. Aber Moment … na klar. Junge Dame, würdest du mir einen Gefallen tun?«

»Natürlich!«

»Wenn du dem Weg dort folgst«, seine Hand kam aus der Lücke und deutete in die entsprechende Richtung, »kommst du zu einem kleinen Haus. Da wohnt Herr Scherge, eine Art

Hausmeister für Wiesenthal, Schlangengrube und Nanoville. Er hat Schlüssel für alle öffentlichen Gebäude. Sag ihm, wir brauchen die Nachschlüssel für die Festscheune, der Bürgermeister von Wiesenthal schickt dich. Der Weg gabelt sich. Lauf da nicht zur Fleischerei, sondern nimm den anderen Abzweig. Dort müsste ein Schild stehen. Willst du das für uns tun?«

»Gerne, Sie müssen aber meinem Opa sagen, dass ich hier war.«

»Wird gemacht! Wie heißt du eigentlich?«

»Marie, und bis gleich.«

»Beeil dich.«

Schnell flitzte Marie den steil ansteigenden Kiesweg hinauf. Schließlich kam sie an eine Weggabelung. Auf einem alten und verwitterten Wegweiser stand, kaum lesbar: »Zur Fleischerei«. Doch er zeigte in den Himmel.

»Mist ... Ach, ich probiere einfach diesen Weg, der wird schon richtig sein.«

Entschlossen rannte sie weiter. Die Bäume, die den Weg umstanden, verdichteten sich zu einem Wald. Marie fürchtete sich und lief langsamer.

Im Unterholz knackte es. Marie hielt Ausschau, konnte aber nichts erkennen. Ein dicker Käfer flog ihr gegen die Stirn. Sie erschrak und preschte wieder los.

Plötzlich lichtete sich der Wald. Sie stand auf einer Hügelkuppe. Unten sah sie das Dorf und die Scheune, selbst die fernen Kirchtürme von Wiesenthal waren zu erkennen. Aber ihre Erleichterung hielt nicht lange, als sie die düstere, halb verfallene Ruine der Fleischerei entdeckte.

Was sollte sie nun machen? Entweder sie ging durch den

dämmrigen Wald zurück oder sie probierte, ob der Weg, der an dem schauerlichen Gebäude vorbeiführte, auch zum Haus von Herrn Scherge führte. Sie holte tief Luft und ging weiter. Als sie bei der alten Fleischerei angekommen war, sah sie rings um die Mauern zerbrochene Fensterscheiben. Sie wollte gerade ihren Weg fortsetzen, da war ihr, als hätte sie Opas Stimme gehört. Sie blieb stehen. Nichts. Als sie wieder losgehen wollte, hörte sie erneut die Stimme, die wie Opas klang.

»Ja, Herr Professor von Schlotter, wie Sie befehlen«, sagte ihr Großvater. Der Ton, in dem er es sagte, war seltsam farb- und kraftlos.

Vorsichtig schlich sie näher heran und entdeckte ein Vordach, das unter einem der Fenster lag und leicht zu erklimmen war.

Sie wollte gerade auf den Rand einer Regentonne klettern, in der muffig riechendes Wasser stand, als jemand sie bei den Schultern fasste. Etwas Feuchtes berührte ihre nackte Wade.

Steif vor Angst drehte sie sich um und sah in Nanos grinsendes Gesicht.

Sofort schlug sie ihm mit der Faust aufs Brustbein.

Kannickel sprang aufgeregt um sie herum und leckte jedes Stück Haut, das sie mit der Zunge erreichen konnte.

»Mensch, wo warst du?«, flüsterte Marie. »Opa sucht dich überall, der Direx hat angerufen! Opa ist so was von sauer!«

»Ihr glaubt eh nicht, wo ich war ... Warum flüsterst du, stimmt was nicht?«, fragte er.

»Pst, leise doch! Hier geht irgendwas Seltsames vor. Ich habe darin Opas Stimme gehört, aber irgendwie klang sie anders, so fremd. Ich habe richtig Angst bekommen.«

»Los, wir klettern auf das Dach und schauen durch das Fenster. Du wirst dich einfach verhört haben.«

»Hatte ich gerade vor. Wo hast du Kannickel gefunden?«

»Willi hatte mich eben zur Bushaltestelle zurückgebracht, da kam sie angerast, sprang an mir hoch, bellte und ließ sich überhaupt nicht beruhigen. Dann ist sie losgelaufen und hat mich direkt zu dir geführt.«

»Wer ist Willi?«

»Erklär ich dir später, los, lass uns nachschauen!«

Nano half seiner Schwester aufs Dach und kletterte dann selbst hinauf.

Sie spähten durchs Fenster und sahen zwei Gestalten, die vor Opa standen. Der Kleinere fuchtelte mit einer Hand vor den Augen des alten Mannes, so wie man es bei Schlafwandlern oder hypnotisierten Menschen macht.

»Was ist mit Opa?«, jammerte Marie leise.

»Pst!«

»Ja-ha, Scherge, es hat geklappt! Wir haben den alten Knauser unter Kontrolle. Ist das nicht großartig? Die Höllenmaschine, ist die nicht ..., nee, bin ich nicht großartig?«

»Sie sind der Größte«, antwortete der Kleine gelangweilt.

»Glaub ja nicht, ich bekomm deinen Ton nicht mit. Wir werden den hier ein paar Tage ausprobieren und bauen, wenn alles funktioniert, noch mehr Gobbots. Dann nehmen wir uns den Bürgermeister von Wiesenthal vor, den Pfarrer, den Schuldirektor, die Dorfpolizei ... Zuerst erobern wir die umliegenden Käffer, dann die Welt.« Er lachte böse.

»Ich bin genial. Ein Mikroroboter, der das menschliche Gehirn anzapft und kontrolliert! Wenn das diese Micro Minitec wüsste! Mithilfe ihrer eigenen Verkleinerungsmaschine werde ich sie versklaven. Sie wird nur noch das erfinden, was ich benötige. Wer ist nun der Schlauere, Scherge, sag schon, wer?«

Professor von Schlotter wandte sich an Opa: »So, du fährst jetzt erst mal nach Hause. Wollen mal sehen, ob irgendjemandem auffällt, dass du deinen Willen an mich verloren hast.«

»Ja, Herr Professor von Schlotter, wie Sie wünschen, Herr Professor von Schlotter«, antwortete Großvater Sonntag. Seine Stimme klang leblos.

Nano und Marie schauten sich ängstlich an.

»Das muss ich sofort Micro Minitec erzählen!«

»Du kennst sie?«

»Ja, schnell, komm!«

Marie kletterte das Dach hinab, aber als Nano ihr folgen wollte, gab eine morsche Dachlatte am Rand nach. Er verlor das Gleichgewicht und fiel in die Regentonne.

Kurze Zeit war er verschwunden, dann tauchte sein nasser Kopf wieder auf.

»Puh, stinkt das!«

»Da seid ihr beiden ja.«

Mit vor Schreck geweiteten Augen guckten sie ihren Opa an.

»Komm da raus, wir gehen zum Auto.«

Sie folgten Opa Sonntag, der keinen Kommentar gab – weder zu Nanos Schulschwänzerei noch zu seiner tropfnassen Kleidung. Ratlos sahen sie sich an.

Im Dorf trafen sie Ben. Er erzählte ihnen, dass er den Traktor doch noch zum Laufen gebracht hatte und wenn sie wollten, könnten sie mit zum Fest kommen.

Marie wollte ihm von der Gefahr berichten, in der das Dorf schwebte, aber Ben war schon weitergeeilt.

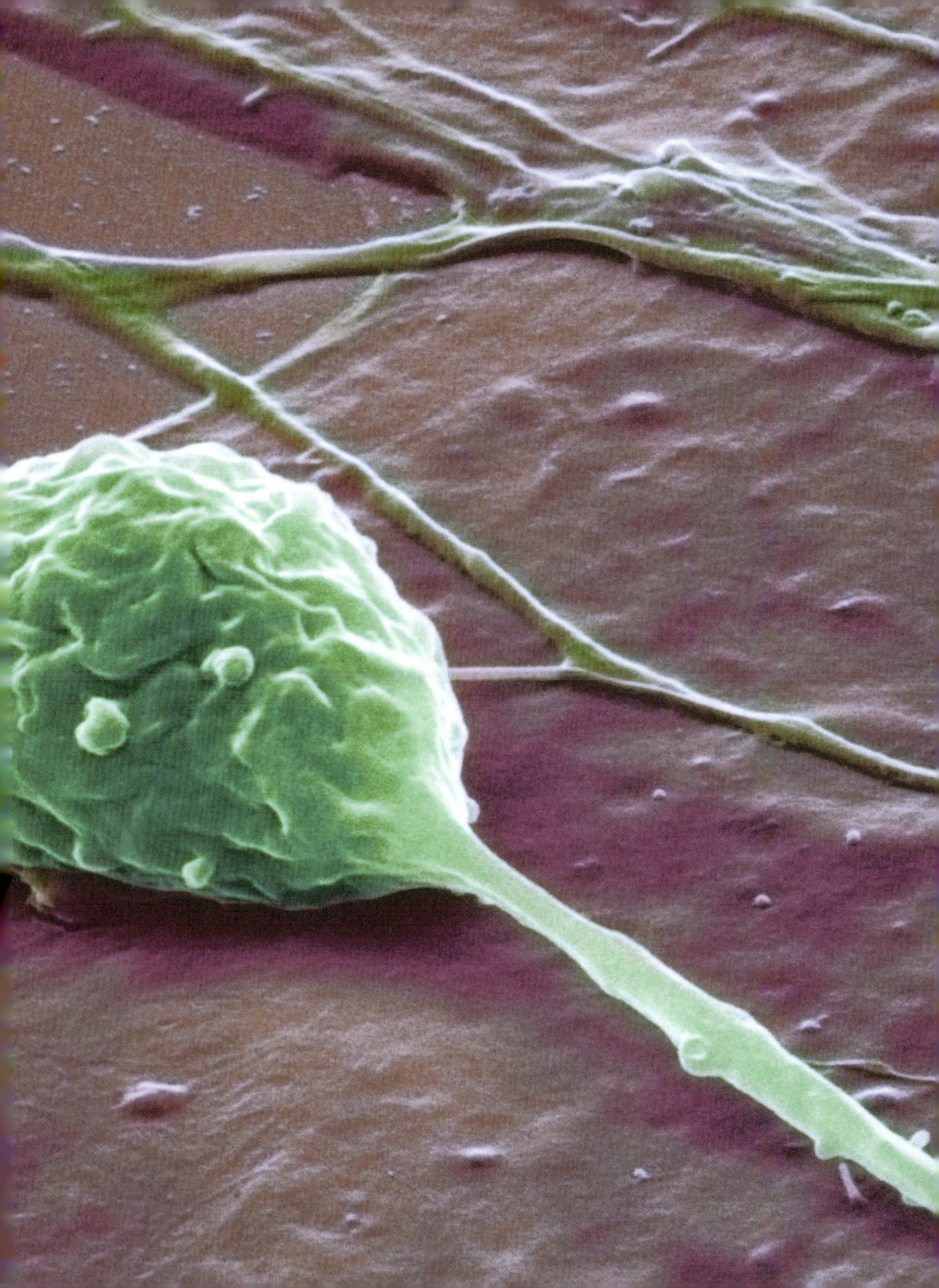

Ein Öl, das heilen kann

Am nächsten Tag wollten Nano und Marie zu Oma Rosi fahren. Opa war nicht zum Frühstück erschienen. Marlene Sonntag machte sich Sorgen und klopfte an seine Tür. Sie wurde abgewiesen mit den Worten, er habe etwas Wichtiges zu erledigen, das keinen Aufschub dulde.

Als die Kinder im Auto saßen und warteten, bis ihre Mutter die Fahrräder auf dem Dachgepäckträger befestigt hatte, sah Nano seinen Opa am Fenster stehen und sie mit leeren Augen beobachten. Er sagte Marie nichts davon. Sie zappelte ohnehin schon den ganzen Morgen unruhig herum.

Über holprige Landstraßen fuhren sie zu Oma, die sie schon am Gartentor erwartete und mit offenen Armen empfing. Das Verhalten des alten Mannes war fast vergessen. Aber eben nur fast.

Die Sonne schien und sie verbrachten fast den ganzen Tag im Garten. Überall blühten duftende Blumen. Schmetterlinge flatterten durch den warmen Tag.

Großmutter brachte selbst gemachten Apfelsaft nach draußen, den sie im Schatten der Obstbäume tranken.

Mittags kurvten sie mit den Rädern auf dem Schotterweg entlang, der vor dem Haus in die Felder führte. Marie dachte an das zurück, was sie in der alten Fleischerei gesehen hatten.

»Wer ist zuerst bei den Bäumen?«, rief Nano, der sie aufheitern wollte. Er war schneller als seine Schwester, die in sich versunken vor sich hin radelte.

»Auf die Plätze, fertig, los!«

Nano machte einen Kickstart, Schotter spritzte auf.

Er trat wild in die Pedale und hörte, wie Marie hinter ihm schnaufte.

Der Fahrtwind kühlte sein Gesicht. Die Bäume waren zum Greifen nah. Marie war kaum noch zu hören. Plötzlich spürte er einen dumpfen Schlag. Nano flog über den Lenker und rutschte der Länge nach über den Schotter.

Durch einen Tränenschleier sah er Marie näher kommen. Es schien eine Ewigkeit, bis sie bei ihm war.

Nanos dünne Sommerhose war zerrissen, Blut färbte die Stofffetzen.

Zitternd stand er auf und humpelte, gestützt von Marie, den ganzen Weg zurück zum Haus.

Oma blieb seelenruhig, als sie ihren Enkel erblickte. Nanos Schienbeine und Knie waren abgeschürft, er konnte gar nicht die Beine beugen. Sie setzte ihn auf einen Stuhl in ihrer Küche und schnitt das zerrissene Hosenbein auf, tupfte und wusch vorsichtig den Schmutz aus den Wunden. Nano verzog das Gesicht. »Ich weiß, Schürfwunden brennen teuflisch!«, sagte sie.

Sie nahm eine kleine Flasche mit einer klaren Flüssigkeit aus dem Schrank. »Wasserstoffperoxid« stand auf dem Etikett.

»Tut … tut das weh?«, fragte er mit ängstlicher Stimme.

Desinfektion, Wasserstoffperoxid

Desinfiziert man eine Wunde, werden krank machende Keime abgetötet oder unschädlich gemacht, sodass sie keine Entzündungen mehr auslösen können. Arzt oder Krankenschwester reiben zum Beispiel deine **Haut** mit **Alkohol** ab, bevor sie dir eine Spritze geben. Ebenso müssen sie ihre Hände desinfizieren, bevor sie dich untersuchen. Bei Operationen wird die Haut ebenfalls vorher mit Alkohol » desinfiziert «. Um Wunden zu desinfizieren, wird seit Jahrzehnten » Wasserstoffperoxid «, eine farblose Flüssigkeit, erfolgreich als dreiprozentige Lösung benutzt. Wird es auf die Wunde aufgetragen, perlt und schäumt es. Auf diese Weise kann man beispielsweise Erde aus Wunden herauswaschen und festgeklebte Verbände oder Verkrustungen schmerzlos ablösen. In der Schulmedizin werden heute meist allerdings **» Betaisodona «** oder ähnliche Desinfektionsmittel verwendet.

» Das ist zum Wundreinigen, es schäumt nur ein bisschen. Du hast zwar eine Impfung gegen Tetanus, aber frische Wunden muss man desinfizieren und immer schön sauber halten. «

Es sprudelte und knisterte auf Nanos Knie.

Eine weißlich gelbe Wolke bildete sich über rotem Grund.

» Ich merke überhaupt nichts, im Gegenteil: Es zieht fast gar nicht mehr «, sagte Nano.

Marie hielt sein Knie fest. » Siehste, du musst nicht weinen «, neckte sie ihn und grinste frech.

Wieder tupfte Großmutter die Wunde ab.

Sie öffnete ein kleines Döschen mit grünem, klarem Gel und trug etwas davon auf eine Kompresse auf. Vorsichtig behandelte sie Nanos verletzte Haut, bevor sie Öl aus einem Fläschchen auf die Wunde träufelte.

Es fühlte sich angenehm kühl an und schon bald verschwand der Schmerz völlig.

» Was war das? «, wollte Nano wissen.

» Erst Aloe-vera-Gel, dann Johanniskrautöl, gemischt mit Olivenöl «, sagte Oma. » Aloe vera ist fast eine Zauberpflanze. Sie kann Wunden und Sonnenbrände beruhigen und wirkt gegen alle Hautveränderungen, von Allergien bis zu Insektenstichen. Besonders zubereitet, kann man sie sogar essen, das steigert die Abwehrkräfte. «

»Hast du immer dein Gel dabei?«, fragte Nano.

»Ja, das gehört zu meinem Notfallset. In Ländern, wo die Aloe wild wächst, wäre das nicht nötig. Da kann man einfach ein Blatt abschneiden, es schälen und die Haut mit dem Saft einreiben.«

»Und warum zusätzlich das Olivenöl?«

»Olivenöl ist eines der gesündesten Lebensmittel. Es heilt von innen und von außen.«

Eine halbe Stunde später brachte sie Brot, Olivenöl, frische Tomaten, **Salz** sowie eine kleine Schüssel.

Sie brach Stücke von einem warmen, duftenden Weißbrot ab und gab sie den beiden. »Man tunkt das Brot in das Olivenöl und streut ein bisschen Salz drauf. Aber ihr nehmt diese Kräuterpaste hier.« Oma reichte ihnen eine Schale mit duftender Pesto aus fein gemahlenem Zitronen-Basilikum und Nüssen. »Sie besteht nur aus dem Salz, das in den Kräutern vorhanden ist. Denn die Nieren von Kindern vertragen nicht viel Salz. Außerdem kann es hohen Blutdruck erzeugen.« Es roch nach Urlaub am Mittelmeer und schmeckte frisch. Nach der Mahlzeit

Impfung

Wenn Krankheitserreger deinen Körper überfallen, reagiert zuerst dein eigenes **Abwehrsystem,** um diese Bakterien, Viren oder Pilze abzuwehren. Es produziert spezielle Eiweiße, sogenannte **Antikörper,** gegen die Eindringlinge. Dein Abwehrsystem heißt auch Immunsystem, weil dein Körper noch Jahre später, nachdem er mit den fremden Keimen in Berührung gekommen ist, **»immun«** sein kann, also die Erreger erfolgreich abwehrt. Denn es erinnert sich an die Krankheitserreger und hat gelernt, gegen sie zu kämpfen. Manche schwere Erkrankungen führen zu schweren Nebenerscheinungen oder zum Tod. Deshalb führte man Ende des 19. Jahrhunderts Impfungen ein, mit denen man Wundstarrkrampf, Kinderlähmung und Diphtherie weltweit stark vermindern, die Pocken sogar fast ausrotten konnte. Man unterscheidet die passive und aktive Impfung. Bei der **passiven Impfung** werden deinem Körper direkt Abwehrstoffe zugeführt, die den Erreger sofort bekämpfen. Bei der **aktiven Impfung,** auch Schutzimpfung genannt, werden abgeschwächte, abgetötete Krankheitserreger oder deren Gifte gespritzt, damit der Körper selbst Abwehrkräfte aufbaut. Ob und wann du geimpft wirst, musst du mit einem Arzt besprechen!

ging es Nano wieder besser. Kurz kam ein Gedanke an seinen Opa auf. Doch er schob ihn erst einmal beiseite.

»Warum ist Olivenöl so gesund?«, fragte er.

»Olivenöl ist voller gesunder Fette, also ungesättigter Fettsäuren, die Schadstoffe im Körper binden, damit sie ausgeschieden werden können. Je mehr ungesättigte Fettsäuren man isst, umso besser. Außerdem enthält die Olive Vitamin E, Vitamin A und auch Vitamin D. Das ist gut für die Knochen, vor allem, wenn wir uns bewegen und Luft und Sonne tanken. Nach dem Bad kann man die Haut mit Olivenöl einreiben oder mit Avocadoöl, das riecht besser. Beide kühlen, wenn es draußen heiß ist. Sie eignen sich für alle Hauttypen, am besten sind sie aber für Menschen mit trockener Haut.«

Nun bereitete Oma sich einen Imbiss zu.

»Und wenn man zum Beispiel abnehmen möchte«, sagte Oma Rosi, »dann isst man lieber Olivenöl aufs Brot statt Butter. Und streut vielleicht noch etwas Mineralsalz und Pfeffer drauf, wie man es in Indien macht.«

Großmutter stand auf und holte aus einer alten Vitrine ein Buch, das neben unzähligen Gefäßen mit getrockneten und pulverisierten Kräutern stand. Oma Rosi schlug das Werk auf und zeigte ihnen eine Seite, auf der ein Baum abgebildet war.

Sonnenbrand

Auch wenn sie gute Stimmung macht: Die Sonne hat ihre Tücken. Wird deine Haut in der Sonne heiß und rot und fängt an, wehzutun, dann hast du einen Sonnenbrand. Es ist ganz wichtig, dem vorzubeugen. Nach dem Winter sollte sich deine Haut erst einmal langsam an die ersten Sonnenstrahlen gewöhnen. Zusätzlich solltest du dich im Sommer stets mit einer **Sonnenschutzcreme** einschmieren und wenn du länger draußen bist, immer Mütze oder Hut aufsetzen. Denn dein Kopf ist sehr hitzeempfindlich und könnte sonst einen **Sonnenstich** kriegen. Du bekommst starke **Kopfschmerzen** und dir ist merkwürdig schwindelig. Außerdem: Zu viel UV-Licht der Sonne kann später **Hauttumoren** erzeugen.

Salz Ohne Wasser und ohne Salz könntest du nicht leben. Natürliches Kristallsalz enthält alle Mineralien und Spurenelemente, aus denen der menschliche Körper gebildet wird. Wasser, Salz und Licht sind die Urelemente, aus denen Eiweiße entstanden sind. Das sind komplizierte Verbindungen, die erst im Meer und dann in unserem Körper vorhanden waren. Salz hat sich über Jahrmillionen gebildet und ist in den Urmeeren entstanden. Weltweit kommt bei den meisten Menschen Natriumchlorid auf den Tisch, ein chemisch gereinigtes Salz und Grundlage aller Salze. Ein Großteil der Mineralien und Spurenelemente ist daraus entfernt. So schade und ganz schön kurzsichtig! Da hätten wohl einige Menschen eine »Brille« gebraucht. Denn nach einem Jahrhundert industrieller Produktion von Salz beziehungsweise Natriumchlorid haben Wissenschaftler festgestellt, dass unserem Essen wichtige Elemente fehlen und dem Körper anders zugeführt werden müssen. Besser ist es, wenn du mit biologisch angebautem Obst und Gemüse sowie Kristall- beziehungsweise Meersalz die lebenswichtigen Elemente zu dir nimmst.

»Der Olivenbaum oder auch Ölbaum, wie er in der Bibel genannt wird, wächst in allen Mittelmeerländern und auch in Kleinasien seit vielen Hundert Jahren, einzelne Exemplare werden über 2000 Jahre alt.«

»Ja«, sagte Marie, »als wir in Italien waren, habe ich einen Baum gesehen, der war mindestens einen Meter dick, ganz knorrig, und er hatte ein Loch in der Mitte.« Sie machte mit den Armen eine Bewegung, als wolle sie den Baum umarmen. Sie erblasste. »In der Dämmerung sah er aus wie ein Monster. Einmal habe ich mich fürchterlich erschrocken, weil da ein knorriges, zotteliges Wesen vor dem Fenster stand. Weißt du noch, Nano?«

»Ja, du bist schlotternd unter die Bettdecke gekrochen«, feixte Nano. »Aber ich habe auch erst mit der Taschenlampe gesehen, dass es nur ein alter, verrunzelter Olivenbaum war, dessen Zweige sich im Wind bewegten.«

»Na, dann könnt ihr bei mir beruhigt schlafen. Ich habe keine Ölbäume, leider! Es ist zu kalt hier im Norden.«

Gesunde Fette

Gesund sind die **ungesättigten Fettsäuren,** speziell die **Omega-3-Fettsäuren.** Ärzte nennen sie die guten Fette, weil sie noch nicht »satt« sind, das heißt, sie binden unnötige Schlacken oder auch Gifte in deinem Körper. Oliven- oder Sonnenblumenöl enthalten hohe Konzentrationen von ungesättigten Fettsäuren. Samen, Nüsse, besonders Paranüsse, Raps- oder Leinöl, Lachs oder Thunfisch haben einen hohen Gehalt von Omega-3-Fettsäuren. Sie wirken entzündungs- und blutgerinnungshemmend, gefäßerweiternd, senken den Cholesterinspiegel und damit auch das Herzinfarktrisiko. Merke dir als Faustregel: Je ungesättigter das Fett ist, umso flüssiger und bekömmlicher ist es. »Schlechte« **gesättigte Fettsäuren** findest du in Fleisch, Butter, Milch und anderen tierischen Produkten. Denke aber immer daran: Es muss dir schmecken!

Das Antischmerz-Heilöl

Gegen Schürfwunden, Sonnenbrand und Brandblasen

Man nehme:
5 Schnapsgläschen Olivenöl
1 Esslöffel Johanniskrautöl
1 sauberes Glasfläschchen

Zubereitung:
1 Esslöffel Johanniskrautöl in das Fläschchen geben und mit 5 Schnapsgläsern Olivenöl auffüllen. Am besten stellst du den Cocktail an ein Fenster und lässt ihn 2 bis 3 Wochen ziehen. Ab und zu in der Woche musst du das Fläschchen schütteln. Im Laufe der Zeit entsteht ein rötliches Öl.

Dosierung:
Sofort wenige Tropfen auf die Verletzung auftragen und dann alle 2 Stunden wiederholen, bis die Schmerzen deutlich nachgelassen haben. Du kannst sie ruhig auch über eine Kompresse tröpfeln, vor allem, wenn die Kompresse gelöst werden soll. Damit weichst du die Kruste auf und das Ablösen der Kompresse kann schmerzarm geschehen.

Ein Tag voller Überraschungen

Am folgenden Morgen stand Marie unter der Dusche und sang mit ihrer schönen, glockenhellen Stimme: » … die Vielfalt der Welt ist weit mehr als nur Geld! Komm, lasst uns tanzen und springen und mit allen Menschen gemeinsam singen … «

Sie hüpfte mit geschlossenen Augen von einem Bein aufs andere, vorsichtig, um nicht auf dem Kachelboden von Omas alter Dusche auszurutschen. Das warme Wasser lief über ihren Nacken und Rücken.

» O wie schöööööön … «, schmetterte sie.

Großmutter guckte um die Ecke, ihr wurde warm ums Herz.

» Wir können so viel von Kindern lernen, wir müssen nur hinsehen und hinhören «, dachte sie.

In diesem Moment stimmte Marie ein neues Lied an:

» Sind so kleine Hände, winz'ge Finger dran.

Darf man nie drauf schlagen, die zerbrechen dann … «

Dieses Lied hörte Oma Rosi besonders gern. Sie wischte sich **Tränen** aus dem Augenwinkel und öffnete vorsichtig die Duschtür, durch die sie Maries Gestalt verschwommen gesehen hatte.

» Puh, du dampfst hier aber ordentlich. Sag mal, Marie, woher kennst du das alte Lied von Bettina Wegner? «

» Es lag unten bei deinen Noten und hat mir super gefallen. Ich hab's auswendig gelernt und Herrn Leisewinkel, dem Chorleiter, aufgeschrieben. Dann hab ich so lange gedrängelt, bis er es mit mir eingeübt hat.«

Marie beeindruckte Oma immer wieder. Sie konnte wunderbar singen und sich phänomenal erinnern. »Beneidenswert, du hast ein fotografisches Gedächtnis. Es funktioniert fast wie eine Kamera, wenn dich etwas brennend interessiert. Jetzt komm aber raus aus der Dusche, sonst löst du dich noch auf.«

»Sieh mal, Oma, ich hab schon Waschfrauenhände. Fast wie 'ne Wasserleiche, so aufgedunsen. Hu, hu.«

Sie zog eine Grimasse und streckte ihre schrumpeligen und faltigen Hände aus.

Der traumhafte Schlaftee

Man nehme:

5 Teelöffel Passionsblumen
5 Teelöffel Lavendelblüten
5 Teelöffel Melissenblüten
3 Teelöffel Hopfenzapfen
2 Teelöffel Johanniskraut
1 Teelöffel Honig

Dosierung:
Du mischst diese Kräuter und gibst 1/4 Teelöffel in eine kleine Kanne. Dann übergießt du die Kräuter mit 150 ml heißem Wasser und lässt den Tee 1–2 Minuten ziehen.

Anwendung:
Wenn der Tee Körpertemperatur hat, trinkst du ihn ganz langsam vor dem Schlafengehen.

Tränen

Tränen sind eine klare und salzige, eiweißarme Flüssigkeit, die das Auge vor dem Austrocknen schützt. Sie werden in einer klitzekleinen Drüse produziert, die in der Nähe der Nase liegt. Die Tränenflüssigkeit enthält ein eigenes Antibiotikum. Es vernichtet Keime, die dem Auge schaden könnten. Ist dir, schwups, schon wieder eine kleine Fliege ins Auge geflogen, entsteht Tränenflüssigkeit und wäscht das Tierchen aus. Wenn die dünnen Häute des Auges, die **Bindehäute**, entzündet sind oder der tränenabführende Gang verstopft ist, wird ebenfalls vermehrt Tränenflüssigkeit produziert. Bist du traurig, hast Schmerzen oder leidest an irgendetwas anderem, fließen Tränen in Mengen, denn die Tränendrüse ist mit dem emotionalen Zentrum des Gehirns verbunden. Und weil es einen Tränennasengang gibt, läuft dir beim Weinen manchmal auch die Nase. Übrigens: Beim Zwiebelschneiden könntest du eine Taucherbrille aufsetzen. Sie verhindert, dass dich die Zwiebelgase zum Weinen bringen.

»Hör auf. Damit spaßt man nicht. Das Wasser und die Wärme haben dein Gewebe aufgeplustert. Nichts wie raus. Ein Tipp: Nimm das Avocadoöl und creme dich damit, so pitschepatschenass, wie du bist, am ganzen Körper ein. Die Öl-Wasser-Emulsion lässt sich blitzschnell verteilen und macht deine Haut ganz seidig. Falls du in den Ferien einen Sonnenbrand bekommen solltest, auf der Nase oder so, cremst du erst mit Aloevera-Gel die gereizte Haut ein. Das habe ich euch doch gestern erzählt. Danach gibst du Avocadoöl drauf, und ruck, zuck ist die Rötung verschwunden. Na ja, nicht innerhalb von Minuten, aber bald.«

»Wirklich?«

»Ja! Das sind ganz einfache Hausmittel: Olivenöl als Schmerzmittel, Aloe vera gegen Sonnenbrand und Avocadoöl zur Hautpflege.« Maries Großmutter nahm ein Fläschchen mit einem orange schimmernden Öl und ließ die Flüssigkeit auf ihre linke Handfläche fließen.

»Mariechen, dreh dich schnell um, bevor dir kalt wird, ich creme dich ein.«

Geschwind verteilte sie das glitzernde Öl auf Maries Schultern und Rücken.

Ihren Bauch rieb Marie selbst mit dem duftenden Öl ein und wurde von Oma Rosi in ein vorgewärmtes, großes Badehandtuch gehüllt. »Oh wie schön!«, sagte sie und umarmte ihre Oma.

Gedächtnis

Wenn du etwas gelesen, gehört, gesehen, gefühlt oder geschmeckt hast, kannst du es behalten. Du hältst es im wahrsten Sinne des Wortes in deinem Gehirn fest. Du kannst Reize und Erlebnisse speichern und sie bei Bedarf wieder in dein Bewusstsein zurückholen. Wir unterscheiden **Ultrakurzzeitgedächtnis**, **Kurzzeitgedächtnis** und **Langzeitgedächtnis**. Außerdem gibt es das sogenannte **Permanentgedächtnis**, in dem alle Dinge gespeichert ist, die du nie vergisst, wie Laufen, Schwimmen, Radfahren und so weiter. Im Ultrakurzzeitgedächtnis sind die Informationen nur Sekunden oder Bruchteile davon gespeichert, im Kurzzeitgedächtnis Minuten oder Stunden. Durch mehrfache Wiederholungen kommen sie ins Langzeitgedächtnis und können von hier abgerufen werden. Jeder Mensch hat eine besondere Art, sich Dinge zu merken. Manche Menschen haben ein fotografisches Gedächtnis. Sie können wie ein Computer den Inhalt ganzer Seiten oder gar Bücher abspeichern, und wenn sie gefragt werden, mit Angabe der Seitenzahl wiedergeben. Andere haben ein absolutes Gehör, das heißt, sie können jeden Ton wiedererkennen. Die unterschiedlichen Gedächtnisleistungen können trainiert werden, allerdings sind bestimmte besondere Begabungen bei jedem von uns angeboren. Wenn man sie nicht fördert, verkümmern sie.

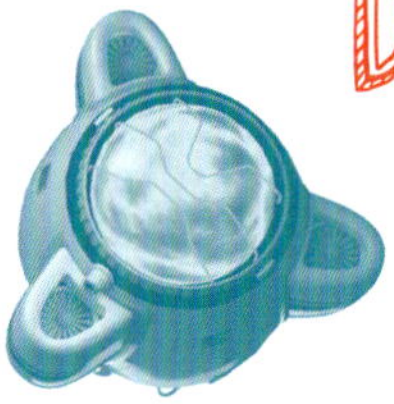

Der geheimnisvolle Koffer im Heu

Nach einem ausgiebigen Frühstück zog es die Geschwister ins Freie. Ein weites, sommerliches Feld breitete sich hinter Omas Garten aus. Der Weg, nicht mehr als eine trockene Treckerspur, lockte die neugierigen Kinder. Nano nahm Marie bei der Hand und zog sie hinter sich her. Oma Rosis Haus verschwand hinter einer Hügelkuppe und die Kinder kamen zu einer bunt blühenden Wildwiese. Marie riss sich von ihrem Bruder los und pflückte Blumen. Dann sprang sie wieder auf und lief lachend weg. Nano erwischte sie nach einer langen Jagd. Die Kinder kugelten über die Wiese und rangen miteinander.

»Schau, was du angerichtet hast. Mein Blumenstrauß ist zerquetscht!«, sagte Marie.

Nano fiel darauf herein, lockerte den Griff, und Marie stieß ihm die Knie in den Hintern, worauf er das Gleichgewicht verlor. Nun saß sie oben und kitzelte ihn mit einem Grashalm in der Nase.

Da schoss Kannickel aus dem hohen Kraut der Wildwiese.

Sie knurrte, warf Marie um und begann, ihr Gesicht abzulecken.

»Kannickel, lass das! Du stinkst nach Hundefutter. Ja, tut mir leid, wir haben dich bei Oma vergessen, soll nicht wieder vorkommen«, sagte sie und versuchte lachend, ihr Gesicht mit den Händen zu schützen.

Jetzt war Nano an der Reihe.

»Iiih! Kannickel, lass das!« Lachend drückte er den Kopf der Hündin zur Seite.

Auf einmal war Marie still. Nachdenklich schaute sie ihren Bruder an. »Was wird nur aus Opa?«

»Es wird uns schon etwas einfallen!«, sagte Nano. Während der Hund in der Umgebung herumschnüffelte, blieben Nano und Marie auf dem Rücken liegen und zählten Wolken. Marie fiel eine Wolke auf, die fast wie die Schlange in dem Buch aussah, das Nano von Dr. X bekommen hatte. Sie ringelt sich um einen Stock, der **Äskulapstab** heißt und die ärztliche Heilkunst symbolisiert. Das hatte ihr Nano erklärt. Sie beschloss, heute Abend eins von Nanos T-Shirts mit dem Motiv zu bemalen. Im Unterschied zu der Schlange im Buch sollte sie aber lustig ausschauen und einen nicht so todernst von ihrem Stock aus anstarren.

Äskulapstab Der Stab, um den sich eine Schlange ringelt, ist Symbol der Medizin und Heilkunde. Er hat seinen Namen von Asklepios bekommen, dem Gott der Heilkunde in der griechischen Sagenwelt. Wenn sich Asklepios auf den Weg machte, um Kranke zu besuchen, soll er stets seinen Wanderstock dabeigehabt haben, um den sich eine Äskulapnatter ringelte, aber eine lebendige! Die Menschen in der Antike glaubten, die Schlange habe göttliche Eigenschaften. Deswegen lebte sie in den griechischen Tempeln, Badeund Kureinrichtungen. Vor über 2000 Jahren wurde sie als »Schlangengott« noch berühmter: In Rom war die Pest ausgebrochen, eine schreckliche Krankheit, an der viele Menschen starben. Gesandte aus Griechenland brachten daraufhin die göttlichen Nattern aus einem Tempel in Epidauros, der griechischen Kultstätte für den Heilgott Asklepios, nach Rom. Wenig später war die Seuche besiegt. Das war der Durchbruch der Natter als Symbol der Heilkunde.

Erkältung

Eine Erkältung wird durch **Viren** oder **Bakterien** verursacht. Dies sind kleinste Lebewesen, die man nur unter einem Mikroskop erkennen kann. Ansteckende Viren können über den Speichel übertragen werden. Wenn ein kranker Mensch redet oder hustet, fliegen kleinste Tröpfchen durch die Luft und können andere anstecken. Man nennt das **Tröpfchenübertragung.** Dass es dich erwischt hat, merkst du meist zuerst daran, dass deine Nase verstopft. Wird die Erkältung stärker, fühlst du dich kaputt und schlapp, Knochen und Kopf schmerzen, deine Nase läuft. Du musst oft niesen, manchmal zusätzlich husten. Häufig heizt sich der Körper auf, du bekommst Schüttelfrost und Fieber. Es könnte auch eine Grippe dahinterstecken, also eine Infektion mit einem Grippevirus. Was tun? Am besten sofort ab ins Bett, ausruhen, schlafen und viel trinken, um Krankheitserreger auszuspülen. Gegen Husten hilft es, mit Kamille oder Salz zu inhalieren und zum Beispiel Thymiantee zu trinken. Du solltest dich von anderen Kindern und Babys, aber auch von älteren Menschen fernhalten, damit deine Tröpfchen sie nicht anstecken. Geschwächte oder chronisch erkrankte Menschen sollten sich im Herbst gegen eine Grippe impfen lassen.

»Schau mal dahinten, das sieht böse nach Regen aus!«, sagte Nano. »Stellen wir uns in der Scheune von dem Bauernhof da drüben unter, sonst bekommen wir noch eine Erkältung und ich kann morgen nicht zu dem wichtigen Fußballturnier gehen.«

»Okay, komm, Kannickel!«

Die beiden Kinder und der Hund liefen zu dem etwas windschiefen Gebäude. Nanolino kratzte sich am Kopf.

»Erinnert mich etwas an die Festscheune in Nanoville. Wir müssen unbedingt mit Micro Minitec darüber reden. Opa hat sich total verändert. Vor allem seine Art, sich zu bewegen, ist ziemlich seltsam, wie ein Roboter oder Zombie.«

»Ja, total unheimlich!«, sagte Marie. Die Dunkelheit, die der Regen mit sich brachte, vertrieb die luftige, sommerliche Stimmung. Fröstelnd krochen die Kinder durch ein Loch in die Scheune.

Der schummrige Innenraum roch nach Heu. Eine uralte, morsche Kutsche stand mitten im Raum. Die beiden entspannten sich wieder etwas und begannen, sich in ihrem Unterschlupf umzuschauen.

Plötzlich prasselte der Regen auf das Wellblechdach.

Marie schaute in eine dunkle Ecke. Dort stand jemand. Ein Blitz zuckte, sie sah einen Mann, aus dessen Bauchraum Gedärme hingen. Marie schrie.

»Was ist los?«, fragte Nano, der Mühe hatte, zu sprechen, da ihn seine Schutz suchende Schwester fast erwürgte. Kannickel bellte und rannte zu der Gestalt. Draußen donnerte es ohrenbetäubend. Der Hund schnupperte an dem Fremden.

»Ein, ein Mann … ein Zombie!«, stotterte Marie dicht an Nanos Ohr. »Da, sieh!«, sie zeigte zitternd in den finsteren Winkel. Ihre Lippen bebten und ihr wurde schlecht.

»Quatsch, so was gibt es nicht!«

»Und Opa?«

»Ist völlig lebendig, nur dieser fiese Roboter …«

Nano fröstelte.

Ein weiterer von lautem Donner gefolgter Blitz unterbrach seine Worte.

Da erkannte er die Gestalt. So einen Typen hatte er doch im Biologieraum in der Schule gesehen. Da war er auch erst geschockt gewesen. Aber es war nur eine Puppe, Brust und Bauch offen und ohne Arme und Beine. Sie war ein bisschen ausgeleiert. Immer wenn man ein Plastikorgan herausnahm, fielen alle anderen hinterher. Die Schüler hatten die Figur deshalb »Lothar Locker« getauft.

Irgendwann wurde Lothar im Unterricht durch ein gläsernes Modell, in dem man sogar Flüssigkeiten zirkulieren lassen konnte, ersetzt.

»Du, ich glaube, das ist Lothar Locker.«

»Wer ist das?«, fragte Marie.

»Ach, ein Plastikheini, sorry, ein Schulmodell mit herausnehmbaren Innereien.«

Nano ging zu der Gestalt.

»Hallo, Lothar! Nice to see you.«

Zur Begrüßung entnahm er die Lunge, und alle anderen Organe purzelten heraus.

Die Kinder lachten. Kannickel schnappte sich die Plastikleber, ließ sie aber fallen, als sie merkte, dass sie nicht schmeckte.

Nano baute Lothar wieder zusammen. Ein Tropfen löste sich von der Decke und platschte auf Lothars Glatze.

»Da stehst du nun schon in dieser zugigen Scheune und wirst auch noch nass. Wenn du nicht aufpasst, bekommst du eine **Mittelohrentzündung.** Da, kannst meine haben«, sagte Nano und setzte der Figur seine Kappe auf.

Mittelohrentzündung

Bei einer Erkältung hattest du vielleicht schon einmal das Gefühl, dass dein Ohr wie mit Watte ausgestopft ist. Nach ein, zwei Tagen kommt manchmal ein Stechen im Ohr hinzu, schließlich hohes Fieber und Kopfschmerzen. Außerdem ist dein Ohr druckempfindlich. Das ist der typische Ablauf einer Mittelohrentzündung. Wenn der Arzt mit einem bestimmten Gerät, dem **Otoskop**, in dein Ohr hineinleuchtet, sieht er am Ende des Tunnels eine kleine Membran, das **Trommelfell.** Dahinter befindet sich das **Mittelohr**, das über die Ohrtrompete mit dem Rachenraum verbunden ist. Bei einer Mittelohrentzündung schwillt die Schleimhaut in der **Ohrtrompete** so an, dass sich diese verschließt. Dadurch kann aus dem Mittelohr keine Flüssigkeit mehr über die Ohrtrompete ablaufen. Sie sammelt sich im Mittelohr an, drückt auf das Trommelfell und bewirkt dieses Völlegefühl. Ganz wichtig: Gehe bei Ohrenschmerzen zum Arzt. Denn wenn die Entzündung nicht behandelt wird, kann das Trommelfell reißen. Du kannst auch etwas tun: Schlafe auf dicken Kissen, damit dein Kopf hoch liegt und die Flüssigkeit leichter ablaufen kann. Zwiebelwickel lindern die Schmerzen. Hacke und zerdrücke eine Zwiebel fein und verteile sie auf zwei Stofftaschentücher. Falte diese zusammen, lege sie auf die Ohren und befestige sie mit Mütze oder Schal. Wenn dein Mittelohr vereitert, wird dir dein Arzt ein Antibiotikum verschreiben.

Wunderbare Düfte

Man nehme:
1 bis 15 Tropfen ätherisches Öl und lasse sie in einem kleinen Wasserschälchen langsam über einer Kerze in einer Duftlampe verdampfen.

Die Wirkungen der Aromaöle sind wie folgt:

1. Lavendelöl: stimmungshebend und beruhigend
2. Jasminöl: stimmungsaufhellend
3. Orangenblütenöl: entspannend, stimmungsaufhellend
4. Rosenholzöl: anregend, stimmungsaufhellend
5. Rosenöl: vitalisierend und harmonisierend, entkrampfend
6. Bergamottöl: entspannend und beruhigend
7. Sandelholzöl: regenerierend, beruhigend
8. Zypressenöl: Stimmungsschwankungen werden ausgeglichen
9. Ylang-Ylang-Öl: gegen trübe Stimmung, für bessere Laune (antidepressiv) und ausgleichend

Lothar lächelte dankbar. Das tat er immer. Irgendjemand hatte ihm ja dieses unendliche Lächeln geschenkt.

»Nano, komm, lass uns auf den Heuboden klettern.« Marie zeigte auf eine Leiter, die zu einer offenen Etage führte, auf der Mengen von Heu lagerten. Die Scheune war vollgestopft mit altem Trödel. Marie wollte ja Entdeckerin werden, so wie die Forscher vergangener Zeiten in tiefen, unergründlichen Dschungeln alte Städte und Tempel ausgraben. Sie war sicher: Heute würden sie noch einen weiteren großen Fund machen.

Überall lagen verstaubte Werkzeuge, standen Gläser und Flaschen, manche leer, andere gefüllt, in morschen Schränken oder waren in halb geöffneten Schubladen zu sehen.

Sie bestiegen die Leiter und krochen ins sommerlich warme, heimelig duftende Heu. Nano nieste. Marie kuschelte sich hinein und träumte von ihren Entdeckungsreisen.

Nano entdeckte eine große, wurmstichige Holztruhe.

»Marie, komm mal, das ist bestimmt der berühmte Heupiratenschatz.«

»Aye, aye, Kapitän Nanolino Blondbart, zur Stelle.«

Marie sprang auf, öffnete die Kiste und machte ein langes Gesicht.

»Nur ein oller Koffer und ein paar alte Bücher.«

Nano nahm eine bauchige Ledertasche heraus. Auf einem kleinen Schildchen stand: »Landarzt Ferdinand Feininger, falls Sie der ehrliche Finder sind, bitte folgende Nummer kabeln.« Nano war fasziniert. »Das ist ein Arztkoffer!«

»Was heißt denn kabeln?«, fragte Marie.

»Weiß nicht«, antwortete Nano.

So etwas hatte er sich schon immer gewünscht. Behutsam

öffnete er die alte Tasche. Sie enthielt ein Stethoskop, ein uraltes Fieberthermometer, eine metallene Wärmflasche, ein Lederetui mit glänzendem medizinischen Besteck, einen Metallspatel und ein Ohrrohr, einen Gummiballon, ein Mikroskop, leere Glasfläschchen und allerlei mehr. Das Prunkstück war der Augenspiegel. Nanos Kinderarzt hatte auch so einen. Wenn er ihm in den Hals oder die Ohren sah, klappte er den löchrigen Spiegel vors Auge und das Licht wurde in Nanos Gesicht gebündelt. Durch die Mitte des Spiegels konnte der Arzt dann durchschauen. Das ist doch viel besser als meine Piratenaugenklappe, dachte Nano jedes Mal.

Marie vertiefte sich in eines der Bücher, das detaillierte und liebevolle Zeichnungen von Heilpflanzen enthielt. »Ich wusste, dass wir was Besonderes finden werden«, murmelte sie.

Plötzlich ging das Tor auf. Es hatte aufgehört zu regnen und Sonnenlicht fiel herein.

Sie hörten Schritte. Jemand rief mit tiefer Stimme: »Ich weiß, dass ihr hier seid, ich habe euch hineingehen sehen. Zeigt euch!«

Ängstlich lugten die beiden hinab. Sie sahen einen stämmigen Bauern, der trotz der vielen Lachfältchen gerade nicht besonders freundlich aussah.

»Was habt ihr da zu suchen? Da oben ist alles brüchig. Ihr könnt abstürzen! Kommt runter, und seid vorsichtig, die Leiter ist schon etwas morsch.«

Nano betrat die erste Sprosse, die in diesem Moment brach. Er konnte sich gerade noch halten.

»Hab ich's nicht gesagt!«, rief der Bauer ärgerlich.

Behutsam kletterten die Kinder hinunter, standen vor dem Bauern und guckten auf ihre Schuhe.

Das dampfende Heublumensäckchen

Du nähst dir ein kleines Säckchen von 20 × 20 cm Größe und füllst das zur Hälfte mit getrockneten Pflanzen, z. B. mit Lavendel oder getrockneten Heublumen. Dann nähst du es zu.

Das Heublumensäckchen wird über kochendes Wasser gehängt und 15 Minuten eingedampft.

Du kannst es als Wickel nutzen, aber auch als Auflage auf Unterbauch, Blase oder Rücken beim Sitzen. Wichtig ist nur, dass du es zügig mit den Wickeltüchern am Körper befestigst und dich schön in eine Decke oder einen großen Wollpullover hineinkuschelst. Manchmal hilft auch noch eine Wärmflasche, um die Wirkung zu unterstützen.

Du kannst damit liegen oder gemütlich im Stuhl oder Sessel sitzen, dir schöne Musik anhören oder ein gutes Buch lesen und dich 20 Minuten entspannen. Danach das Säckchen schnell entfernen, dich abtrocknen und noch mal weiter in der wohligen Wärme einkuscheln.

Das Säckchen hängst du am besten zum Trocknen auf. Du kannst es bestimmt noch viermal weiterbenutzen.

Anwendung:
Bei Reizblase, Muskel- und Gelenkschmerzen, aber auch Menstruationsbeschwerden.
Vorsicht bei akuten entzündlichen Prozessen und Allergien auf Gräser bzw. Pollen!
Schon die Erinnerung an den Frühling oder Sommer, den Duft der Wiesen und Wälder in Verbindung mit der Sonne und dem blauen Himmel bringt sofortige Entspannung.

Kannickel strich um die riesigen Schmutzstiefel des Mannes.

Der Bauer beugte sich zu Nano herab.

Er hob das Hörrohr des Stethoskops an, das Nano sich um den Hals gehängt hatte.

» Soso, Doktorspielchen, was? «

» Nein, Herr … Bauer «, sprang Marie ein. » Mein Bruder will Arzt werden, damit er allen Menschen helfen kann. «

» Verstehe «, sagte der Bauer schon etwas besänftigt.

» Da wäre fast nichts draus geworden, ihr hättet euch die Knochen brechen können. Keiner von uns wagt sich mehr in die abbruchreife Scheune! Wir stopfen das Heu durch die Dachluke. Na ja … Du willst also Arzt werden? «, fragte er plötzlich und lachte dröhnend.

» Mein Onkel Ferdinand war Landarzt. Er würde sich bestimmt freuen, wenn ein junger Mediziner sein altes Zeug übernehmen würde. «

Knochenbruch

Deine Knochen können bei einem Unfall komplett oder teilweise brechen. Manchmal splittern auch nur kleine Kanten ab. Man unterscheidet Längs-, Schräg- oder Trümmerbrüche. Die gebrochenen Knochen (Frakturen) müssen sofort ruhig gestellt und möglichst wieder in die alte Form gebracht werden. Dann können sie wieder zusammenwachsen. In der Schulmedizin wird ein Bruch geröntgt, um genau zu sehen, was passiert ist, und anschließend mit einem Gipsverband stabilisiert. Bei größeren Verletzungen wird eine Operation vorgenommen und der Bruch mit Schrauben, Platten oder Nägeln » repariert «. Im alten China und anderen Kulturen wurde ein Bruch von außen mit den Händen durch Fühlen gerichtet und mit Ästen und Tüchern stabil versorgt. Ein Knochen heilt dadurch, dass sich wieder neuer Knochen – der Callus – bildet, der die Bruchenden wieder sicher verbindet.

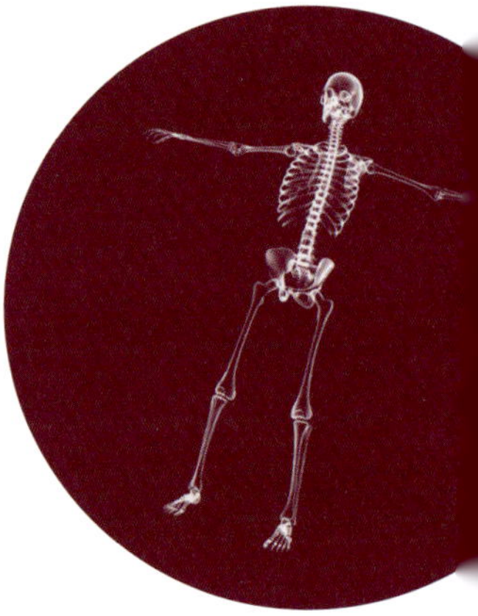

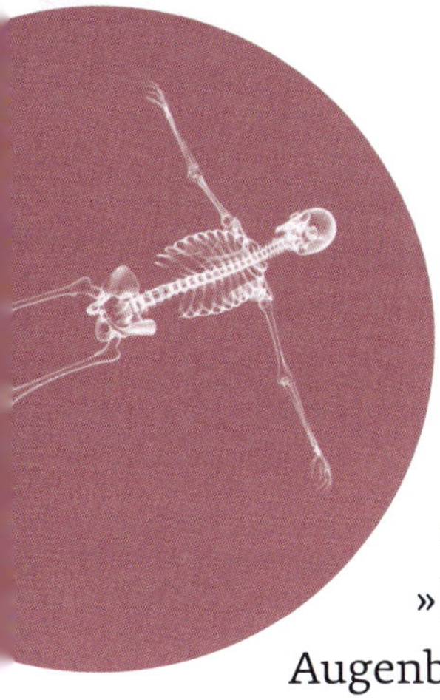
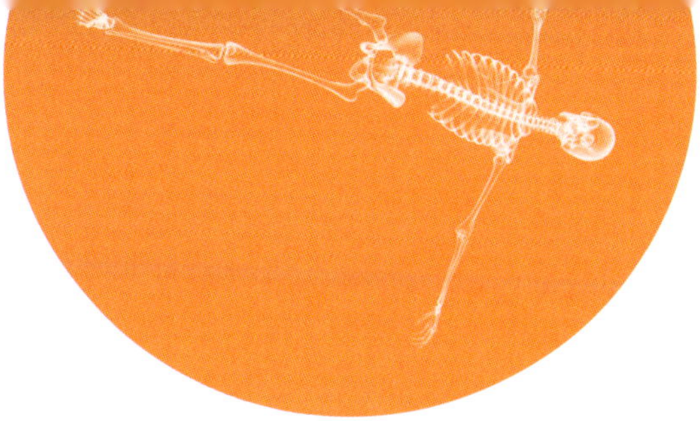
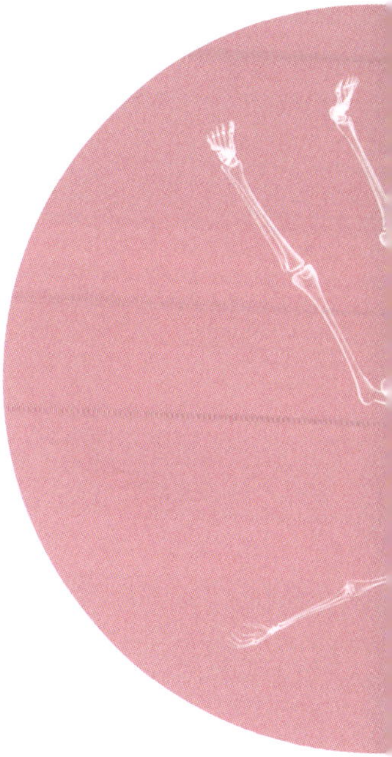

»Wieso ist denn Lothar Locker hier?«

»Lothar wer?«, sagte der Bauer und hob fragend die Augenbrauen.

»Die Puppe dahinten«, antwortete Nano und zeigte in die Ecke.

»Lothar Locker? Ideen habt ihr! Die hat mein Freund Mister Schlau hier untergestellt. Er fand sie zu schade zum Wegschmeißen und sein eigener Keller ist randvoll. Könnt ihr wohl gebrauchen, was?«

Nano schwieg bescheiden, aber seine Augen sagten ja.

»Na, Kleine«, sagte der Bauer zu Marie. »Das Kräuterbuch kannst du mitnehmen. Ich hab da sowieso keine Ahnung von. Deine Oma kann dir ja viel darüber erzählen ... Ach, sie hat übrigens gekabelt ... ich meine angerufen. Sie sucht euch. Kommt mit ins Haus, da gibt es was Deftiges zu essen, und dann bringe ich euch mit dem Trecker nach Hause. Muss mir noch ein paar Kräuter für meine Wehwehchen von eurer Oma Rosi holen. Ist eine echte Kräuterhexe, was?«

Er ging ein paar Meter, blieb stehen und hielt sich den Rücken: »Meine Osteoporose bringt mich noch um«, brummelte er.

Nanolino runzelte die Stirn. »Osteoporose?«

»Irgendwas mit Knochen, keine Ahnung ...«

Die Kinder guckten zweifelnd und folgten dem humpelnden Bauern, der von Kannickel schwanzwedelnd angebellt wurde.

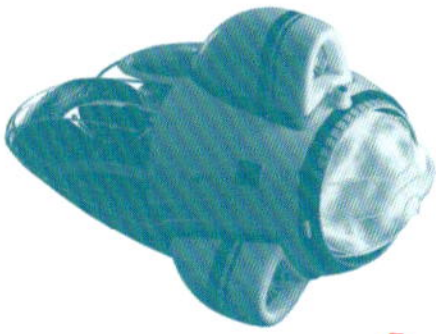

Oma Rosi verblüfft immer wieder

Es war später Nachmittag, als sie wieder bei Oma Rosi ankamen. Sie saß in ihrem herrlichen Garten unter einem großen, roten Sonnenschirm und las ein Buch. Kannickel sprang an ihr hoch und Oma tätschelte ihren Kopf.

»Schön, dass ihr zurück seid! Möchtet ihr was trinken?«, fragte sie.

»Eine Apfelschorle!«, bat Marie. Oma Rosi machte sie selber mit Saft von Äpfeln aus ihrem Garten. Weit und breit gab es keinen besseren Apfelsaft.

»Ich nur ein Wasser«, sagte Nano matt.

»Was ist denn mit dir? Ist dir eine Laus über die Leber gelaufen?«

»Was ist eine Osteoporose? Davon hab ich bis eben noch nie gehört«, wollte er wissen, ohne ihre Frage zu beantworten.

»Du bist ja wirklich kaum zu bremsen in deiner Neugier«, sagte Oma, nachdem sie sich mit den Kindern an den Gartentisch gesetzt hatte. »Also gut. Meistens brechen sich ältere Menschen, wenn sie stürzen, den Oberschenkelhals, ein Wirbel sackt in sich zusammen oder bricht. Im Alter wird man deswegen kleiner oder leidet unter Knochenschwund, der sogenannten Osteoporose. Das kann sehr schmerzen. Leider haben immer mehr Kinder beginnenden Knochenschwund. Sie essen zu viel Süßes oder trinken Limos oder Cola, das sind richtige Kalziumräuber.«

»Wa-a-a-s, Kal-kal-ziumräuber?« Marie und Nano stotterten vor Verblüffung gleichzeitig.

»Wisst ihr Kinder, in diesen Getränken sind chemische Bestandteile, die leider die harten Knochen weich machen.«

»Ojeeee. Das wusste ich nicht. Total blöd. Gibt es nichts, was man tun kann, um diese Osto…, Ostpo…«, stammelte Marie.

»Knochenschwund«, half die Oma aus.

»Ja, um den Knochenschwund zu verhindern oder zu behandeln?«

»**›Turne bis zur Urne‹** sag ich immer, also bewegen, bewegen, bewegen!«

Die beiden schauten sich an und prusteten los.

»Ja, das werdet ihr jetzt behalten, oder? Bewegen an der frischen Luft ist besonders gut. Das UV-Licht der Sonne, das auch durch die Wolken dringt, sorgt nämlich dafür, dass Vitamin D im Körper gebildet wird. Das brauchen wir, um das Mineral Kalzium in den Knochen zu binden. Kalzium, was zum Beispiel in Brokkoli, Grünkohl, Spinat aber auch in Joghurt, Käse und Milch oder bestimmten Mineralwässern enthalten ist, stabilisiert die Knochen. Und wenn wir uns bewegen, wird Kalk in Form von Kalzium in die Knochen transportiert.«

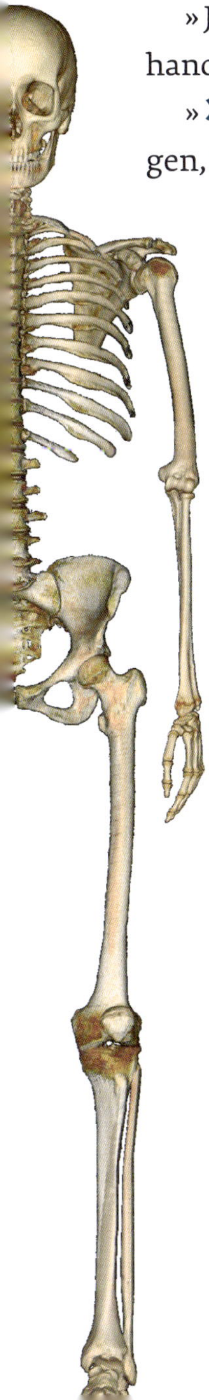

Osteoporose

Unsere Knochen sind biegsam und fest zugleich. Sie sollen stabilisieren wie der Stahl im Beton, sich gleichzeitig aber den verschiedensten Belastungen elastisch anpassen. Der Knochen besteht weitgehend aus Bindegewebe, in das Kalziumphosphat an- bzw. eingelagert wird. Das macht den Knochen hart. Im Alter und bei speziellen Krankheiten, und vor allem durch fehlende Bewegung, schwindet die Knochenmasse, und die gesamte Gewebestruktur verändert sich. Bei diesem **Knochenschwund**, der sogenannten Osteoporose, sackt der Knochen zusammen, schrumpft oder bricht. Es kommt zu Brüchen der Wirbelkörper oder des Oberschenkelhalses, manchmal sogar ohne irgendeinen Unfall oder Sturz. Deswegen: Bewegen, bewegen, bewegen, am besten im Freien, das ist das Wichtigste, um einer Osteoporose zu begegnen.

Turne bis zur Urne Bewege dich so viel wie möglich, und zwar jeden Tag! Lass die Rolltreppe links liegen und nimm die Treppen hoch, geh zu Fuß oder steig auf dein Fahrrad – im Alltag gibt es viele Möglichkeiten, sich zu bewegen, ohne gleich Leistungssport zu betreiben. Hauptsache, du bewegst dich gern! Finde auch für selbst heraus, welche Sport- oder Bewegungsart du gern machst, und besprich das mit deinen Eltern! Es soll dir vor allem Spaß machen. Hier ein paar Stichworte zu einzelnen Sportarten: Radfahren ist ein super Ausdauertraining und der Körper muss nicht das ganze Gewicht tragen. Beim Rennrad kann es aber Probleme geben, weil die gebückte Haltung dem Rücken schaden könnte. Schwimmen ist ideal für den Rücken. Durch den Auftrieb des Wassers belastet es kaum deine Wirbelsäule. Rückenschwimmen und Kraulen sind besser für den Rücken als Brustschwimmen. Gut sind auch lange Spaziergänge, Nordic Walking auf weichem Untergrund – wohl eher was für deine Eltern – oder Skilanglauf. Tanzen ist auch toll. Die Musik stimuliert deine Gefühle, entspannt die Seele und damit die Muskulatur. Die Tanzbewegungen sind wie Stretching und lösen spielerisch Blockaden.

»Die alten Ärzte in China und Indien kannten die drei Grundprinzipien vom langen Leben: Bewegung, Ernährung und die Kunst der Lebensführung. Die Inder nannten ihre Lehre der Medizin deshalb Ayurveda: Das heißt übersetzt ›Wissen vom Leben‹.«

Oma Rosi erklärte ihren Enkeln die Grundlagen der chinesischen und ayurvedischen Ernährungslehre. Dass es nicht darum gehe, nur noch indisch zu speisen, sondern man alles essen dürfe. Wichtig sei, bei jeder Mahlzeit alle Geschmacksrichtungen zu befriedigen: süß, sauer, salzig, bitter und etwas Schärfe wie im Radieschen, dann sei man bald satt. Und dass man mit Freude und in Ruhe essen solle. Das sei das Geheimnis.

»Außerdem müssen Eiweiß, Zucker und Fett beim Essen ausgewogen sein, aber ihr solltet möglichst wenig tierische Fette essen!«

»Ich mag sowieso kein Fleisch, besonders kein Schweinefleisch«, sagte Nanolino.

»Weil du danach immer so entsetzlich pupst wie nach dicken Bohnen.« Marie hielt sich die Nase zu.

»Ihr solltet jeden Tag viel Wasser trinken, am besten warm oder sogar heiß. Das entschlackt den Körper. Und: Ihr solltet immer erst essen, wenn ihr ein leichtes Hungergefühl habt. Dann könnt ihr nämlich sicher sein, dass euer Magen das meiste verdaut hat und sich nicht die neuen Speisen über die anderen stapeln.«

»Was ist, wenn ich abends ganz viel und vor allem fettig gegessen habe?«, fragte Marie.

»Dann lässt du morgens am besten das Frühstück weg und trinkst nur viel Wasser oder warmen Tee.«

»Und«, fuhr sie fort, »ins Essen gehören verschiedene Gewürze, wie bei den Indern. Sie stärken die Verdauung und töten Keime ab, wie zum Beispiel Knoblauch oder Thymian. Kommt, Kinder, wir pflücken jetzt ein paar Gewürze für eure Mutter. Damit könnt ihr ihr eine Freude machen.«

Ayurveda

Ayurveda ist eines der ältesten Heilsysteme der Welt und kommt aus dem indischen Raum. Der uralte Begriff »Ayurveda« bedeutet »Wissen vom Leben«. Die Inder glauben, dass die Grundlage für das Leben das Wissen ist. Zu begreifen, woraus Leben entsteht und sich immer neu belebt, war der Anspruch der indischen Medizin. Die ayurvedische Medizin vertritt auch eine stark ausgeprägte Naturheilkunde. Viele therapeutische Maßnahmen gehen über die Körperoberfläche, wie zum Beispiel die Massagetechniken, die mit besonderen Ölen vorgenommen werden. Die Ernährung ist leicht, sie stärkt, führt Energie zu und beschleunigt die Ausscheidung. Im Rahmen des Yoga gehören Meditation und eine spezielle Haltungs- und Bewegungslehre ebenfalls dazu.

Sie betraten eine kleine, geschwungene Brücke, die über einen schmalen, plätschernden Bach führte, und gelangten in den Kräutergarten. Dahinter lag ein riesiger Obstgarten. Gemeinsam gingen sie in den prächtig blühenden Garten. Der Duft regte zum Träumen an und bald fühlten sich die Kinder ein wenig wie im Paradies. Überall flatterten farbenfrohe Schmetterlinge und ein süßer Duft stieg ihnen in die Nasen.

Eine Vielfalt von unterschiedlichen Grüntönen, Blattformen und unzähligen Blüten in unterschiedlichsten Farben war zu sehen: Minze, Basilikum, Majoran, Salbei, Petersilie, Dill, Beifuß, Arnika, Artischocken und Augentrost.

Auch Kamille, Huflattich, Holunder und Baldrian wuchsen in Oma Rosis Gartenapotheke.

Essen … macht Spaß! Jeder Bissen macht Spaß! Sollte er zumindest! Wenn uns dabei bewusst wäre, dass über eine Milliarde Menschen hungern, würde uns wahrscheinlich der Bissen im Halse stecken bleiben – oder wir würden uns viel mehr auf jedes Essen freuen und dankbar sein. »Nicht vie nicht schnell, sondern bewusst mit Genuss essen!«, lautet das Motto zum guten Essen. Das fängt mit den Augen und der Nase an. Ein wunderschön zubereitetes Gericht, ein saftiger Apfel, eine knallrote Tomate, lieblich duftender Basmatireis berühren nicht nur unseren Geist, sondern aktivieren sofort die Magensäfte. Früher, als es noch kein Besteck gab, haben die Menschen die warme Nahrung mit den Händen gespürt. Wenn wir Brot oder Obst essen, naschen oder Fast Food zu uns nehmen, erleben wir dieses Urgefühl noch immer. Am besten spüren wir aber die Konsistenz der Nahrung mit Mund und Lippen. Wir schmecken hier, genießen, sind gleichgültig oder ekeln uns. Es ist vielleicht weniger wichtig, was wir essen, als dass wir es bewusst tun. Wir sollten wieder spüren lernen, ob ein Lebensmittel uns guttut oder nicht. Genießen wir unser Essen mit dem Wissen, wie viel Energie hineingewandert ist, die uns jetzt Kraft gibt. Natürliche Produkte ohne chemische Zusätze, ohne gentechnisch behandelte Elemente, sind auf jeden Fall die bessere Wahl.

Heilpflanzen

Die Heilpflanzenlehre gehört zu den ältesten Gebieten der Medizin. Die frühesten erhaltenen Aufzeichnungen über die Pflanzentherapie sind 6000 Jahre alt und wurden am Persischen Golf auf Tontafeln gefunden. Die Pflanzenheilkunde, auch Phytotherapie genannt, umfasst die Behandlung und Vorbeugung von Krankheiten durch Pflanzen, Pflanzenteile und deren Zubereitungen. Die gesamte Medizin ist wahrscheinlich aus der Pflanzenheilkunde hervorgegangen. In der Pflanzenheilkunde werden die Frischpflanzen meist getrocknet und zu Tees, Kapseln, Tropfen oder Salben weiterverarbeitet. In der Regel haben sie weniger unerwünschte Nebenwirkungen als künstliche Medikamente. Allerdings ist die weit verbreitete Ansicht, dass von Heilpflanzen keine Nebenwirkungen drohen, nicht richtig.

Man kann sich zum Beispiel leicht mit Fingerhut vergiften. Dennoch sind die Risiken in der Naturheilkunde, wenn sie sachgerecht angewendet wird, geringer als bei chemisch hergestellten Arzneimitteln. Eine Übersicht über Heilkräutertees findest du im Anhang auf Seite 330ff.

»Pflegst du das alles allein?«

»Nein, nein, ein Freund von mir ist pensionierter Gärtner. Er hat selbst nur einen sehr kleinen Garten und tobt sich deshalb bei mir aus. Saft und Most machen Leute aus dem Dorf. Sie pflegen auch meine Obstbaumplantagen. Dafür dürfen sie den Großteil der Früchte behalten.«

»Sag mal, Oma, hast du auch Kräuter gegen Bauchweh oder Blähungen?«, fragte Nano.

»Geht's dir nicht gut?«, fragte Großmutter besorgt.

»Na ja, Marie hat manchmal Bauchschmerzen.«

»Wenn du mir deine Hand auf den Bauch legst, geht es mir aber meistens sofort viel, viel besser«, sagte Marie und strahlte ihren kleinen »Doktor« an. »Und Nano hat häufig Luft im Bauch!«

»Soso, erzähl mir mehr! Komm, wir setzen uns auf die Bank.«

Marie setze sich auf Omas Schoß und Nanolino ließ die Beine baumeln.

»Oma Rosi ist echt cool«, dachte er. »Immer elegant, selbst im Garten, und immer freundlich zu allen. Sie ist superklug und weiß so viel! Und heilende Hände hat sie auch noch, sagen die Leute.«

»Um auf deine Frage zurückzukommen«, sagte Oma, »woher, meinst du, stammen wohl mein Kümmel- und Melissenöl? Die Öle stelle ich selbst her, mit Melisse und Kümmel aus meinem Garten!«

Wenn Nano starke Bauchkrämpfe hatte, zum Glück war das selten, massierte er sich den Bauch mit diesem Öl ein und legte sich ein vorgewärmtes Tuch und darauf noch eine Wärmflasche auf den Leib. Zum Schluss mummelte er sich in eine Wolldecke. Das tat so gut.

»Und Marie helfen feuchtwarme Wickel!« Oma schwor bei Bauchweh aller Art auf Wickel. Ja, von Oma konnte man wirklich viel lernen. Manchmal rief Marie sie mehrmals am Tag an, um nach Rat zu fragen. Wenn irgend möglich, kam Oma Rosi vorbei. Vor allem nach Vaters Tod war sie fast ständig bei ihnen. Der Verlust schlug Marie auf Gemüt und Magen.

Wärme, besonders die körperliche Wärme, tat ihr in dieser schweren Zeit sehr gut.

Homöopathie

Hat dir dein Arzt schon einmal kleine, weiße Kügelchen verschrieben, die du auf der Zunge zergehen lassen sollst? Auch wenn sie süß schmecken, sind sie nicht zum Naschen da. Es handelt sich um sogenannte **Globuli**, homöopathische Arzneien. Das Wort »homöopathisch« kommt aus dem Griechischen und heißt »ähnliches Leiden«. Es beschreibt, wie diese Heilkunst funktioniert. Denn anders als die Schulmedizin, die eine Erkrankung mit einem Gegenmittel behandelt, hilft die Homöopathie mit einer ähnlichen Arznei. Das heißt, homöopathische Mittel sollen bei einem Kranken in kleiner Dosierung genau die Beschwerden heilen, die sie bei einem gesunden Menschen hervorrufen, wenn man sie ihnen häufig und hoch dosiert gibt. Das klingt verrückt, funktioniert aber immer wieder, ... auch bei Tieren. Niemand weiß bisher, warum. Die Homöopathie, die im Jahre 1796 von Samuel Hahnemann begründet wurde, erfasst den Menschen ganzheitlich, das heißt, Körper, Geist und Seele.

Die legendäre Kartoffel-Mohrrüben-Suppe

Die tut sooo gut bei Brechdurchfall und bei sonstigen Magen-Darm-Problemen. Dazu schneidest du 2 Kartoffeln und 1 Karotte in kleine Stücke. Anschließend gibst du sie in 1/4 Liter kaltes Wasser und lässt das Ganze 20 Minuten lang köcheln. Danach pürierst du das Gemüse mit dem Mixer und gibst eine Prise Salz, evtl. etwas Zucker dazu. Wenn du willst, kochst du auch etwas klein gehackten Salbei mit.

Achtung:
Schmecke bitte nie mit Pfeffer ab! Etwas Gemüsebrühe am zweiten Tag und Butter oder Olivenöl frühestens am dritten Tag dazu schmecken lecker.

Der heilsame Bauchwickel

Man nehme:
Kümmel-, Melissen- oder Fenchelöl

Tropfe 3 bis 4 Tropfen in eine Schüssel mit körperwarmem Wasser. Tauche ein langes Leinentuch in das warme Wasser, wringe es leicht aus, lege den Erkrankten vorsichtig darauf und wickle es über den Bauch. Über das Leinentuch kommen ein Baumwolltuch und eine dünne Wolldecke. Mit beiden schlägst du jetzt den Bauch ein: erst das Baumwolltuch und dann die Decke.

Nach ca. 20 Minuten erlöst du den Leidenden.

Nano erinnerte sich, er ging damals noch in den Kindergarten, dass er einmal furchtbar hustete. Oma legte ihn vorsichtig auf heiße Tücher und wickelte sie um seine Brust. Sein Vater trug ihn damit durch die Wohnung. Das war ganz schön warm. Die Haut brannte noch eine Zeit lang, auch nachdem der Wickel weg war. Gegen die Hustenkrämpfe hat er noch Efeutropfen bekommen.

Und als er früher häufig eine Mittelohrentzündung hatte, kam Oma, tropfte ihm eines ihrer speziellen Heilkräuteröle ins Ohr und band ihm eine dicke Zwiebel aufs Ohr. Die Entzündung tat höllisch weh, aber die Tropfen linderten den Schmerz. Zusätzlich gab sie ihm noch irgendwelche homöopathischen Tropfen. Erst wenn es ganz schlimm war, rief sie einen Arzt, der ihm Antibiotika verschrieb.

Auf einmal flog eine Wespe heran und umkreiste Marie. Das Mädchen kreischte und schlug hektisch mit den Armen um sich.

»Marie, bleib ruhig. Sonst wird die Wespe aggressiv. Und wenn sie sticht, tut das zwar ganz schön weh. Aber bei den meisten Insektenstichen, ob von einer Wespe, Mücke oder Bremse, hilft Zwiebel oder ein Stück Zucker. Und wenn es besonders schmerzhaft juckt, wirkt Aloe-vera-Gel mit Minze gemischt Wunder.«

Auf einmal setzte sich Oma auf. »Ach du Schreck, hat einer den Hund gesehen? Lass uns schnell gucken, nicht dass er meine Rosenbeete umgräbt. Und dann können wir eine Runde Mikado oder Karten auf der Terrasse spielen.«

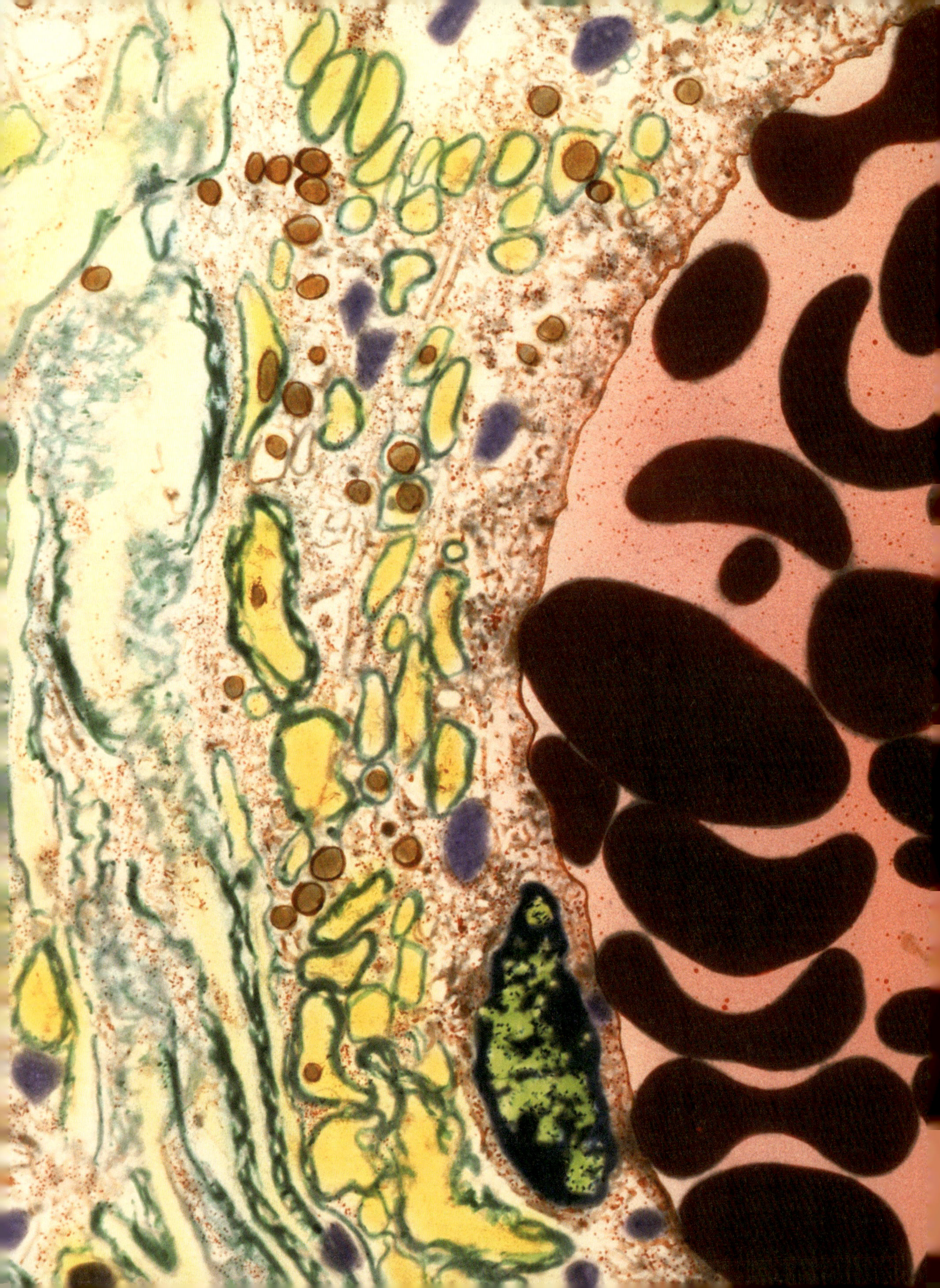

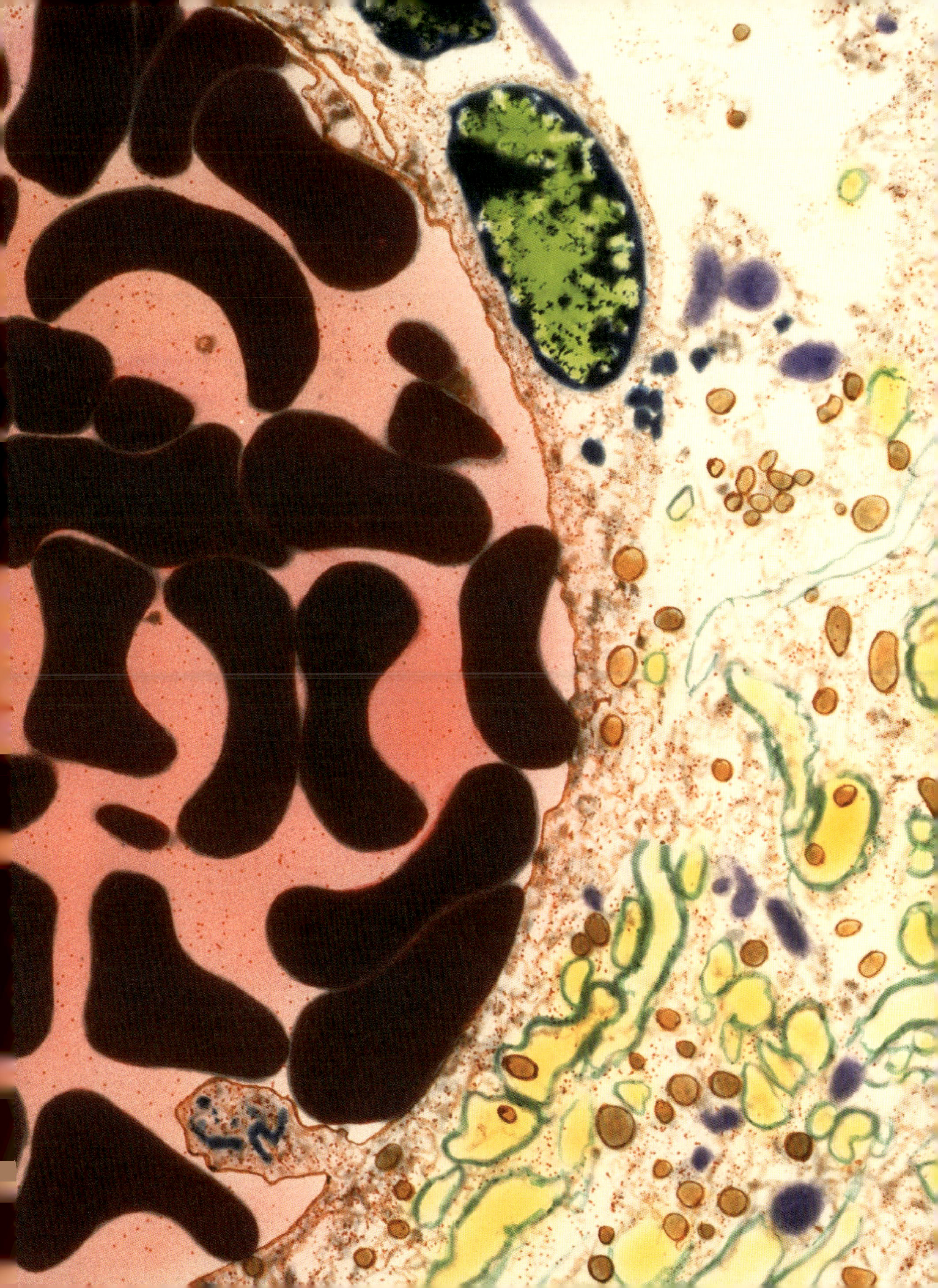

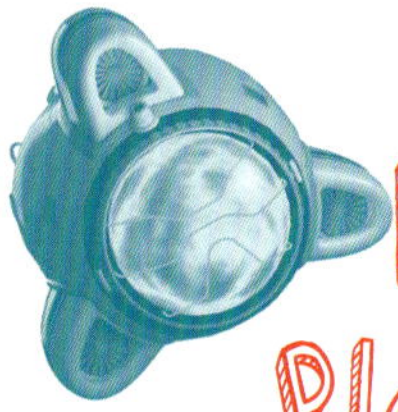

Nanos Plan

Der sonnige Tag bei Oma Rosi hatte beiden Kindern nach den Ereignissen in Nanoville Kraft gegeben. Am nächsten Morgen saß Familie Sonntag zu Hause am Frühstückstisch. Opa löffelte sein Müsli. Er bewegte sich fast wie ein Roboter.

Marlene Sonntag, der das seltsame Verhalten ihres Vaters nicht aufzufallen schien, genoss die Ruhe am Tisch. Sie lächelte Marie und Nano an.

»Nano, du hast heute einen großen Tag!«, sagte sie.

»Wieso?«

»Das große Fußballturnier, du Witzbold!«

Das hatte er völlig vergessen. Verzweifelt guckte er seine Schwester an. Eigentlich wollten sie direkt nach dem Frühstück zu Dr. X und Micro Minitec eilen. Verstohlen schielten sie zu ihrem Opa. Er schaute kurz auf. Nano fühlte sich ertappt: »Stimmt! Opa, kommst du auch?«

»Keine Zeit für so unnütze Dinge«, antwortete er. Seine Stimme klang metallisch, zumindest empfanden die Kinder das so.

Frau Sonntag guckte ihn tadelnd an. Opa verzog keine Miene und aß automatisch weiter.

»Ich komme. Ich habe heute frei!«, sagte sie.

Nano lächelte gequält. Sein Vorsatz war, sich frühzeitig vom Turnier zu verdrücken.

Sie würden neu planen müssen. Da hatte er eine Idee.

Er stieß Marie unterm Tisch an und deutete mit einer Kopfbewegung an, auf ihre Zimmer zu verschwinden.

»Mama, wir sind fertig, wir gehen hoch, Sachen zusammenpacken.«

»Nicht so schnell, Marie, was hast du eigentlich heute vor? Kommst du mit?«

»Nee, ich hab mich mit meinen Freundinnen im Freibad verabredet!«

»Ich hatte gehofft, dass die Familie endlich mal was zusammen unternimmt.«

Marlene Sonntag schaute erneut ihren Vater strafend von der Seite an.

»Och, bitte ... Es ist so schönes Wetter! Wir müssen uns dringend abkühlen!«, drängelte Marie.

Frau Sonntag verdrehte die Augen.

»Schon gut, aber vergiss bitte nicht, dich nach dem Baden umzuziehen, sonst klebt der nasse Badeanzug die ganze Zeit an deinem Körper und du bekommst eine **Blasenentzündung**, oder noch schlimmer, deine **Nieren** …«

»Jaja!« Marie sprang auf, gab ihrer Mutter einen Schmatz auf die Wange und rannte die Treppen hoch.

»Ich hol meine Fußballklamotten«, sagte Nano und stürmte seiner Schwester hinterher.

»Nun, wir sind wieder allein.« Frau Sonntag seufzte und schaute Opa an. Er saß vor seinem leeren Müsliteller und schlürfte einen Kaffee. Teilnahmslos starrte er in seine Tasse. Nun begann Marlene Sonntag, sich Sorgen zu machen. Doch sie wischte die Gedanken beiseite, ihr Vater hatte ja häufiger seltsame Anwandlungen.

»Mensch, was nun?«, zischte Marie.

»Kein Problem, ich weiß, was wir machen.«

»Ach ja? Da bin ich aber gespannt!«

Die Kinder saßen in Maries Zimmer auf dem Bett und flüsterten.

Blasenentzündung

Das häufig erste Zeichen für eine Blasenentzündung ist, dass du ständig das Gefühl hast, auf die Toilette gehen zu müssen, um Wasser zu lassen. Schließlich tut es weh und es kommt, obwohl du immer rennen musst, nur wenig Pipi. Eine Blasenentzündung verursacht aber weiter keine großen Beschwerden und muss nur bei Kindern und schwangeren Frauen medikamentös behandelt werden. Bei ihnen ist die Gefahr einer Nierenbeckenentzündung relativ groß. Wenn man eine Blasenentzündung hat, ist es in erster Linie wichtig, reichlich zu trinken, wenn möglich warm. Spezielle Blasentees »spülen« die Keime aus der Harnblase.

Nieren

Die Nieren sind zwei bohnenförmige, faustgroße Organe am Rücken, jeweils rechts und links deiner Wirbelsäule. Sie filtern überflüssige Stoffe aus deinem Blut, lösen sie in Wasser auf und scheiden sie als Urin – im Volksmund »Pipi« genannt – über die **Harnwege** aus: Er läuft durch deine **Harnleiter** beidseitig in die **Blase**, die durch die **Harnröhre** mit der Außenwelt verbunden ist. Das ganze System heißt **Harnwegssystem** oder Harnapparat. Das Blut gelangt über eine große Nierenschlagader in deine Niere, wo es sich auf Millionen von kleinsten Nierenkanälchen verteilt. Diese bestehen aus kleinen Filtern, die das Blut reinigen. Die Blutzellen – also die roten und weißen Blutkörperchen, aber auch die Blutplättchen – passen nicht durch dieses Sieb. Das ist ähnlich wie bei einem Kaffeefilter: Das heiße Wasser läuft durch das Kaffeepulver und den Filter, der Kaffeesatz bleibt im Filter. Die Poren lassen nur das Wasser, Abfallstoffe, die deinen Urin gelb färben, und kleinste Stoffe hindurch.

Ganz schön flüssig! Die Niere mit ihren Sammelkelchen, die ins Nierenbecken münden. Arterien (rot) bringen das Blut zur Uringewinnung. Die Venen sind blau.

1 Nierenkapsel
2 Nierenschlagader
3 Nierenvene
4 Nierenbecken
5 Harnleiter
6 Nierenkelch
7 Nierenmark
8 Nierenrinde

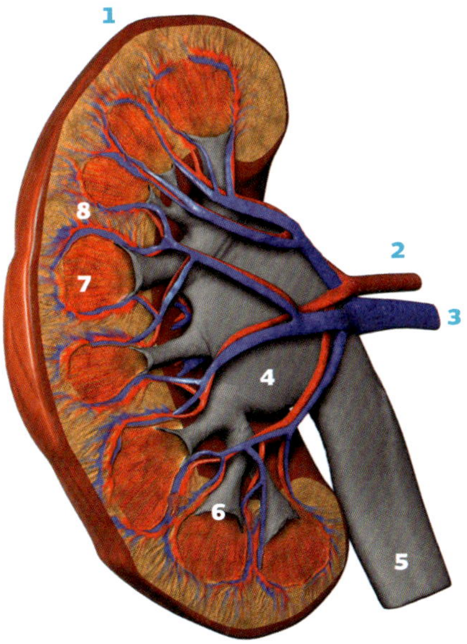

Das Wasserkraftwerk der Nierenkanälchen

1 Sammelrohr
2 Verbindungsstück
3 Kapillarknäuel
4 Mittelstück
5 Hauptstück
6 Henle-Schleife
7 Überleitungsstück

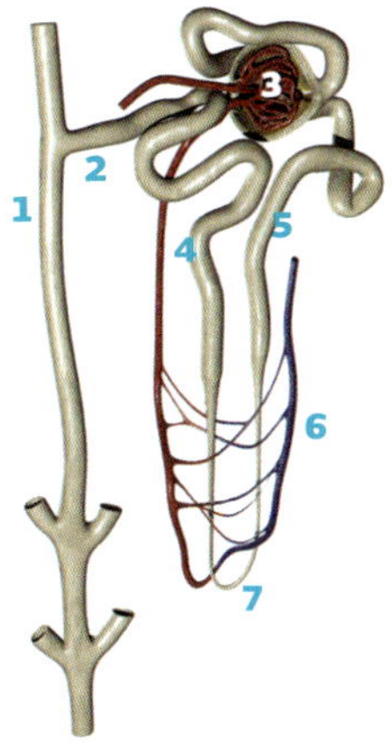

Der desinfizierende Nieren-Blasen-Tee

Man nehme:
1/2 Teelöffel Schachtelhalmkraut oder
1/2 Teelöffel Birkenblätter oder Brennnesselkraut
150 ml Wasser

Zubereitung:
Du musst das Wasser zum Kochen bringen.
Dann das Gemisch 1–2 Minuten ziehen lassen.
2–3 Tassen pro Tag trinken.

Eine leichte Entzündung lässt sich mit warmen Kompressen und einer Wärmflasche gut behandeln. Zusätzlich sind beruhigende und desinfizierende Sitzbäder mit Meersalz, Calendulatinktur, Kamille und Zinnkraut empfehlenswert.

Auch eine gute Vitamin-C-Versorgung z. B. durch Zitrone oder Sanddorn ist sinnvoll und beugt außerdem Blasenentzündungen vor. Zum einen erhöht sie die Abwehr und damit die Widerstandsfähigkeit der Schleimhäute. Zum anderen macht Vitamin C den Urin etwas saurer. Dadurch können sich die Keime nur noch langsam oder gar nicht vermehren.

»Ich denke, wir könnten Hilfe gebrauchen. Du fährst zu Micro Minitec und Dr. X nach Nanoville, und ich weihe Manuel und die anderen ein, dass wir früher vom Fußballturnier verschwinden. Dafür müssen wir schlecht spielen – leider – und in der Vorrunde ausscheiden!«

»Genial!«, sagte Marie und umarmte Nano.

»Ja, schon gut. Mit meinen Schürfwunden hab ich eh nicht so richtig Lust, zieht immer noch ganz schön beim Laufen. Aber wie überzeuge ich die anderen? Dass wir verlieren, kauft uns Herr Schlau bestimmt ab, schließlich ist unser bester Spieler Frido verletzt. Aber ob die mir die Sache mit Gobbot und Professor von Schlotter glauben?« Nano kratzte sich am Kopf.

Er erhob sich vom Bett und ging in sein Zimmer.

»Sag mal, weißt du, wo ich meine Walkie-Talkies habe, Marie?«, rief er von nebenan. »Zu blöd, ich kann sie nicht finden.«

»Hey, warte, ich weiß. Die hab ich noch! Wir haben die doch letztens in der Obstplantage von Oma gebraucht. Erinnerst du dich?« Sie stöberte zwischen ihren Sachen, die verstreut am Boden lagen. »Da, schau!« Strahlend überreichte sie Nano die Geräte.

»Super, damit können wir nachher Verbindung halten.«

Nanolinos Augen funkelten vor Abenteuerlust.

»Marie, deine Freundinnen stehen vor der Tür!«, rief die Mutter von unten.

»Also wie besprochen, du sagst Micro Bescheid, und ich stoße nachher mit den anderen zu euch. Mach zu!«, sagte Nano und schob Marie aus dem Zimmer.

Draußen schien die Sonne. Marie lief neben den plappernden Freundinnen her und schob ihr Fahrrad.

Kannickel rannte voraus und bellte.

»Bist du verliebt, Marie?«, fragte eine der Freundinnen, als sie am Eingang des Bades angelangt waren. »Du bist heute so still!« Die Mädchen grinsten.

»Nein, bin ich nicht! Ich hab noch was zu erledigen, ich komme später nach.«

»Triffst du deinen Freund?«, neckte eine Freundin.

»Du spinnst!«

Marie schwang sich aufs Rad und fuhr, ohne sich noch einmal umzuschauen, Richtung Nanoville. Als sie nach einer Stunde auf dem Schotter vor der Villa Ypsilon lautstark abbremste, war sie völlig verschwitzt. Am liebsten hätte sie ihre Klamotten von sich geworfen und sich endlich ihren Badeanzug angezogen. Auch Kannickel, die mit ihren kurzen Beinen kaum hinterhergekommen war, japste vor Anstrengung.

»Du wartest draußen!«, befahl sie der Hündin, die zur Antwort zweimal bellte.

Schüchtern ging sie durch das eindrucksvolle Portal in das kühle Innere des Hauses.

Am Empfangstisch der Bibliothek saß wie gewohnt Schwester Leoberta und sah sie durch ihre große Brille an.

»Na du, was kann ich für dich tun?«

»Äh, mein Bruder war neulich hier ... Und ich, ich möchte auch zu Micro Minitec, ich muss mit ihr sprechen.«

»Wo tut's dir denn weh?«

»Nirgendwo, ich muss ... ich muss ... mit Frau Minitec und Dr. X reden.« Marie stotterte vor Aufregung.

»Na, dann will ich mal sehen, was ich für dich tun kann. Du hast Glück, wir hatten heute nur den halben Tag geöffnet, es sind also heute Nachmittag keine Patienten mehr da, vielleicht hat einer von beiden Zeit für dich.«

Schwester Leoberta telefonierte. Während sie sprach, schaute sie Marie freundlich an und kommentierte den Verlauf des Gesprächs mit ihren Augenbrauen.

Wenig später kam Micro Minitec. Sie hob Marie hoch, und als sie auf Augenhöhe waren, sagte sie: »Na, wenn das mal nicht die Schwester von unserem kleinen U-Boot-Piloten ist.«

»Richtig!«, antwortete Marie und grinste.

»Mmh, hat dir wohl alles erzählt, sollte doch dichthalten, der Schlawiner!« Micro schüttelte den Kopf.

»Es ist etwas Furchtbares passiert!«, schoss es aus Marie heraus.

»Echt?«, sagte Micro und setzte Marie ab. »Dann komm mal schnell mit in mein Büro, da können wir ungestört reden.«

Unterwegs sahen sie Dr. X, der mit dem Kopf auf seinem Schreibtisch lag und schnarchte. Neben ihm stand eine Tasse Kaffee.

»Hält eine Siesta, der Gute ...«, sagte Micro Minitec beiläufig.

Kaum waren sie im Büro, erzählte Marie von ihren Erlebnissen.

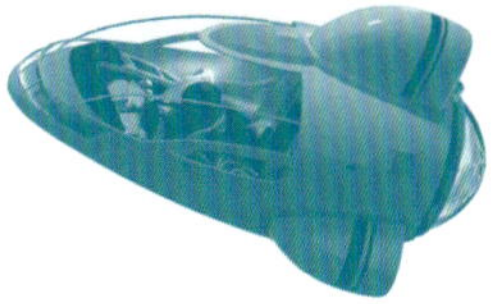

Kein Heimspiel für die Katze

Auf dem Vereinsplatz des FC Heimaterde war schon einiges los. Alle Schulen der umliegenden Orte hatten ihre Teams geschickt. Zurzeit spielten die Älteren um den Finalsieg; für sie hatte das Turnier schon am Vortag begonnen. Die Spieler kämpften hart, was jegliche Ballakrobatik vermissen ließ.

Ein Abwehrspieler und ein Stürmer prallten im Torraum mit den Köpfen zusammen. Der Angreifer kam mit einer Platzwunde davon und wurde von Sanitätern am Spielfeldrand versorgt. Schon stand er ungeduldig wieder an der Außenlinie und winkte dem Schiedsrichter, damit er ihn ins Spiel ließ. Der Abwehrspieler, der auch noch einen Pressschlag vors Knie bekommen hatte, humpelte ebenfalls vom Platz. Die Sanitäter untersuchten ihn und sprühten Kältespray aufs Knie. Dann betrat auch er wieder kampfeslustig den Fußballplatz.

Es wimmelte von Menschen. Sie amüsierten sich an Spielständen und Fressbuden. An einem Stand gab es gasgefüllte Luftballons.

Nano ging mit seiner Mutter an einem Jungen vorbei. Es war Flaps, sein Erzfeind. » Na, du Niete «, sagte der mit einer Micky-Maus-Stimme. Er hatte wohl Heliumgas eingeatmet.

» Ich weiß immer noch nicht, wie du es ins Team geschafft hast «, piepste Flaps. » Vitamin B, oder? Du Flasche! « Er spuckte vor Nanolinos Füße.

Nano beachtete ihn nicht, obwohl er ihm am liebsten anständig die Meinung gesagt hätte. Von wegen »Vitamin B«. Nano liebte Fußball, solange er zurückdenken konnte, und hatte es nicht nötig, sich beim Trainer lieb Kind zu machen.

»Was war denn das für ein Frechdachs?«, fragte Marlene Sonntag.

»Ach, der ist nur neidisch auf die, die besser sind als er. Hat ständig was an mir auszusetzen und versucht, mich bei den Lehrern anzuschwärzen. Ein Kotzbrocken!«

»Mach dir keinen Kopf«, tröstete die Mutter. »Du bist ein erstklassiger Fußballer. Du konntest gerade mal laufen, da hast du schon mit deinem Vater Ball gespielt.«

Nanos Mutter sah auf einmal müde aus. Sie setzte sich auf die Tribüne. Nano nahm neben ihr Platz. Sie stupste ihn an.

»Hey, ihr seid als Nächste dran.«

»Oh, dann muss ich in die Umkleidekabine«, sagte Nano und ging los.

In der Kabine traf er Manuel und Lilly. Er zog sie in eine ruhige Ecke und erklärte ihnen den Plan.

»Du spinnst!«, sagten sie.

»Nein, das ist alles wahr. Ihr werdet sehen!«

»Na, wenn nur ein Fünkchen Wahrheit an der Geschichte ist, wird das ein spannender Tag«, sagte Lilly.

»Aber wie kommen wir hier rechtzeitig weg?«, fragte Manuel.

»Wir sorgen dafür, dass wir verlieren.«

»Quatsch, ich weiß was Besseres«, meinte Lilly. »Frido ist allein hier. Wir weihen ihn ein. Er muss dann nur behaupten, dass er Schmerzen hat, und wir bringen ihn zu Dr. X.«

»Tja, das Ergebnis ist das Gleiche.«

»Wieso?«

»Na, wenn Flaps spielt und wir nicht, verliert unser Team eh.« Nano grinste breit. »Dieser blöde Möchtegern. Jetzt kann er mal beweisen, was er kann! Wird sich bis auf die Knochen blamieren, wenn wir fehlen.«

Lilly schaute ihn mit hochgezogenen Augenbrauen an. »Da solltest du drüberstehen! Dass du so nachtragend bist!«

»Nachtragend? Ich?« Er fühlte sich ungerecht behandelt. Ihm fiel jedoch nichts ein, um das Gegenteil zu beweisen, also wechselte Nano das Thema: »Lasst uns zu Frido gehen, dann reden wir mit Mister Schlau und erzählen ihm, dass wir Frido im Bus begleiten wollen.«

Mister Schlau verzichtete nur ungern auf die drei, hatte aber genug Ersatzspieler. Er freute sich, dass Nanolino sich um seinen Freund kümmerte. Das alte Fußballmotto »Elf Freunde müsst ihr sein« funktionierte.

Frido hatte Nano vor zwei Jahren in seinen Verein FC Heimaterde geholt. Mister Schlau trainierte hier in seiner Freizeit. Jetzt fehlte ihm die »Katze von Heimaterde«, wie Frido im Verein hieß, ein toller, athletisch gebauter Torwart. Schnell wie eine Katze, fing er selbst unhaltbar scheinende Bälle aus der Luft. Frido und Nano, linker Außenstürmer, übten in jeder freien Minute zusammen.

Der zart gebaute Nano war klein und flink. Er dribbelte und zischte an den anderen Spielern vorbei wie kein anderer. Mit dem rechten Fuß konnte er genauso gut schießen wie mit dem linken. Das hatte ihm sein Vater beigebracht, wenn sie in den Ferien mit anderen Kindern und Eltern Turniere veranstaltet hatten, auch mit Mädchen im Team.

Nano lief zu seiner Mutter und setzte eine sorgenvolle Miene auf. »Frido hat starke Schmerzen, wir müssen sofort mit ihm zu Dr. X!« Marlene Sonntag schaute ein wenig skeptisch. Nano versöhnte sie geschwind mit einem Abschiedskuss und lief zu seinen Freunden. Als er dort war, gab er Frido ein Funkgerät, und schon machten sich die vier auf den Weg. Nanolino saß auf Lillys Gepäckträger. Frido hockte mit seinem kaputten Fuß hinten in Manuels Bollerwagen. In dem Anhänger, der hinter dem Fahrrad rumpelte, transportierte Manuel normalerweise seine Gitarre und andere wichtige Dinge, manchmal auch die Einkäufe für seine Eltern oder Lilly. Frido zupfte ungeschickt an den Saiten der Gitarre. Manuel guckte genervt.

»Okay, ich fahre mit Lilly zur Villa Ypsilon. Du und Frido, ihr müsst zur alten Fleischerei in Nanoville. Ihr wisst, wo die ist?«, fragte Nanolino mit kurzen Pausen zwischen den Worten, da ihm hin und wieder ein Schlagloch einen Stoß versetzte.

»Sí, Jefe!«

»Was?«

»Das war Spanisch: Ja, Chef.«

»Gut. Wenn ihr da seid, wartet ihr, bis mein Opa auftaucht, ich hoffe, er tut uns den Gefallen. Dann lockt ihr das Trio zur Villa Ypsilon, wo sie uns direkt in die Falle laufen.«

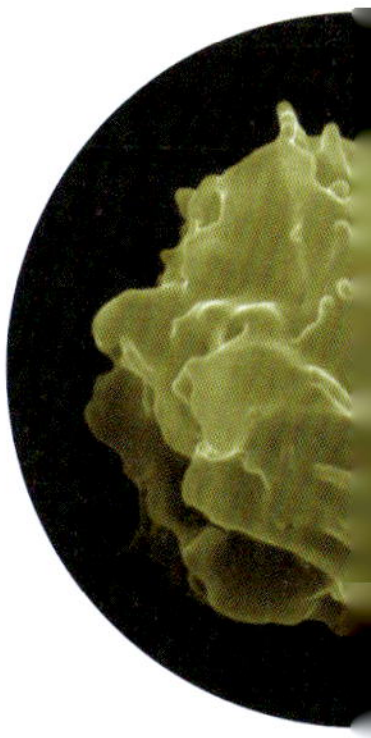

»Was für eine Falle?«

»Weiß ich noch nicht. Aber uns wird schon was einfallen.«

»Und womit locken wir sie?«

»Mal sehen …«

»Toll! Einfach toll. Du mit deinen supergenialen Vorschläge.« Ärgerlich trat Manuel in die Pedale.

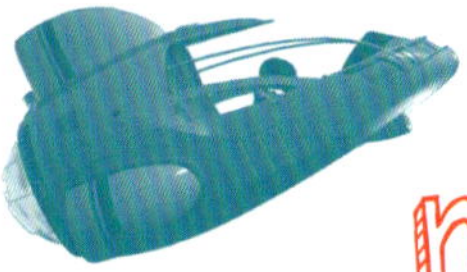

Micros Miniwerft

»Das ist ja ein starkes Stück!«, rief Micro Minitec. »Dieser, dieser …«, ihr fehlten die Worte. Sie sprang auf. Der Stuhl, auf dem sie gesessen hatte, fiel um. Sie stürzte aus dem Zimmer. »Ich wecke Dr. X. Es werden alle gebraucht! Wir müssen schnellstens was unternehmen!«

Marie schaute sich in dem Chaos des Büros um. Durch das Fenster sah sie den roten Riesenhamburger. Sie hörte, wie Micro im Flur auf Dr. X einredete, während sie näher kamen. Micro stürmte ins Zimmer, stellte sich vor das andere Fenster, verschränkte die Arme und schaute in den Garten. Dr. X' hochroter Kopf sah aus, als würde er gleich platzen.

»Unglaublich!«, wiederholte er Micros Worte.

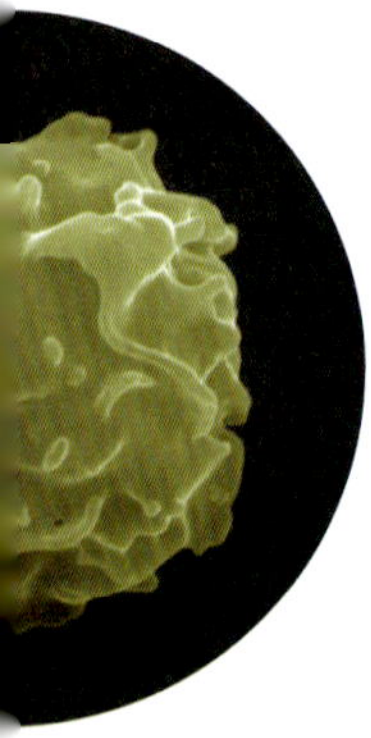

»Dieser hinterlistige Unmensch, es wird Zeit, dass ihm jemand das Handwerk legt. Unmensch, Untier, un… un… unmöglich!« Micro Minitec wusste nicht, ob sie fluchen oder vor Wut weinen sollte.

Dr. X legte ihr einen Arm um die Schulter.

»Ich glaube, wir sollten uns schnellstens eine Abwehrstrategie überlegen und unser Tarnboot fertigstellen!«

»Ja! Los, komm mit, Marie, dieses Mal braucht Nanolino menschliche Kopiloten.« Die Erinnerung an das Boot verdrängte bei Micro Minitec die Wut und setzte neue Energien in ihr frei.

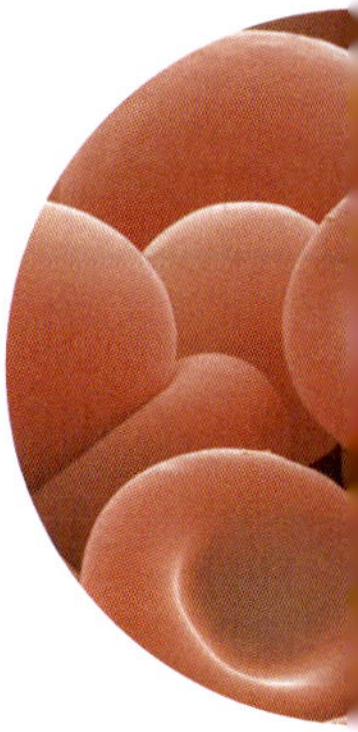

»Wo ist eigentlich Rappel?«, fragte Marie.

»Der macht gerade ein Nickerchen. Ein paar Modifizierungen, und wir werden es diesem Gobbot und seinem Erzeuger zeigen!«

»Modi was?«, fragte Marie.

»Oh, ich meine Veränderungen an dem U-Boot. Es war eigentlich dafür gedacht, Menschen zu heilen, und nicht, Roboter zu jagen.«

Gemeinsam gingen sie zum Zimmertomografen. Sie traten ein, und Marie setzte sich neben Dr. X hinter den Schreibtisch, der in dem durch eine Glasscheibe abgetrennten Zimmer stand. Hier war die Kontrollzentrale. Der Computer durfte nicht im selben Raum stehen, weil die starken Magnetstrahlen die Daten gelöscht hätten.

Micro Minitec schritt durch den Behandlungsraum und stellte eine kleine Schale auf den Boden. Dr. X schaltete den Zimmertomografen ein. Ein kleines, rotes Etwas hob sich aus der Schale und schwebte mitten im Raum. Es rotierte langsam um die eigene Achse. »Bildvergrößerung«, befahl Micro, und auf der Leinwand erschien eine seltsame Konstruktion, in der etwas ruhte, das überhaupt nicht an ein U-Boot erinnerte: ein flaches Rund mit einer Delle in der Mitte.

»Das sieht aus wie der aufblasbare Schwimmring, den wir immer mit ans Meer nehmen. Wir setzen uns alle rein und lassen uns dann von einem Boot ziehen!«, sagte Marie.

»Daran habe ich noch nie gedacht. Aber du hast recht. Nein, diese geniale Konstruktion aus Micros Miniwerft ist einem **Blutkörperchen** nachempfunden«, erklärte Dr. X. Man sah ihm den Erfinderstolz deutlich an. »Im Körper ist es dadurch

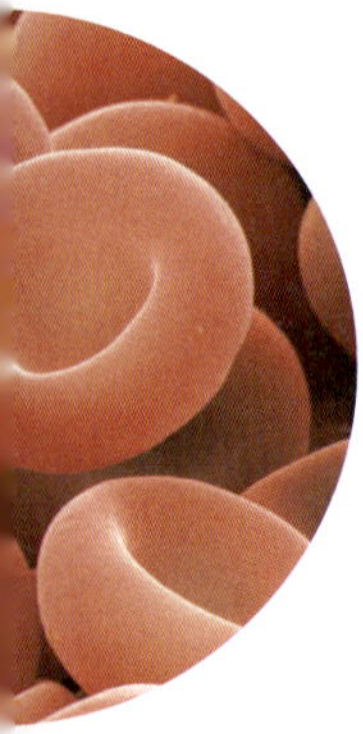

fast unsichtbar, eigentlich hatten wir das nicht beabsichtigt, aber bei unserer Mission wird es uns helfen.«

»Die Farbe des Schwimmrings passt sich immer dem Gewebe an, in dem er sich gerade befindet. Seine Außenhaut ist von innen durchsichtig wie bei einem verspiegelten Glas, dadurch hat man von innen einen wunderbaren Rundblick«, ergänzte Micro.

»So, an die Arbeit! In meiner Miniwerft sind winzige Werkzeuge, die wir am Boot anbringen und mithilfe von Magnetstrahlen steuern können.«

»Stimmt genau«, bestätigte Dr. X.

Blutkörperchen

Du kannst dein Blut mit einem chemischen Fernsprechnetz vergleichen. Es besteht aus Abertausenden von Botenstoffen wie Hormonen, Immunstoffen, Vitaminen, Salzen und vielen anderen mehr. Mit diesen Stoffen »reden« deine Organe untereinander und stimmen sich ab, auch mit deinem Gehirn. Zu 40 Prozent besteht dein Blut aus Blutzellen, die hauptsächlich im Knochenmark gebildet werden: **Rote Blutkörperchen (Erythrozyten)** transportieren mit dem roten Blutfarbstoff (Hämoglobin) den Sauerstoff. **Weiße Blutkörperchen (Leukozyten)** gehören zu deinem Abwehrsystem und machen Erreger, bösartige Zellen und Umweltgifte unschädlich. **Blutplättchen (Thrombozyten)** dichten bei Verletzungen die Gefäße ab und verhindern, dass du Blut verlierst. 60 Prozent des Blutes, das **Blutplasma**, besteht weitgehend aus Wasser. In ihm sind viele Vitalstoffe, Hormone und Eiweiße zur ständigen Erneuerung deiner Zellen und zum Wachstum deiner Organe gelöst.

Ein weißes Blutkörperchen frisst ein Bakterium (**1**).

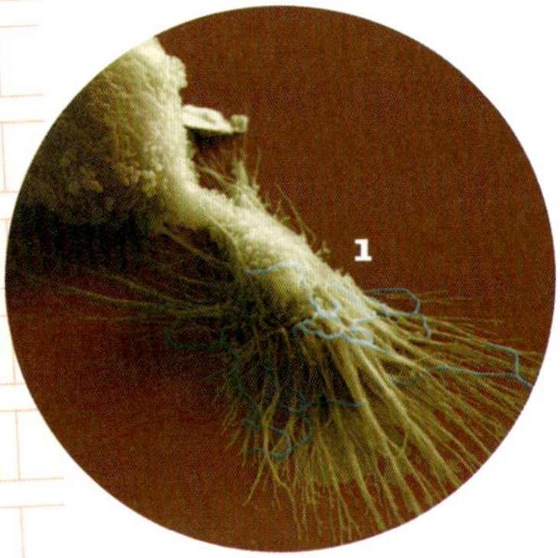

»Wir rüsten es mit einem Diamantseil aus, das wie ein Lasso am Ende eine Schlinge hat, mit der wir Gobbot einfangen. Er wird dann in einem Netz unter dem Schiff gefangen gehalten.«

»Juhu, ich werde ein Cowgirl!«, jubelte Marie.

»Bitte die Greifwerkzeuge ins Bild«, bat Micro Minitec.

Auf den Bildschirmen und auf der Leinwand erschien das kreisrunde Minischiff. Wo vorne oder hinten war, konnte man nicht ausmachen.

Das Innere des Bootes war fast völlig leer, abgesehen von zwei Pilotensesseln mit jeweils zwei Hebeln beidseits und Sitzmöbeln, die wie Sonnenliegen aussahen. Vor den Sesseln stand ein Schaltpult, in das ein flacher Bildschirm eingelassen war.

»Die Piloten liegen bäuchlings im Boot und bedienen mit den Hebeln die Greifarme unterhalb ihrer Liegen, die bei medizinischen Behandlungen ausgefahren werden können.«

Marie sah die Klappe, hinter der zwei Laserstrahler, vier Greifarme und noch andere stangenförmige Instrumente mit mehrgliedrigen Enden waren.

»Die Arme sind mit heilenden, aber auch mit zersetzenden Medikamentensprays ausgerüstet. Damit kann man zum Beispiel krankhaft wucherndes Gewebe oder auch Bakterien und Viren zerstören. Wir haben auch einen elektrischen Stimulator an Bord, mit dem wir das von Gobbot beschädigte **Nervengewebe** deines Opas vielleicht heilen und zum Wachstum anregen können.«

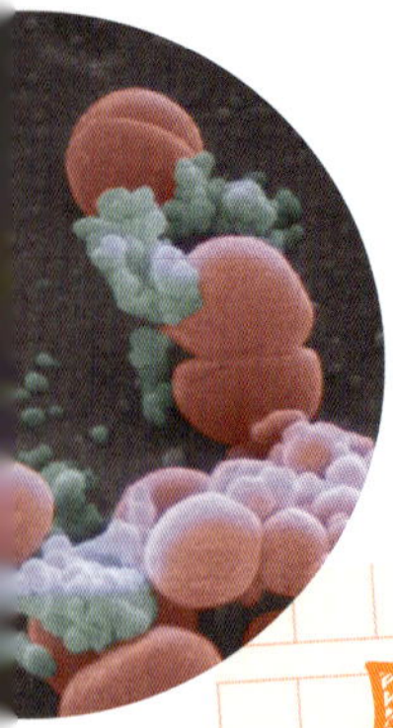

Nervengewebe

Wenn du ein Stromkabel mit dem Datenkabel eines Computers verbindest, ahmst du in etwa die Funktionen deiner Nerven nach. Sie sind eine Mischung aus elektrischen Leitungsträgern und Datenautobahnen. Deine Nerven aktivieren mit **elektrischen Impulsen** deine Muskeln in Armen und Beinen oder bewirken, dass die Pupillen weitgestellt werden oder sich deine Harnblase zusammenzieht, wenn du auf die Toilette musst. Denkst du an Süßigkeiten oder duftet es lecker in der Küche, aktivieren sie die Speicheldrüsen und dir läuft im wahrsten Sinne des Wortes das Wasser im Mund zusammen. Aber es fließen nicht nur Informationen aus dem Gehirn in den Körper. Es werden auch Sinneseindrücke an das Gehirn gemeldet. Wenn du dich zum Beispiel am Finger verbrennst, alarmiert dein »Fingerfeuermelder« das Gehirn. Reflexartig ziehen sich deine Muskeln zusammen, der Körper gerät in Alarmbereitschaft, und du ziehst deine Hand weg. Es gibt ein **bewusstes** und ein **unbewusstes Nervensystem**. Letzteres heißt auch **vegetatives Nervensystem**. Es versorgt, ohne dass man sich darum kümmern muss, rund um die Uhr Sinnesorgane, Drüsen, Darm und Gefäße.

Eine Nervenzelle

1 Zell-Leib
2 Axon
3 Myelinschicht
4 Axon-Endfaser
5 Synapse
6 Dendriten

Reflex

Wenn dir eine Fliege über den Fuß krabbelt, zuckst du automatisch. Wenn dir ein Sandkörnchen ins Auge fliegt, klimperst du mit den Augenlidern. Diese unwillkürliche Bewegung aufgrund eines bestimmten Reizes nennt man Reflex. Jeder, bei dem der Arzt schon die Reflexe geprüft hat, kennt den **Kniesehnenreflex**. Wenn der Arzt mit dem kleinen Reflexhammer auf die Sehne bei übereinandergeschlagenen Beinen unterhalb der Kniescheibe klopft, zuckt der Unterschenkel automatisch nach vorne. Du kannst das beim besten Willen nicht verhindern. Versuch mal, mit der Handkante daraufzuschlagen, aber nicht zu fest. Dadurch lässt sich feststellen, ob die Nerven noch intakt sind. Es gibt sehr viele verschiedene Reflexe, die man zur medizinischen Kontrolle auslösen kann.

Per Reflexbogen im Bruchteil einer Sekunde zum Gehirn und zurück

»Toll, vielleicht können wir Opa damit auch allgemein bessere Nerven verpassen. Der fährt manchmal leicht aus der Haut«, sagte Marie.

Dr. X und Micro lachten.

»Ach, schau mal, die Kavallerie ist da!«

Marie schaute zur Tür. Nano und Lilly drückten die Nasen an das kleine Fenster.

Wenig später standen alle im Flur, wo Nano die Erwachsenen in den Plan einweihte.

Inzwischen waren Manuel und Frido bei der Fleischerei angekommen. Manuel kletterte auf das von Nano beschädigte Vordach und schaute in die Halle.

Dort waren alle versammelt. Großvater lag auf einer schmutzigen Liege.

Professor von Schlotter leuchtete ihm mit einer Taschenlampe in die Augen.

»Bleib ruhig liegen, du Tattergreis! Sonst gibt's Schmackes.«

Opa versuchte, die Lichtquelle mit den Armen abzudecken, aber Scherge zwang den alten Mann mit roher Gewalt, in das Licht zu schauen. Als Opa den Kopf drehte, zog der brutale Kerl ihn an den Haaren in die alte Position zurück.

»Seine **Reflexe** kann der Roboter nicht komplett unterdrücken, aber ansonsten ist er meinem Willen völlig ausgeliefert!«, sagte Professor von Schlotter und grinste. »Scherge, du wirst sehen, bald habe ich die Gehirne von tausend mächtigen Männern und Frauen unter meiner Kontrolle. Wofür Technik doch gut sein kann! Ein Hoch auf meine ehemalige Assistentin! Als Nächstes werde ich meine talentierte Schülerin mit einem Spezial-Gobbot beglücken. Haha.«

Er spreizte die spindeldürren Glieder beider Hände und drückte die Fingerkuppen aneinander. Die Geste hatte etwas von einem lauernden Insekt. Dann hob er die Augenbrauen und musterte seinen Assistenten, den er um eine Kopflänge übertraf, von oben herab. Scherge lief es kalt den Rücken herunter, als er den Blick des Professors bemerkte. Er hasste und bewunderte ihn zugleich, aber seine Furcht machte ihn gefügig.

»Scherge, wir sollten langsam anfangen, Gobbots in Serie zu produzieren.«

»Jawohl, Herr Professor!«

Vorsichtig kletterte Manuel vom Dach. Er kochte vor Wut.

Er schlich zu Frido, der noch immer in dem Bollerwagen saß, seine Krücken ragten in die Luft wie die Sprungbeine eines Grashüpfers.

»Diese Schweinehunde! Wir müssen was tun, aber schnell! Wir können Nanos Opa unmöglich länger in deren Gewalt lassen.«

Frido wollte gerade an der Gitarre zupfen. Manuel legte seine Hand auf die Saiten.

»Bist du verrückt, man wird uns entdecken ...«, zischte er, brach ab und dachte nach.

»Caramba! Ich hab's. Wir werden denen was vorsingen!«

»Wie bitte?«

»Pass auf, ich erklär es dir.«

Er funkte Nano an. Die Geräte waren auf die geringste Lautstärke gestellt.

»Hey, Nano, bei euch alles okay?«, hauchte Frido in die Muschel.

»Alles paletti! Und bei euch?«

»Läuft super. Wir machen ein kleines Konzert und locken die Burschen aus dem Versteck. Anschließend versorgen wir sie mit Fehlinformationen!«

»Aber passt auf! Die sind gemeingefährlich.«

»Wenn alles klappt, werden von Schlotter, Scherge und Opa gleich bei euch auftauchen«, raunte Frido.

»Dann werden wir sie gebührend empfangen!«, hörte er Micro Minitecs Stimme.

»Und ich weiß auch schon, wie«, vernahm er Dr. X.

Eine musikalische Falle

Manuel spielte auf seiner Gitarre und sang Frido ein Lied vor. Sie machten einen Heidenlärm. Und siehe da, der Plan funktionierte. Eine blaue Rauchwolke, die aus einem Gebüsch stieg, verriet Scherge, der sich angeschlichen hatte. Das war das Zeichen für die Jungen. Sie begannen mit ihrem abgesprochenen Dialog. Ganz wohl war ihnen nicht dabei. Aber schließlich ging es um ein Menschenleben.

»Jetzt hast du es selbst gesehen. Micro Minitec ist einfach genial. Ihre neueste Erfindung ist eine Wucht, die stellt sogar die Mikrotisierung in den Schatten.«

»Ja, aber sie ist verantwortungsbewusst, in den falschen Händen wäre dieses Gerät eine schlimme Waffe.«

»Stimmt! Vielleicht sollten wir hinfahren und das noch mal angucken. Ich würde das zu gern mal ausprobieren, du weißt schon, was Micro uns nicht zeigen wollte.«

»Warum sollte sie es uns diesmal zeigen?«

»Muss sie ja nicht. Die sind zu einer Tagung gefahren, und das liegt alles unbewacht in der Villa. Sturmfreie Bude!«

»Da können wir doch nicht einfach so rein. Und vor allen Dingen: wie? Ein bisschen mulmig ist mir dabei schon.«

Als sie sicher waren, dass Scherge in die Fleischerei zurückgekehrt war, versteckten sie sich mit Fahrrad und Bollerwagen in einem Graben.

»Hoffentlich haben wir nicht zu dick aufgetragen«, flüsterte Frido.

Aber siehe da. Gier macht unvorsichtig. Scherge holte tatsächlich einen der schwarzen Lieferwagen aus dem Schuppen. Er saß mit laufendem Motor im Laster und wartete. Plötzlich spüren die Jungen, wie jemand sie im Nacken packte und aus ihrem Versteck zog.

»Na, wen haben wir denn hier?«, sagte Professor von Schlotter. Sein Atem roch faulig.

»Ihr seid zwei ganz Gewitzte, nicht wahr? Nicht nur, dass ihr die arme, arme Micro bestehlen wollt, nein, in unserem Zeug wolltet ihr auch noch rumstöbern.«

Die Kinder verzogen die Gesichter vor Schmerz. Mit seinen spindeldürren Fingern kniff sie der Professor ins Genick. Er warf sie auf die Erde. Die Kinder schlugen um sich und wollten aufspringen, doch Scherge war inzwischen aus seinem Laster geklettert und warf sich mit seinem ganzen Gewicht auf sie. Nach einem kurzen und heftigen Gemenge machten die Jungen schlapp. Fridos Fuß tat erbärmlich weh. »Professor, ich hab die elende Brut erledigt. Was soll mit denen passieren?«

Manuel und Frido sahen sich an. War ihr Plan fehlgeschlagen? Doch die Schurken kamen gar nicht auf die Idee, dass alles nur arrangiert war.

»Los, verstau die beiden im Schuppen. Um die kümmern wir uns später. Geben bestimmt prima Versuchskaninchen ab. Kinder hatten wir noch nicht im Programm!«

Scherge fesselte die beiden und schloss sie im Schuppen

ein. »Haltet die Schnauze und freut euch auf das Wiedersehen!« Genüsslich rieb er sich die Wurstfinger.

Professor von Schlotter und sein Gehilfe stiegen in den Wagen und fuhren den Weg Richtung Festscheune hinab. So schnell er konnte, jagte er den Wagen über den Schotter, mit Opa im Laderaum.

Schwester Leoberta stand am Fenster und beobachtete die Auffahrt. Als sie den schwarzen Wagen sah, rief sie Dr. X an.

»Sie kommen!«

Kurze Zeit später stand von Schlotter an der Hintertür und rüttelte an der Klinke.

»Abgeschlossen, verdammt. Los, Scherge, den Spezial-Dietrich, der alles knackt ... Sofort!«

Während der Professor in dem Schloss fuhrwerkte, bückte sich Scherge und hob die Fußmatte hoch. Darunter fand er erst mal nichts, sah dann aber ein fast transparentes, schlüsselähnliches Gebilde.

»Äh, Herr Professor ...«, murmelte er, »Da scheint ein Transponder, äh, ein digitaler Schlüssel zu liegen.«

»Nicht jetzt, Scherge, siehst du nicht, dass ich beschäftigt bin?«

»Aber ...«

»Ruhe, Mensch.«

Scherge zündete sich eine Zigarette an, inhalierte tief und hustete rasselnd.

»Musst du so einen Lärm machen? Dabei kann sich ja niemand konzentrieren.«

Er schaute Scherge tadelnd an und entdeckte den Schlüssel

in dessen Hand. Mit einem bösen Funkeln in seinen gelbstichigen Augen entriss er seinem Assistenten den Transponder und schleuderte ihm den inzwischen verbogenen Dietrich vor die Brust. Opa stand daneben und beobachtete die beiden Gangster teilnahmslos mit glasigen Augen.

Der Professor entriegelte die Tür per Knopfdruck auf den Transponder und sie betraten die Villa Ypsilon.

Sie schauten in verschiedene Räume, fanden aber nichts Interessantes, bis sie zu einer Tür kamen, an der ein handgeschriebener Zettel klebte: » Erfindungen. Betreten verboten «.

Professor von Schlotter drückte die Klinke: »War wohl auch zentral verriegelt, diese Trottel. «

Er lachte böse. Scherge versuchte, es ihm gleichzutun, bekam aber einen heftigen Hustenanfall.

Sie traten ein. Der Raum war völlig leer, nur am hinteren Ende war eine weitere Tür. Diese war verschlossen. Scherge versuchte es verzweifelt mit dem Dietrich, aber der war zu verbogen.

» Den muss ich erst mal gerade biegen «, kommentierte er.

» Red nicht, mach «, fauchte Professor von Schlotter.

Plötzlich schlug die andere Tür zu und sie hörten ..., wie sich ein Schlüssel im Schloss drehte.

»Was zur Hölle ... Scherge, schnell ... « Das Licht ging aus, man hörte etwas Kleines fallen und von Schlotter fluchen.

» Scherge, du Vollidiot! «

Eine Lautsprecherstimme verkündete: »Micro Minitecs Hypnose-Symphonie Nr. 1 a-Moll. « Eine unsagbar traurige Melodie erklang.

Dr. X saß im Kontrollraum. »So, gleich kommt die Stelle,

an der sie einschlafen sollen.« Er griente schadenfroh. »Dann gehe ich rein und hole Opa Erwin raus. Den mikrotisierten Roboter halten wir mit hochenergetischen Schallwellen in Schach. Sie sind für uns nicht hörbar. Lilly, du hilfst mir?«

Micro Minitec war hoch motiviert. »Nano und Marie, ihr müsst schnell zu eurem Großvater, und kommt danach zu mir ins blaue Zimmer. Beeilt euch! Da zeige ich euch, wie man nicht in die Grube fällt, die andere einem graben wollen.« Sie rannte los, die Kinder flitzten hinterher.

»Wir zeigen diesem Clown von Schlotter, dass er sich mit den Falschen angelegt hat.«

Sie war kampfbereit, machte sich aber auch Sorgen um Nano und Marie.

Konnte sie ihnen ein neues Abenteuer zumuten? Nanolino allein in ihrem Körper, das war schon schwer genug gewesen. Aber jetzt war die Kleine dabei. Ganz zu schweigen von dem Roboter im Kopf des alten Mannes. Welche Waffen hatte Professor von Schlotter ihm gegeben? Denn dass er welche besaß, war sicher. Alles andere wäre untypisch für ihren alten Erzfeind gewesen. Doch was halfen die Bedenken, es galt zu handeln!

Hypnose

Du hast bestimmt schon einmal gehört, dass man gezielt die Gedankenwelt eines anderen Menschen beeinflussen kann. Um dies zu ermöglichen, muss der Betreffende in einen bestimmten Bewusstseinszustand versetzt werden. Durch die Hypnose kann man beispielsweise den Willen eines Menschen stärken, damit es ihm leichter fällt, mit dem Rauchen aufzuhören, oder man setzt sie zur Schmerzbehandlung ein. Grundvoraussetzung allerdings ist, dass der Patient bereit ist, sich durch gezielte Anweisungen in einen meditativen Zustand lenken zu lassen.

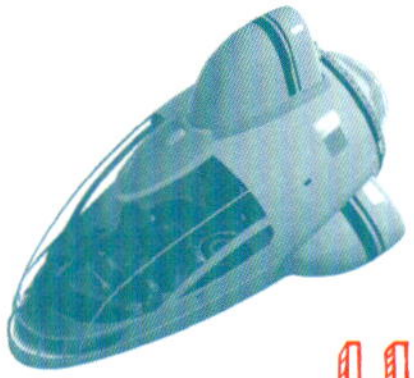

Viel Aufregung um Opa Sonntag

Dr. X stieß die Tür auf, hinter der von Schlotter und Scherge schnarchten.

Marie und Nano stürzten in das Zimmer, ohne die schlafenden Gangster zu beachten. Opa saß in einer Zimmerecke auf dem Boden und betrachtete verwundert seine **Hände.** Er wusste anscheinend nichts mit ihnen anzufangen.

Er schaute hoch und lächelte unschlüssig seine Enkelkinder an.

» Sieh mal, Marie, Opa lächelt! «

» Hallo, Opa «, rief Marie fröhlich.

Nanolino sah die Hilfe suchenden Augen des alten Mannes.

» Opa, was ist denn los? «

» Junge, if weiß auch … nicht. «

Er machte eine Pause und starrte wieder auf seine Hände. Nano, der selbst im Stehen dem sitzenden Opa an den Kopf fassen konnte, ohne sich zu bücken, fühlte die Stirn.

» Er ist ganz heiß! Ob er **Fieber** hat? «

Plötzlich zuckte Opas Arm. Nano wich blitzschnell aus und spürte dicht am Ohr dessen Hand vorbeisausen.

» Opa, was sollte das? Warum willst du mich schlagen? «

» Kann nieft da-für. Alles ift so seltsam. Ich finde nieft die richtigen Orte. Wo bin if eigentlich. «

Marie fing an zu weinen.

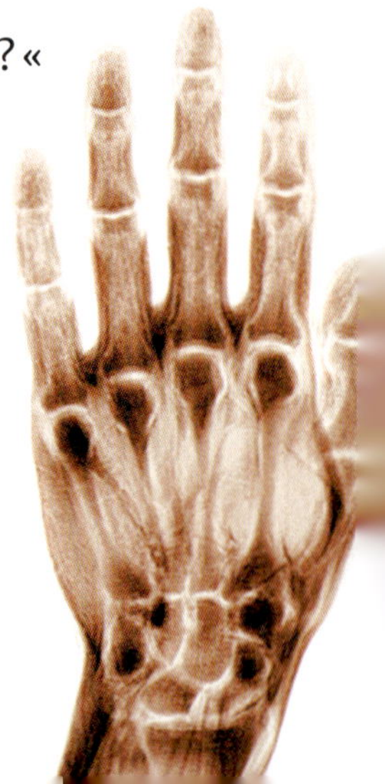

Hand

Vor allem als Baby- und Kleinkind, aber auch später möchtest du am liebsten alles anfassen, was in deine Nähe kommt. Du willst das Neue »begreifen«. Deshalb haben deine Hände Tausende von kleinen Sensoren, die genauestens erfassen können, wie eine Oberfläche beschaffen ist. So kannst du erkennen, ob ein Gegenstand hart oder weich ist, feucht oder trocken oder gar glitschig. Deine Hände bestehen aus drei wesentlichen Komponenten: den **Handwurzelknochen**, die direkt mit dem **Handgelenk** verbunden sind, den **Mittelhandknochen** und den **Fingern**. Alle Knochen sind über Sehnen mit verschiedenen kleinen und großen Muskeln verbunden. Die Füße sind übrigens ganz ähnlich aufgebaut. An Hand und Fuß findest du kleine Muskeln, und größere Muskeln sind mit dem Unterarm bzw. deinem Unterschenkel verbunden.

»Armer Opa. Nanolino, was bedeutet das?«, fragte Marie.

Hilfesuchend blickte Nano zu Dr. X, der gerade die schlummernden Schurken untersuchte.

»Bin ja schon da! Opa, hast du Schmerzen?«

Opa wackelte mit dem Kopf, aber es war nicht zu erkennen, ob er zustimmend nickte oder verneinte.

»Knofs«, stammelte er.

»Was? Ich verstehe nicht.«

»Knopfs!«

»Was willst du sagen, Opa?«

Der alte Herr Sonntag bewegte ruckartig den ganzen Körper, während er versuchte, mit den Lippen ein Wort zu formen. Unkontrolliert trommelten seine Finger auf seinem Oberschenkel.

»Knopfs … merzen. If hab furtbare Knopftnerfen!«

»Jetzt verstehe ich: Du hast Kopfschmerzen!«

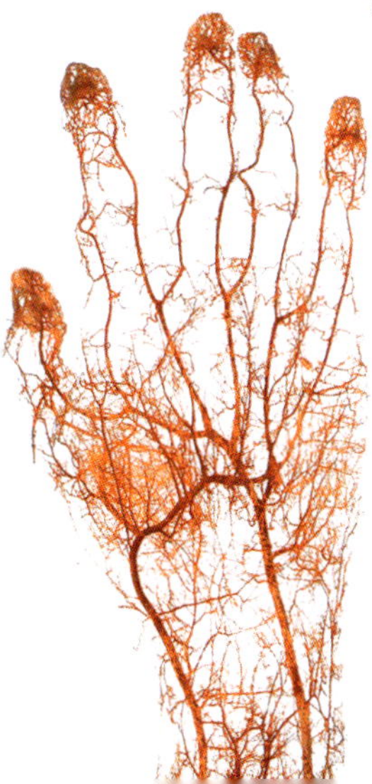

Nano legte seine Hände tröstend auf die kräftigen Finger seines Großvaters, die augenblicklich ruhig waren.

Dr. X stand hinter ihnen und schaute auf Herrn Sonntag herab.

»Lass mich deinen Opa anschauen, die beiden Gangster machen jetzt keine Probleme mehr«, sagte er.

Dr. X ging in die Hocke und fühlte Herrn Sonntag den Puls. In diesem Moment näherte sich Nano dem Arzt auf Augenhöhe. »Keine Angst, mein Opa wird nicht sterben, zumindest nicht jetzt!«, flüsterte er.

»Wieso? Hast du 'nen Röntgenblick, oder was? Sag so was nie wieder. Verstehst du das, Nanolino. Du kannst damit viel Unheil anrichten! Wir Ärzte können nicht in die Zukunft schauen und sind auch keine Wunderheiler. Also äußerste Vorsicht!« Ärgerlich wandte er sich wieder seinem Patienten zu, aber er fühlte, dass der Junge besondere Fähigkeiten besaß.

Nano war betroffen. Er spürte ein unbestimmtes Gefühl und Kribbeln in seinem Innern. Und hatte ein total rundes, gutes Bauchgefühl. Dieses Feeling registrierte er immer wieder, zum

Fieber

Unser Körper hat normalerweise eine Temperatur von 37 Grad Celsius. Steigt die Temperatur auf über 38 Grad Celsius, hast du Fieber. Das ist ein Zeichen, dass deine Schutzpolizei – also die **weißen Blutkörperchen** – versucht, eine Krankheit abzuwehren. Im Kampf gegen die eingedrungenen Keime bildet der Körper vermehrt weiße Blutkörperchen, um sie zu besiegen. Viele von ihnen werden in den **Lymphknoten** gebildet, die deshalb oft dick anschwellen. Du kannst sie am besten rechts und links am Hals fühlen sowie beidseits in der Leiste. Plötzlich auftretendes hohes Fieber ist ein ernst zu nehmendes Zeichen, mit dem du schnell zu einem **Arzt** gehörst. Danach musst du ins Bett und viel trinken, kein eiskaltes, sondern ein zimmerwarmes Getränk. Fieber kann man mit **Wadenwickeln** senken. Dazu reicht es, zwei Handtücher mit zimmerwarmem Wasser feucht zu machen und sie dir jeweils um die Waden zu wickeln. Dein heißer Körper wird die Handtücher nach zehn bis fünfzehn Minuten erwärmen. Dann sollte der Vorgang vier- bis sechsmal wiederholt werden. Zusätzlich kannst du dir einen kalten Waschlappen auf die Stirn legen. Ist das Fieber nicht innerhalb von zwei Tagen gesunken oder steigt auf über 40 Grad Celsius, bitte einen Arzt verständigen.

Beispiel wenn der Hund verletzt oder ein Familienmitglied erkrankt war oder neulich, als Frido sich beim Training die Hand verstaucht hatte. Er musste den Erkrankten nur berühren, dann wusste er » Bescheid «, wie es um denjenigen stand.

» Gut, die Vitalfunktionen, ich meine Atmung, Herz und Kreislauf, sind in Ordnung. Jetzt können Lilly und Leoberta allmählich mit dem Rollstuhl kommen. «

Als wenn sie gelauscht hätten, kamen die beiden schon zur Tür herein.

» Herr Sonntag, es geht los. Kommen Sie, aufstehen und ab in den Rollstuhl! Müdigkeit vorschieben gilt nicht! «

Lächelnd, aber resolut fassten sie ihn unter die Arme.

Marie beobachtete sie besorgt.

» Mach nicht so ein Gesicht, wir kriegen ihn schon wieder hin! «, sagte Leoberta aufmunternd.

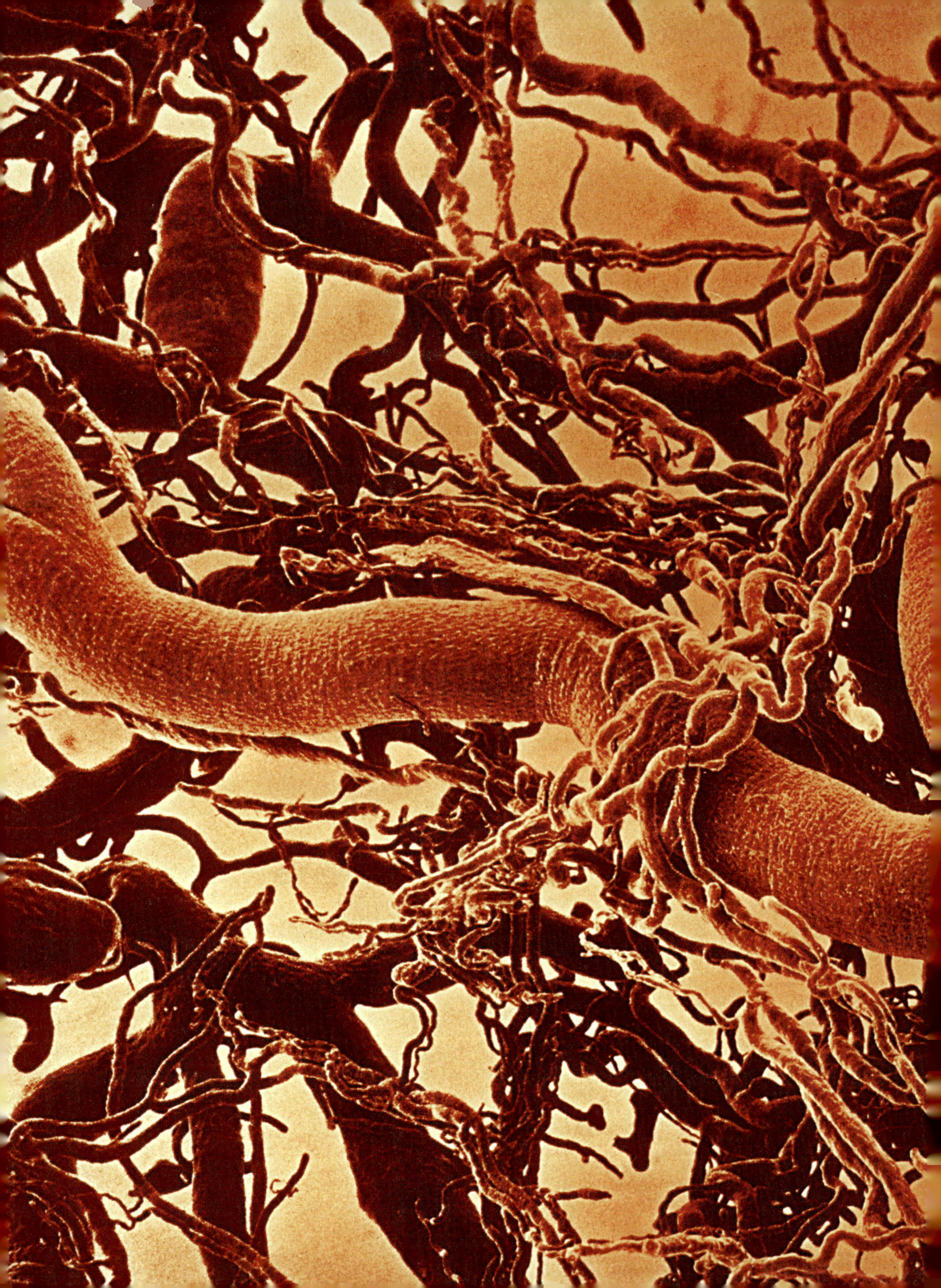

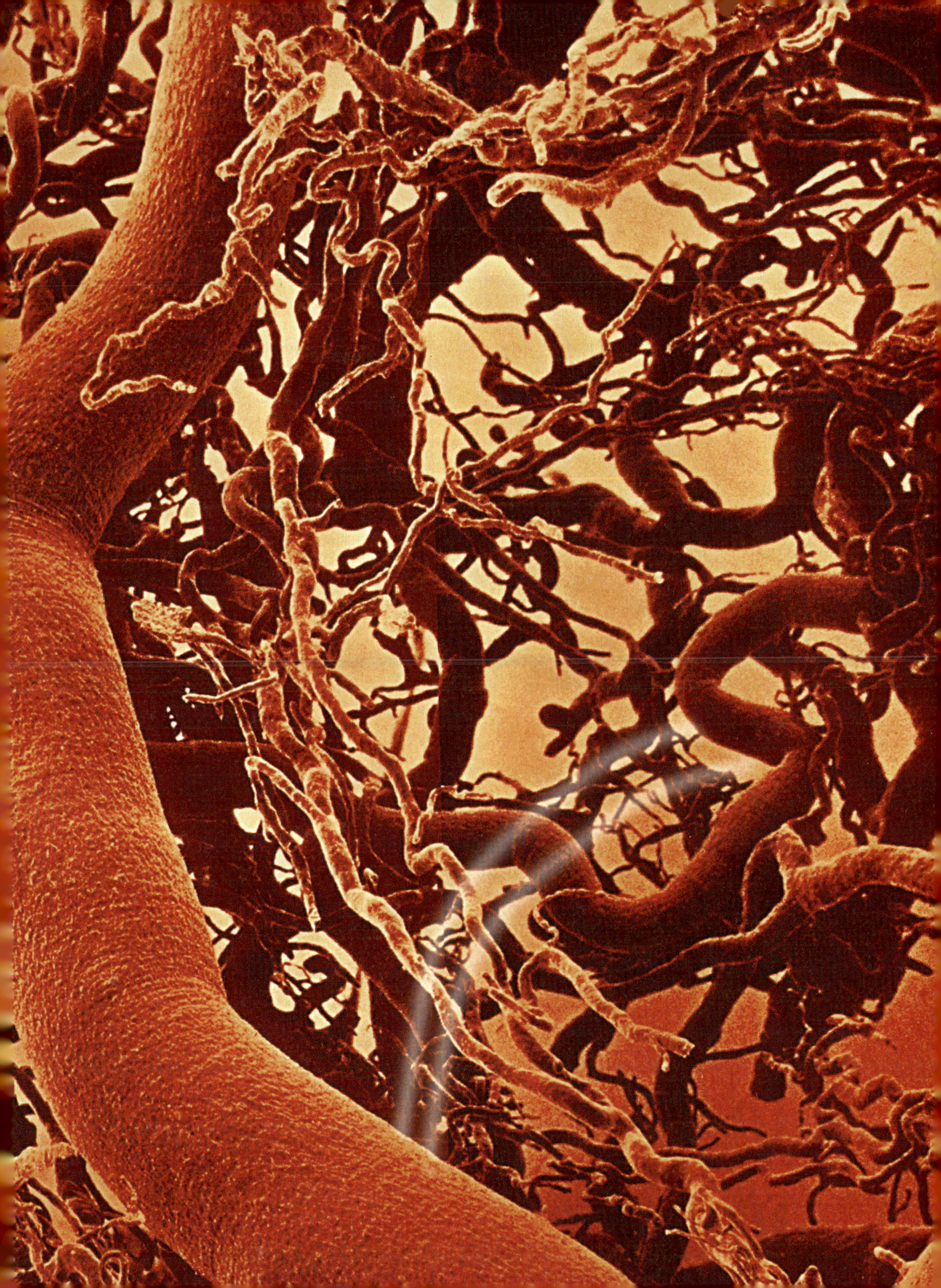

Gewissenhafte Reisevorbereitungen

Die Kinder eilten dem Rollstuhl hinterher.

»Wir müssen Gobbot so schnell wie möglich finden und unschädlich machen. Es gibt nur ein Problem: Er ist winziger als ein rotes Blutkörperchen, sodass wir ihn von außen nicht sehen können ...«, sagte Dr. X.

»So klein?« Marie staunte.

»Ja, und er kann sich überall verstecken«, vermutete Nanolino.

»Richtig! Außerdem ist er, wie unser U-Boot auch, getarnt«, antwortete Dr. X.

»Woher wissen Sie das? Ihnen entgeht aber auch nichts«, kicherte Marie.

»Micro Minitec hat die beiden Gangster unter Hypnose befragt und mir gerade alles erzählt. Professor von Schlotter hat ordentlich geprahlt. Wir wissen jetzt, dass Gobbot durch den Körper schwimmen und klettern kann. Er kann sich auch durchs Gewebe fressen und so Körperregionen erreichen, die nicht direkt miteinander verbunden sind. Zurzeit stöpselt er die Verbindungen im Gehirn eures Opas um, deshalb ist der arme Mann so konfus. Dadurch hat Professor von Schlotter ihn gefügig gemacht.«

»Grässlich«, kommentierte Lilly.

»Ein Monster!«, rief Nano.

PROTHESE

Die Prothese ist ein Körperersatzstück, mit dem fehlende Körperteile wie Gelenke, Arme, Beine, Zähne oder auch Augen ersetzt werden. Mit Prothesen soll ein weitgehend selbstständiges Leben ohne große Behinderung möglich werden. Man kann zum Beispiel die Nervenenden eines Armstumpfes mit einer Prothese verbinden. Dadurch können Funktionen der Prothese gesteuert werden, wie zum Beispiel das Greifen oder Drehen der Hand. Zusätzlich kann man durch Muskelanspannungen elektrische Motoren steuern, die weitere Bewegungen ermöglichen.

20

»Ein Monster aus Titan, das von der Körperabwehr nicht als fremd erkannt und deshalb nicht abgestoßen wird«, erklärte Dr. X weiter.

»Davon hab ich gehört, bei meiner Tante ist die Hüftprothese auch aus Titan«, kommentierte Nano. Marie wurde ungeduldig.

»Ist ja gut, du Besserwisser!«, rief Marie und bekam einen bösen Blick von Nano. »Wie helfen wir nun Opa?«

»Tja, das Miniboot, mit dem wir Gobbot direkt angreifen können, ist zwar einsatzbereit, aber die Sache hat einen Haken: Wir können es nur zwischendurch für einige Minuten von außen steuern. Unsere Magnetsteuerung verbraucht zu viel Energie. Der Akku muss dann immer wieder erst regeneriert werden und das kostet Zeit. Und: Wir brauchen einen erfahrenen Piloten. Deshalb eine unmögliche Mission ...« Dr. X seufzte.

»Ich mach das! Ich hab schon einige Flugstunden an meinem Computer hinter mir!«, rief Nano.

Dr. X schaute ihn zweifelnd an.

»Na ja, mit ein bisschen Unterstützung von draußen wird es schon gehen«, fügte er kleinlaut hinzu.

»Ich begleite dich!«, sagte Marie.

»Super, jeder Arzt braucht eine Schwester, wenn er operiert«, sagte Nano grinsend.

»Ich habe kein gutes Gefühl dabei«, erwiderte Dr. X, »Hm …, aber solange wir nicht wissen, wie man Erwachsene schrumpft, haben wir wohl keine andere Wahl. Wir helfen euch, wo es geht. Vielleicht müsst ihr auch kleine Schäden reparieren, die Gobbot verursacht hat, traut ihr euch das zu?«

»Sicher, ich will schließlich Arzt werden, und jeder fängt mal miniklein an.« Nano lächelte, als ihm der Doppelsinn klar wurde.

»Ja, unser kleiner Medicus, ich glaube, wenn wir euch unterstützen, wird schon alles glattgehen. Aber wir müssen eure Mutter noch um Erlaubnis fragen«, sagte Dr. X und schaute Micro an, die gerade den Raum betreten hatte.

»Keine Zeit. Der Roboter kann Schäden in Herrn Sonntags Gehirn anrichten, die wir nicht mehr rückgängig machen können. Außerdem kann Gobbot die Hülle unseres Bootes nicht knacken, er ist nicht stark genug bewaffnet. Ihr seid also gut aufgehoben in unserem flitzenden Blutkörperchen.«

Dr. X ging mit Lilly und Schwester Leoberta in Micro Minitecs Büro und sie beobachteten von dort das Geschehen durch die Scheibe. Micro Minitec fasste Nano und Marie bei der Schulter und führte sie zum roten Riesenhamburger hinüber.

»So, jetzt werdet ihr geschrumpft!«

»Wirklich?« Marie war sich auf einmal nicht mehr so sicher.

»Das ist echt der Hammer, Marie!« Nano war ganz aufgeregt. »Ich werde ja noch viel kleiner als beim letzten Mal und habe trotzdem eine große Gestalt.«

»Wieso?«

»Na ja. Wir werden ein klitzekleiner Bestandteil von unserem Großvater. Du auch.«

»Mensch, Nano. Du hast recht, wir werden auf einmal irgendwie schnell erwachsen. Und außerdem … gleich groß, du und ich. Jipiiii.« Marie ballte die Faust.

Nun wurden die zwei rasend schnell geschrumpft. Marie wurde ganz schwindelig. Fest hielt sie Nanolinos Hand umschlossen. »Mach die Augen zu, dann merkst du nicht, wie alles immer größer wird.« Marie wurde kleiner und kleiner. »Lass uns ein Lied singen. Das beruhigt!« Schon trällerten sie los. »Oh, wie ist das Leben schön!«

Einige Minuten später saßen Marie und Nano im Miniboot und bereiteten sich auf die Mission vor.

»Gobbot kann uns wirklich nichts anhaben, oder?«, fragte Marie.

»Nein, mach dir keine Sorgen. Er ist sogar auf Flucht programmiert. Professor von Schlotter will nicht, dass ihm etwas passiert. Sobald er euch sieht, wird er das Weite suchen. Wahrscheinlich flieht er über das Blutsystem und bohrt dann irgendwo ein winziges Loch in die Haut, über das er unbemerkt aus dem Körper verschwindet. Ihr müsst Gobbot aber unbedingt fangen, damit ich ihn auseinandernehmen und studieren kann. Dann sind wir nächstes Mal besser gerüstet.«

»Es wird kein nächstes Mal geben!«, rief Dr. X.

»Hoffentlich!«

Eine unmögliche Mission

Im Raum des Zimmertomografen war ein Bett aufgebaut, auf dem Erwin Sonntag lag. Er wirkte entspannt. »Danke!«, sagte er ungelenk und verlangsamt, wenn ihn Schwester Leoberta massierte. Das Einzige, was hin und wieder von ihm kam.

»Kinder, hört ihr mich?«, fragte Dr. X über die Sprechanlage des Mini-U-Bootes.

»Alles paletti. Wir singen gerade. Wie geht es Opa?«, antwortete Nano.

»Habe ich gehört. Ihr seid ein tolles Duett. Aber sei beruhigt. Euer Opa sieht ruhig aus und die Schmerzmittel wirken auch.«

»Dr. X und ich haben lange überlegt, wie wir euch am besten ins Gehirn bekommen. Das Tarnschiff können wir hier draußen auf der speziellen Navigationskarte sehen, die wir wie im Kino groß mit einem Beamer auf die Wand projizieren. Der Kern des U-Bootes erzeugt ein deutliches Signal, indem er das Magnetfeld stört. Wir sehen also, obwohl ihr so winzig seid, immer, wo ihr euch gerade befindet, und können euch genaue Anweisungen geben«, sagte Micro Minitec.

Lokalanästhesie

Mit Lokalanästhetika, also **Betäubungsmitteln**, kann man gezielt Nerven einer bestimmten Körperstelle für einige Zeit betäuben. Das Körpergebiet wird gefühllos. Die **Schmerzleitung** zum Gehirn wird unterbrochen, dadurch kann man zum Beispiel Zähne ziehen, ohne dass der Patient etwas spürt.
Es gibt in allen Kulturen unterschiedliche Formen der Nervenbetäubung: mit Akupunktur, bestimmten Medikamenten beziehungsweise Drogen oder durch Anästhesieverfahren der Schulmedizin. Im Unterschied zur Vollnarkose, bei welcher der ganze Körper betäubt wird, werden bei der Lokalanästhesie nur einzelne Bereiche des Körpers betäubt.

»Okay«, sagte Marie etwas erleichtert.

»Euer Opa hat mir eben sein Einverständnis für die Operation gegeben. Wir gehen über den Wirbelsäulenkanal rein, das Rückenmark ist mit dem Gehirn verbunden. Ich werde jetzt eurem Opa eine ganz hauchdünne, von innen hohle Sonde in den Rücken piksen, mit der ich zuerst ein Medikament zur **lokalen Betäubung** und dann euch hineinspritze. Keine Sorge, euer Opa wird nichts spüren.«

»Wir sind jetzt irgendwie ein Medikament«, sagte Marie.

»Ja, da hast du recht – und ganz schön spitzfindig!«, antwortete Dr. X. »Ihr seid der wichtigste Bestandteil des Arzneimittels, das Herrn Sonntag hoffentlich von diesem Parasiten befreit und seine Verletzungen heilen wird.«

»Bitte Ruhe jetzt, die Operation beginnt.« Opa lag auf dem Bauch, Micro Minitec hatte seinen Rücken desinfiziert und abgedeckt.

»Herr Sonntag, jetzt gibt es einen kleinen Pikser«, sagte Dr. X mit sanfter Stimme. »Machen Sie sich keine Sorgen, ich bin ganz vorsichtig … So, das war's schon!«

Großvater brummte.

Massage

Massagen wurden schon vor Jahrtausenden in den Urkulturen genutzt, um Körper und Seele zu entspannen, Schmerzen zu lindern und die Durchblutung zu steigern. Jeder Kulturraum hat unterschiedliche Techniken. Gemeinsam ist ihnen das Wissen um die heilende Wirkung, wenn man bestimmte Körperregionen drückt, streicht, reibt und knetet. Die Chinesen und Japaner haben bestimmte Akupunkturpunkte auf dem Körper gefunden, die auf speziellen Bahnen, den Meridianen, verbunden sind. So massieren die Chinesen bei der **Akupressur** spezielle Punkte. Im japanischen **Shiatsu** werden sie fest mit dem Daumen gedrückt. Die Punkte können auch mit feinen Nadeln punktiert werden **(Akupunktur)**. Die Indianer haben auf diese Schmerzpunkte heiße oder kalte Steine gelegt **(La-Stone-Massage)**. In Indien wurden die wohligen Ganzkörper-Synchronmassagen mit Sesamöl entwickelt, in Europa entstand die **Bindegewebs- sowie tiefe Muskelmassage**, die viele dieser Punkte ebenfalls berücksichtigt. Die **Fußreflexzonenmassage** ist eine Sonderform, die davon ausgeht, dass sich der ganze Körper auf der Fußsohle widerspiegelt.

Plötzlich wurde das Boot in der Spritze hin und her geworfen. Die Sicherheitsgurte um Nano und Marie spannten an.

»Viel Glück, Kinder, jetzt geht's los.«

Die Außenbeleuchtung des Bootes erhellte die blanken Stahlwände der Sonde.

»Wenn ihr wollt, könnt ihr jederzeit sehen, wo ihr gerade seid. Ihr müsst nur den Monitor einschalten, ich sende euch dann die Bilder«, sagte Dr. X. Er stand vor der großen Leinwand im Raum des Zimmertomografen. Micro Minitec saß am Steuerpult, einen Joystick in der Hand.

Nano drückte den Powerknopf des Bildschirms. Eine dreidimensionale **Wirbelsäule** erschien.

»Oh Nano, ist das spannend! Sieht aus wie eine Kette aus großen, weißen Zylindern und dünnen, gelben Scheiben dazwischen.« Marie war fasziniert. »Aber ganz schön mächtig.«

»Ja, stimmt, aber sie muss ja unseren Körper aufrichten und unseren Kopf tragen.« Nano war nachdenklich geworden. »Und schau mal, dort sitzen wir im Moment drin!«

Zu sehen war plötzlich die Sonde von außen, eine silberne Kanüle, die Dr. X in Opa Erwins Wirbelsäule vorschob. Nano hatte die Ansicht sofort verstanden. Nano und Marie sahen in eine neue Welt. Spiegelglatte, silberne Wände einer Röhre, die gleißend im Lichtkegel des U-Bootes aufblitzten. Und mitten in einem schäumenden Wasserstrahl schossen sie durch den Kanal, so als flutschten sie im Nanoviller Erlebnisbad eine Turborutsche hinunter. Mit Power rasten sie durch die Sonde in Opas Körper. Schon konnten sie das Ende der Röhre erkennen.

Lilly, die neben Dr. X stand und die Reise auf der Leinwand verfolgte, konnte kaum glauben, was sie da sah.

»Der kleine Punkt, das sind sie? Nano und Marie sind da drin? Oh Gott, geht es ihnen wirklich gut?«

Dr. X schaltete auf die Innenkamera des Bootes, und man sah zwei breit grinsende Gesichter, die direkt in die Kamera schauten.

»Mensch, die haben ihren Spaß, und ich mach mir fast vor Angst in die Hose.«

Nano dachte auf einmal an seinen Vater. Ob ihr Vater ihnen jetzt zuschaute, und wenn ja, von wo? Und wie sah er aus? Was ist eine Seele ohne ihren Körper? Vielleicht findet er auf dieser Reise Opas Seele. Die muss ja irgendwo zwischen Herz und Gehirn liegen. Nanos Gedanken wurden von seiner Schwester unterbrochen.

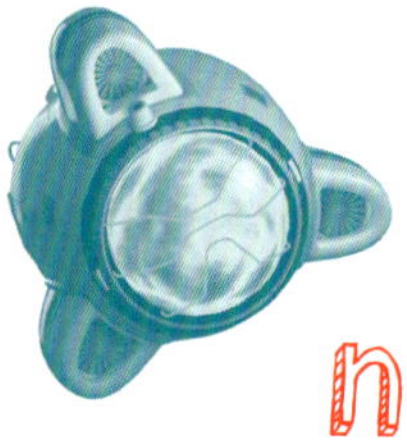

Verdammt noch mal

Ängstlich klammerte sich Marie mit aller Kraft an die Sessellehne. Sie sah ein großes, schwarzes Loch, auf das sie zustürzten. Keine Sekunde später hatte es sie verschluckt. Wie auf einer Bobbahn schlitterten sie rasend schnell über eine rosarote Oberfläche. Die Decke war nicht zu erkennen. Im Scheinwerferlicht des Tarnschiffs erkannten sie eine Art Hängebrücke, im Boden verankerte, seilförmige Strukturen, die im Dunkel über ihnen verschwanden. Es handelte sich um die zarten Fäden, mit denen die hauchdünne Rückenmarkshaut am Wirbelkanal befestigt ist. Das alles ist Teil des Rückenmarks, das sich vom Kreuzbein bis zum Anfang des Gehirns zieht.

Die Fahrt wurde langsamer.

»Mensch, war dein erster Ausflug auch so dramatisch? Eine Achterbahn ist nichts dagegen!« Marie atmete erleichtert auf.

Nanolino, der sich schon wie ein erfahrener Pilot fühlte, lächelte ein wenig überlegen. Doch auch er war ein bisschen nervös, denn diese Körperregion war völlig anders als die, die er in Micro bereist hatte.

»Was glaubst du? Ein Wahnsinn war das, besonders, als ich die Speiseröhre hinabstürzte. Aber wir sind nicht hier, um die Aussicht zu genießen.«

Plötzlich kam Bewegung in den Boden.

Eine Welle rollte durch den rosa Untergrund und schob sie

mit einem Stoß auf eine dicke, blaue Röhre, die sie durch den durchsichtigen Boden des Schiffs sehen konnten.

»Guck mal, Opa hat eine Fußbodenheizung im Rücken!«, sagte Marie.

»Dann frag ich mich, wofür er das Heizkissen im Auto braucht«, antwortete Nano.

»Kinder, habt ihr eine lebhafte Fantasie: Fußbodenheizung!« Micro lächelte. Sie hatte die beiden über die Innenmikrofone belauscht. Sie hörten Dr. X kichern.

»Wenn ihr auf den Bildschirm in der Mittelkonsole schaut, erkläre ich euch, was ihr seht. So mittendrin in diesem Nervenwust ist es ein wenig verwirrend, oder?«

»Ja, nervig!«, erwiderte Nanolino.

»Okay, eins müsst ihr immer im Hinterkopf behalten. Ihr seid kleiner als ein Blutkörperchen, deswegen wirken manche Strukturen gigantisch, obwohl es nur winzige Gefäße sind.«

»Ja, ja«, rief Marie. »Das vergessen wir schon nicht. Was ist mit dem Boden los? Der ist elastisch und bewegt sich, man kommt sich fast vor wie auf einem Wasserbett.«

»Was weißt du denn von Wasserbetten?«, fragte Nano.

»Ich war mal mit Mama in einem Geschäft, da haben wir uns auf so ein Bett gelegt. Mama meint, die wären gut für den Rücken.«

Im selben Moment wälzte eine weitere Welle über den Boden und drückte das Boot nach vorn.

»Das, was ihr Fußbodenheizung nennt, ist ein kleines Gefäß über einem dicken, gebündelten Nervenstrang, auf dem Informationen durch den Körper rasen wie auf einer Autobahn. Die Nervenstränge verbinden den Körper mit dem Gehirn.«

»Und dieses Röhrchen versorgt die Nerven mit Energie, oder?«

»Richtig, kleiner Medicus! Ohne Energie geht gar nichts, auch eure Nerven können ohne sie nicht arbeiten. Wenn ihr zum Beispiel euren Fuß bewegen wollt, jagt der Befehl dafür vom Gehirn über dieses ›Zentralkabel‹ des Rückenmarks zu den Nervenenden in die Muskeln, die euren Wunsch ausführen. Von hier aus wird die erfolgte Aktion sofort wieder zurückgemeldet. Das geht meistens unbewusst im Bruchteil einer Sekunde. Ununterbrochen ... Übrigens, diese Informationsautobahn liegt in einem langen Schlauch und ist von Flüssigkeit umspült ...« Dr. X wurde von Nano unterbrochen.

»Ja, das Zeug heißt Likör!«

»Blödsinn! Einen Likör trinke ich gerne mal in Gesellschaft. Am liebsten einen Eierlikör, aber der umspült natürlich nicht den Nervenstrang«, sagte Dr. X.

Micro Minitec lachte: »Ich glaub, in deinem Rücken fließt eher Kaffee.«

»Ja, sehr witzig! Nein, Nano, was du meinst, ist der Liquor, so nennt man die Nervenflüssigkeit.« Nanolino schämte sich ein wenig, doch Marie fand diesen kleinen Irrtum überaus lustig.

Jetzt aktivierte Micro Minitec wieder die Magnetsteuerung und lenkte das Schiff von außen durch den Rückenmarksschlauch. Plötzlich versperrte eine gelbliche Riesenröhre den Weg, höher als jedes Hochhaus, das die Kinder je gesehen hatten. Das Boot prallte dagegen. Die Röhre gab nach, federte zurück und schleuderte das Boot von sich.

Nach mehreren Purzelbäumen blieb das Tarnschiff ruhig liegen.

»Könnt ihr nicht aufpassen, wir sind gegen irgendwas geknallt!«, meuterte Nano.

Auf den Monitoren war kurzzeitig noch ein rauschender Konfettiregen zu sehen, dann stabilisierte sich das Bild wieder, und sie erblickten einen dicken Strang, der in eine Art Schlüsselloch führte.

»Das sieht aus wie ein riesiger Schlüssel, der in einem Türschloss steckt!«, rief Marie.

»Nicht schlecht. Das ist aber ein Segmentnerv«, erklärte Dr. X. »Er läuft durch ein Nervenaustrittsloch zu irgendeinem Muskel in den Armen, Beinen oder anderswo im Körper.«

»Ja!«, sagte Marie. »Und darüber laufen die Gedanken zu den Beinen und sagen ihnen: ›Lauft, lauft!‹«

»So in der Art, es sind aber keine Gedanken, die durch die Nervenstränge laufen, das wären viel zu komplexe Informationen. Es sind sehr einfache Signale, die einem Muskel ›sagen‹, ob er entspannen oder anspannen soll. Bei den vielen Muskeln, die im Körper gleichzeitig bewegt werden, ist es natürlich eine riesige Menge von einzelnen Signalen, die durch die Nerven rast.«

»So wie mit dem Lichtschalter und der Glühbirne«, sagte Nano.

»Genau! Man drückt einen Lichtschalter, und an einer anderen Stelle geht das Licht an. Er ist durch eine lange, elektrische Leitung mit einer Glühbirne verbunden. So ähnlich verhält es sich mit den Nerven. Unser Gehirn sagt: Muskel, beweg dich, oder Blase, entleer dich, und schon reagiert die Muskulatur oder das erforderliche Organ. Zwischen Sender und Empfänger läuft ständig Strom, sowohl in den Elektroleitungen als auch in den Nerven«, erklärte Dr. X.

Wirbelsäule

Die Wirbelsäule ist das stabile Gerüst unseres Skeletts. Du kannst sie an deinem Rücken vom Kopf bis zum Po fühlen. Die Wirbelsäule besteht aus vielen **Wirbeln.** Das sind Knochen, die durch kleine **Gelenke** – als Zahnräder oder Scharniere sozusagen – beweglich miteinander verbunden sind. Dadurch kann man seinen Oberkörper drehen und beugen. Insgesamt **33 Wirbelkörper** hast du normalerweise, inklusive Kreuzbein und Steißbein. Zwischen den Wirbeln liegen die **Bandscheiben.** Sie sind die Stoßdämpfer des Körpers und liegen wie kleine Luftmatratzen zwischen jedem Wirbel. Bei vielen Menschen gehen die Bandscheiben kaputt, weil sie die Wirbelsäule zu sehr oder falsch belasten, wenn sie zum Beispiel zu schwer tragen oder lange sitzen.

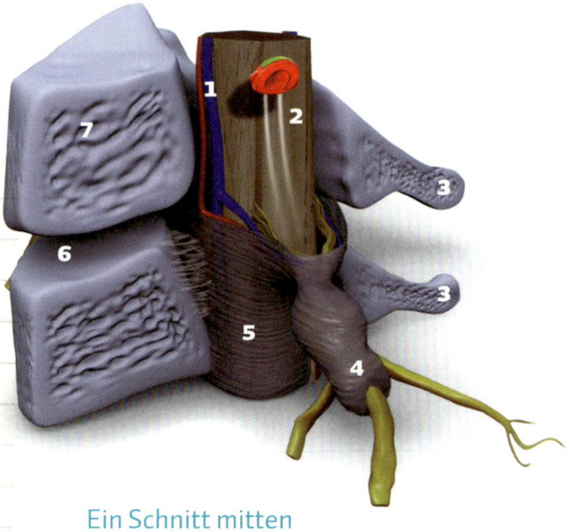

Ein Schnitt mitten durch die Wirbelsäule

1 Vene
2 Rückenmark
3 Dornfortsatz
4 Nerv
5 Rückenmarkshaut (Dura)
6 Bandscheibenfach
7 Wirbelkörper

Nerven leben gefährlich: Zwischen Bandscheibe, Knochen und Gelenken können sie eingeklemmt werden …

1 Bandscheibe
2 Rückenmark
3 Dornfortsatz
4 Segmentnerv
5 Gelenk
6 Wirbelkörper

»Nur ist diese Energie sehr schwach. Deshalb müsst ihr euch keine Sorgen machen, dass ihr einen Schlag kriegt wie bei einer Steckdose«, sagte Micro Minitec. »Ich habe diesen Schwachstrom bei vielen Erfindungen genutzt, auch in eurem Mikroschiff und zum Beispiel bei Arm- oder Beinprothesen für Querschnittsgelähmte. Wir verbinden sie mit den Nerven der Gelähmten. Zurzeit versuche ich, Menschen, die durch einen Unfall einen Arm oder ein Bein verloren haben, zu helfen. Und zwar baue ich die Gliedmaßen mit ihrem eigenen Gewebe nach.«

»Hä? Wie das denn?« Nano war verblüfft.

»Na ja, zunächst entnehme ich den Patienten Hautzellen, die sich im Labor vermehren. Dann erfasse ich den Umfang vom verbliebenen Arm oder Bein mit einem Laser. Mit diesen Daten füttere ich einen von mir erfundenen medizinischen 3-D-Drucker. Der druckt die Extremität aus einem Material, das leicht und fest ist wie bei den Flügeln von neuen Flugzeugen, spiegelverkehrt aus.«

»Und dann?« Marie war total neugierig geworden.

»Jetzt lasse ich die Hautzellen auf dem ausgedruckten Arm oder Bein weiterwachsen, bis sie von außen wie vorher aussehen. Dr. X kann diese dann gezielt an den Stumpf der verbliebenen Extremität operieren.«

»Und kein Mensch sieht mehr den Unterschied, wow!« Nano war in seinem Element.

»Genau! Und später werde ich so Knochen und Muskeln herstellen.«

»Und wie kommt es zu einer Lähmung?«, fragte Marie.

»Das hat mir mal Mister Schlau erklärt«, meinte Nanolino.

» Einer seiner Sportkameraden ist so schwer gestürzt, dass eine oder mehrere der Nervenleitungen zerquetscht wurden, er war dann querschnittsgelähmt. «

» Ja, leider wachsen die durchtrennten Nervenbahnen nicht wieder nach. Vielmehr entwickelt sich ein Narbengewebe an der Bruchstelle, das die › Stromleitungen ‹ trennt. Der Nervenstrom, und damit die Information mit den Bewegungsbefehlen, kann nicht mehr durchfließen, das Gehirn verliert den Kontakt zu den betroffenen Gliedern «, erklärte Micro Minitec.

» Deshalb spüren gelähmte Menschen diese Körperteile nicht mehr. Auch Nerven, die sinnliche Eindrücke, wie Jucken oder eine Berührung, weiterleiteten, haben keine Verbindung mehr zum Gehirn. Darum kann sich ein von der Hüfte abwärts gelähmter Mensch ins Bein kneifen, ohne etwas zu merken. Ich hoffe, diesen Menschen irgendwann mithilfe der Mikrotisierung zu helfen. Der Schlüssel liegt wahrscheinlich in elektrischen Mikrochips, die man ins Gehirn einsetzt, und vielleicht in Arzneien, die das Nervenwachstum anregen. «

Micro beschleunigte das Schiff. Das eintönige Rückenmark mit seinen aus ihrer Perspektive seildicken Befestigungsfäden raste an ihnen vorbei. Hin und wieder zerteilte ein Nervenstrang, der den Rückenmarksschlauch verließ, die Aussicht.

Die Kinder hatten ihren Spaß. Das Schiff hopste immer mal wieder über den unebenen, rosaroten Boden. Manche Nervenbrücken lagen so tief, dass es darüber hinwegspringen musste. Plötzlich tauchte eine große Beule auf. Micro Minitec gab Gas. Das Schiff machte einen Riesensatz.

» Juhuu! «, jauchzte Marie. » Wie beim Skispringen! Was war das für eine Schanze? «

»Ich denke, das war eine knöcherne Wucherung, verursacht durch Arthrose«, sagte Micro.

»Was ist eine Arthrose?«, fragte Marie. »Oma hat es mir schon mal erklärt, aber ich hab's vergessen.«

»Ich dachte, du hättest ein fotografisches Gedächtnis?«, neckte Nano.

»Was hat das damit zu tun?«, konterte Marie. »Fotografierst du etwa mit den Ohren? Obwohl ich mir gut vorstellen könnte, dass in deine riesigen Segelohren ein komplettes Fotostudio reinpassen würde, wäre da nicht so viel Schmalz.«

»Du dumme Kuh!«

»Du blöder Ochse!«

»Ruhe! Sonst mache ich so lange Loopings, bis euch das Streiten vergeht!«, drohte Micro Minitec.

»Bei einer Arthrose verschließen die Gelenke durch Alterung, ständige Fehlbelastung oder lokale Entzündungen«, sagte Dr. X. »Dadurch wird die Gleitfläche des Gelenks, der Gelenkknorpel, mit der Zeit abgeschmirgelt und durch Knochen ersetzt. Der Körper versucht so, das Gelenk zu versteifen. Das dauert viele Jahre oder Jahrzehnte und kann ganz schön wehtun.«

»Jetzt verstehe ich, warum Opa morgens immer so stöhnt. Er kann sich beim Waschen gar nicht richtig aufrichten, weil ihm der Rücken so wehtut«, bemerkte Marie.

»Stimmt. Ich nenne das ›Waschbeckenkrankheit‹«, sagte Dr. X.

Anschließend erklärte er ihnen die Anatomie der Wirbelsäule, die aus dem Wirbelkörper, der Bandscheibe und den kleinen Gelenken besteht.

Auf einmal gab es einen Ruck, das Boot saß fest.

» Mist ... Himmel, Arsch und Zwirn «, schimpfte Micro Minitec. » Das hat mir noch gefehlt! «

Sie saßen unter einer zungenförmigen Wölbung fest, die in den Kanal ragte.

» Oh, oh, das sieht nach einem Bandscheibenvorfall aus ... «, sagte Dr. X bekümmert.

Die Kinder beobachteten auf dem Monitor, wie Dr. X hektisch durch die vielen Ansichten schaltete, die ihm Außenkameras und Aufnahmen des Tomografen boten.

» Sitzen wir hier für immer fest? «, fragte Marie. Ihre Stimme zitterte.

Nano schnallte sich ab und ging zu ihr hinüber. Ihm war auch ganz mulmig zumute. Er nahm aber seine Schwester in den Arm und sagte: » Sieht aus wie 'ne Sackgasse, ist aber bestimmt halb so wild! «

» Hey, ihr zwei, macht euch keine Sorgen, es geht bald weiter. Von so was lässt sich Micro nicht aufhalten «, sagte Dr. X. Was die Kinder nicht sahen: Micro Minitec bewegte den Joystick wie besessen hin und her. Schweißperlen rannen über ihr Gesicht.

» Schnall dich lieber wieder an! «, befahl sie.

Nano gehorchte.

» Ein Bandscheibenvorfall, hm, dann müsste Opa doch höllische Schmerzen haben, oder? «

» Nein, nicht unbedingt, nur wenn die Scheibe auf einen Nerv drückt. Bei deinem Opa ist noch genug Platz im Rückenmarkskanal. Aber wenn diese Bandscheiben im Alter nur noch wenig Wasser enthalten und nicht wie bei euch Kindern zu-

Ein Bad am Abend, erquickend und labend.

Man nehme:
3 bis 5 Tropfen Lavendel- oder Rosmarinöl
Eine gut gefüllte Badewanne

Anwendung:
Du lässt die Wanne mit ca. 38,5 bis 39 °C warmem Wasser so volllaufen, dass du bequem drin liegen kannst. Nur dein Kopf darf noch rausgucken. Die Temperatur misst du am besten mit deinem Ellbogen. So haben es die Mütter seit Jahrtausenden gemacht, um eine für ihre Babys wohlige Temperatur zu bestimmen. Denn wenn die empfindliche Haut des Ellbogens schmerzt, ist es zu heiß.

Bei Schlafstörungen:
Dann lege dich gemütlich eine Viertelstunde hinein. Du kannst eine Duftkerze oder ein Teelicht am Fußende der Badewanne aufstellen und dann das Licht ausschalten, damit es gemütlicher ist. Träume ein wenig und genieße die Wärme, die deinen ganzen Körper umschmeichelt und Körper und Seele erleichtert und beruhigt.

Danach musst du dich sofort abtrocknen und ins wohlig vorgewärmte Bett kriechen, in das du vorher bereits eine Wärmflasche gelegt hast. Zur Entspannung der Rückenmuskulatur solltest du eine Knierolle im Bett haben, die du sonst zum Lesen gebrauchen kannst.

rückrutschen können, verkalken sie wie bei eurem Opa«, erklärte Dr. X.

»So, ich habe das Schiff freigerüttelt. Wir holen euch jetzt im Rückwärtsgang raus«, und zu Dr. X gewandt, sagte Micro Minitec: »Schwester, Tupfer!«

Dr. X reichte ihr ein Tuch, mit dem sie ihren Schweiß abwischte. Die Reise ging weiter.

Auf einmal warf der Opa den Kopf hin und her. Er stöhnte und brabbelte unverständlich vor sich hin.

Dr. X rannte zu Herrn Sonntag und versuchte, ihn zu beruhigen.

Zur Entspannung der Rückenmuskulatur:
Aufenthalt ca. 20 Minuten.

Danach unbedingt nicht abtrocknen und sofort pitschepatschenass in deinen Bademantel schlüpfen. Oder ein großes Badehandtuch um den Körper schlagen, den Kopf mit einer Kapuze oder einem zusätzlichem Handtuch einhüllen und eine Stunde im Bett nach-ruhen. Bitte darauf achten, dass du dich ja nicht verkühlst!

Zur Entspannung der Muskulatur solltest du eine Knierolle unter die Knie legen.

Bei Schmerzen im Nacken sollte das Kissen aus dem Bett genommen und nur ein Handtuch leicht zusammengerollt unter den Nacken gelegt werden. Bei stärkeren Schmerzen können zwei weiche Kissen rechts und links des Kopfes und Halses gelegt werden, damit die Nackenmuskulatur entlastet wird.

»Tut doch was, if hab Merzen«, flüsterte der alte Mann so leise, dass sich Dr. X zu ihm herunterbeugen musste.

»Bald haben Sie es überstanden. Aber bleiben Sie bitte liegen«, tröstete ihn Dr. X.

Sanft, aber bestimmt drückte er Opas Kopf zurück auf das Untersuchungskissen. Er fühlte den Puls, nickte Micro aufmunternd zu. Er strich über das wirre Haar des blassen Mannes. Er sah, wie Opa litt, streichelte seinen Arm und sprach liebevoll auf ihn ein. Als Herr Sonntag ruhig war, holte Dr. X seine Akupunkturnadeln. Er akupunktierte die entsprechenden Energiepunkte des Kopfes an beiden Schläfen.

»Keine Sorge, lieber Herr Sonntag. Ich unterstütze damit nur die Wirkung Ihrer starken Schmerzmittel und kann die Dosis reduzieren.«

Von alldem bekamen die Kinder nichts mit. Sie wunderten sich nur, dass die Reise nicht weiterging. Micro Minitec hatte das Schiff vorsichtshalber angehalten. Es war zu gefährlich, in die Schädelregion einzudringen, wenn der Kopf nicht ruhig lag.

»Was ist los, warum geht's nicht weiter?«, fragte Nano ungeduldig.

»Ganz ruhig bleiben. Niemals Unruhe aufkommen lassen, kleiner Medicus«, antwortete Micro Minitec, verschwieg ihnen aber die Schmerzen ihres Großvaters.

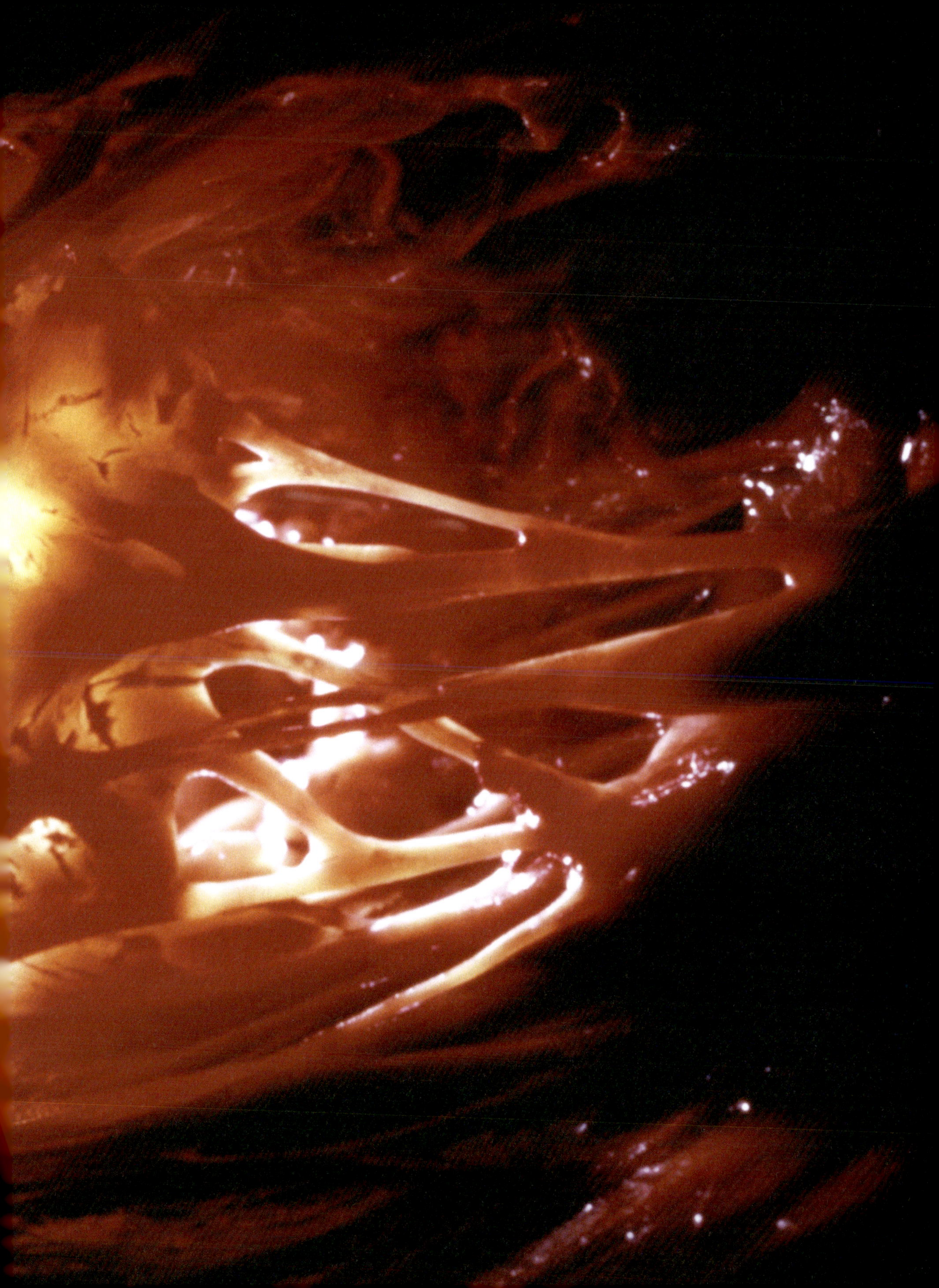

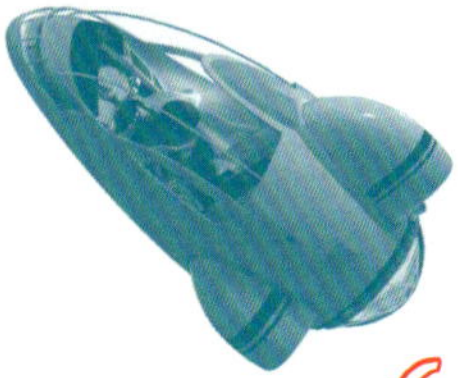

Schnappt Gobbot!

In der Kommandozentrale war es mucksmäuschenstill.

Dr. X und Micro Minitec starrten auf die Bildschirme. Das Tarnschiff befand sich auf Höhe des ersten Halswirbels. Micro presste die Lippen aufeinander. Wo steckte Gobbot? Sie erinnerte sich an Opas Ausfälle beim Sprechen. Und an die Schmerzen und Krämpfe. Vor Kurzem hatte er geklagt, nicht richtig sehen und dann schwer hören zu können. Der Roboter schien durch alle Regionen der Großhirnrinde zu geistern. Das ist der äußere und größte Teil des **Gehirns,** der aus den Zellkörpern der Nerven besteht, die auch für das Sprechen und Sehen zuständig sind. Oder war Gobbots Technik dermaßen ausgeklügelt, dass er sich nur irgendwo in das Nervensystem einzuklinken brauchte, um alles zu kontrollieren?

Es war zum Verrücktwerden!

Sie war nervös und die Sorge um Opa und die Kinder blockierte sie. Ihr fiel keine Lösung ein. Sie atmete tief durch, setzte sich aufrecht hin, schloss die Augen und versuchte, zu meditieren. Sie ließ alle Gedanken los, bis ihr Kopf » leer « war.

Als Micro Minitec Dr. X kennengelernt hatte, hatte sie ständig unter Strom gestanden. Die Ideen waren nur so aus ihr herausgesprudelt, und sie hatte versucht, alles gleichzeitig zu verwirklichen. Das Ergebnis war gewesen, dass viele ihrer grandiosen Erfindungen nur halb fertig wurden.

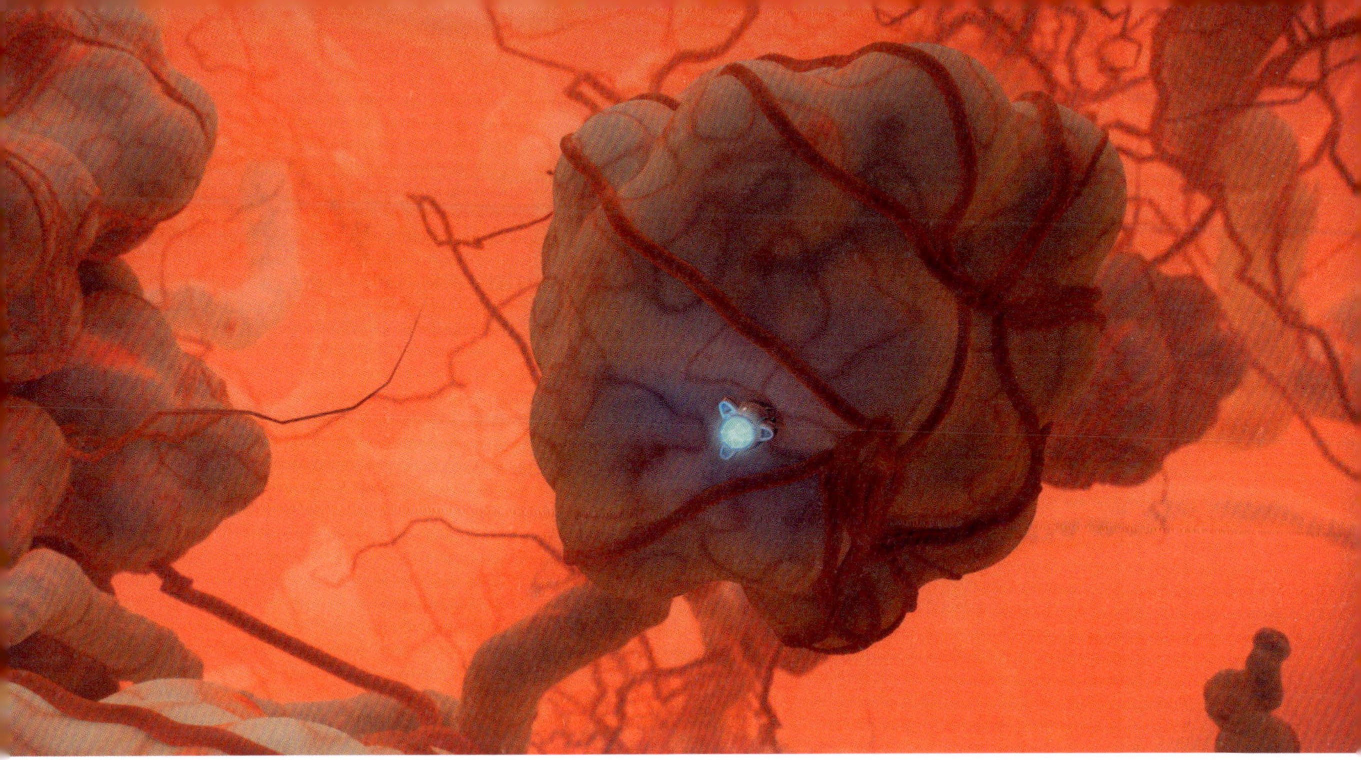

Dann lernte sie bei Dr. X, wie man durch Meditation seine Energien konzentriert. Das half ihr jetzt. Nach einigen Minuten schlug sie die Augen auf.

» Doktor, ich hab's. Heureka! Geben Sie mir die Steuerungskontrolle! «

» Ja und? «

» Erinnern Sie sich an den Sensor, den wir vor einiger Zeit in das Tarnboot eingebaut haben? «

Dr. X rieb sich über die Glatze. » Ach ja, mit dem wir chemische Reaktionen im Körper messen können. «

» Genau. Unter anderem kann ich damit auch Plastik, also Kunststoffe, im Körper aufspüren. «

» Ja, Plastik wird in Schläuchen und Prothesen benutzt, weil es in seiner festen Form vom Körper toleriert wird. Aber was willst du noch mit dem Sensor aufspüren? «

Meditation

Hast du auch schon mal vor dich hin gestarrt und an nichts gedacht? Plötzlich bist du wieder zu dir gekommen und hast verblüfft gefragt: Wo bin ich? Für einen ganz kurzen Moment warst du tief in dir versunken. » Hast vor dich hin geträumt «, sagen die Erwachsenen. Meditation beziehungsweise meditatives In-sich-selbst-Versenken nennt man diesen Zustand. **Meditation** ist Bestandteil der hinduistischen Religion. Die Jahrtausende alte indische Medizin » Ayurveda « beinhaltet diverse Meditationstechniken. Sie sind zum Teil Elemente des **Yoga.** Meditierende Menschen sitzen dabei mit geschlossenen Augen meist im Schneidersitz auf dem Boden oder einem Sitzkissen und atmen tief, achtsam und regelmäßig. Alle **Religionen** nutzen bestimmte Meditationsarten, zum Beispiel bei Gesängen oder beim Beten in Kirchen. Menschen, die Erfahrung mit Meditation haben, berichten über eine tiefe innere Ruhe, ein entspannendes Glücksgefühl und aufhellende Gedanken. Manche meditierenden Menschen » fühlen sich eins mit der Natur «.

»Damit wollte ich messen, ob sich Kunststoffmoleküle, also kleinste Bausteinchen davon, im Blut oder Fettgewebe ablagern. Ist doch wichtig, um rauszufinden, ob Umweltgifte im Körper sind, bei dem ganzen Plastikmüll auf der Welt«, murmelte Micro.

»Und was hilft uns das jetzt?«

Micro Minitec ließ Dr. X auf eine Antwort warten. Konzentriert gab sie Daten in ihren Armbandcomputer.

»Micro!«

»Ja, Doc?«

»Was-soll-uns-das-jetzt-helfen?«

»Was?«

»Dein Kunststoffsensor!«

Micro schaute von ihrem mobilen Computer auf.

»Wenn mich nicht alles täuscht, wird uns dieser Kunststoffsensor zu Gobbot führen.«

»Und wie?«

»Ich vermute, dass Professor von Schlotter Plastik, einen seiner Lieblingswerkstoffe, in Gobbot eingebaut hat. Die Gelenke des Roboters sind wahrscheinlich aus Titan oder Platin und die beweglichen Teile haben bestimmt einen dicken Plastiküberzug. Der Kopf könnte auch aus Plastik bestehen, damit die Präzisionslinsen und andere Sensoren nicht durch Magensäure oder Ähnliches beschädigt werden.«

»Klingt logisch«, sagte Dr. X. »Aber meinst du nicht, dass Gobbot zu winzig ist, um ihn mit dem Sensor zu orten?«

»Wir werden sehen, ob der Sensor ausreicht. Auf jeden Fall ist es eine Chance, oder haben Sie eine bessere Idee?«

Dr. X schüttelte den Kopf.

»Wahnsinn, eine spektakuläre Aussicht!«, meldete sich Nano über die Lautsprecher. Ruhig glitten sie im Miniboot in der Rückenmarksflüssigkeit dahin wie in einem großen See. In der Ferne tauchten hohe Gebilde auf, die Hirnwindungen, die wie Berge aussahen. Langsam vergrößerte sich der Ausschnitt und füllte schließlich ihr Gesichtsfeld vollständig aus.

Gehirn

Hören, Sehen, Schmecken, Tasten, Fühlen, Laufen, Denken und Relaxen und am besten alles gleichzeitig: Dein Gehirn ist ein erstaunlicher Jongleur! Es besteht aus einem Großhirn, einem Zwischenhirn und einem Kleinhirn sowie dem Stammhirn. Zwei Drittel des Gehirns nimmt das **Großhirn** ein. Es ist in zwei Hälften geteilt, die rechte und linke **Hemisphäre**, das bedeutet Halbkugel. Links findet angeblich mehr das logische Denken, rechts mehr das Fühlen statt. Die Sphären sind durch einen dicken Nervenstrang, den **Balken**, verbunden. Das Gehirn geht in das Rückenmark im Innern der Wirbelsäule über und dient als Leitung, um Befehle an den Körper zu verschicken. Wenn es durchtrennt ist, ist man querschnittsgelähmt und kann sich nicht mehr bewegen. Am unteren Ende des Gehirns sitzt das **Stammhirn**, das Steuerzentrum von Herzschlag, Kreislauf, Blutdruck und Atmung. Körperhaltung und Bewegung werden über das **Kleinhirn** koordiniert. Das **Zwischenhirn** ist ein Verkehrsknotenpunkt. Es leitet alle ankommenden Signale aus dem Körper an die speziellen Gehirneinheiten weiter und überwacht den gesamten Stoffwechsel. Im Gehirn findest du die Wahrnehmungszentren für Sprechen, Sehen, Hören und Riechen und das **motorische Rindenfeld**, das für die Muskulatur zuständig ist. Das **sensorische Rindenfeld** verarbeitet Berührungen, Schmerz, Temperatur und einiges mehr.

»Unglaublich! Ich komme mir vor wie ein Astronaut, der auf eine Planetenoberfläche hinabschaut.«

»Wohl eher ein Bodynaut!«, merkte Micro an.

»Ah, ich verstehe: vom englischen ›body‹ für ›Körper‹«, antwortete Nanolino. »Corponaut wäre auch cool, vom lateinischen ›corpus‹«, fügte er spitzbübisch hinzu. »Finde ich eigentlich besser, aber Englisch ist ja die Weltsprache!« Die Kinder sahen auf die orange und rot schimmernde Oberfläche hinab.

Tiefe Krater und hohe Berge prägten diesen Hirnplaneten, wo sie angekommen waren.

»Bodynaut Nano an Nanoville!«, rief Nano.

»Ja, was gibt's?«, fragte Dr. X.

»Auf dem Hirnplaneten ist keine Spur von Gobbot!«, rief Nano. »Was sollen wir jetzt tun?« Sie umrundeten das Kleinhirn und sahen die weite Fläche der Großhirnrinde vor sich liegen.

»Unmöglich, in diesem unendlichen Labyrinth von Windungen etwas zu finden«, sagte er müde.

»Passt auf, Kinder!« Micros Stimme klang ernst. »Ihr müsst jetzt hellwach sein. Seht ihr den blauen Knopf unter dem Monitor?«

»Nö!«

»Schaut genau hin! Er ist klein und flimmert bläulich! Es ist der einzige Knopf im ganzen Schiff! Alles andere wird auf dem berührungsempfindlichen Bildschirm eingestellt!«

»Ah, ja! Ich sehe ihn!«, rief Marie.

»Okay, drückt den Knopf, bis er einrastet.«

»Wird gemacht!«

Begleitet von einem leisen Surren, fuhr ein langer Stab aus der Mittelkonsole.

»Was soll das jetzt?«, fragte Marie.

»Einen Moment Geduld«, antwortete Micro Minitec. Auf einmal entfaltete sich der Stab wie ein Fächer. Verschiedene farbige Symbole erschienen auf dem schwarzen Rund.

»Das ist … na, sagen wir, ein Kunststoffradar«, erklärte Micro Minitec. »Mit ihm sollte es uns möglich sein, Gobbots Position auszumachen!«

»Schön, hier sind aber nur ein paar Symbole am Rand, neben denen Zahlen blinken. Außer … Moment, ein großer, blinkender roter Punkt ist aufgetaucht!«

»Jaaaa-ha!«, rief Micro Minitec. »Jetzt bist du fällig, Gobbot!«

Nano beobachtete den Punkt, der sich langsam auf dem Schirm bewegte.

»Dachte ich es mir, Schlotter hat bei Gobbot wirklich Plastik eingebaut«, sagte Micro. Dann wandte sie sich in ernstem Ton an Nanolino: »So, jetzt wird es Zeit, dass du mal das Steuer in die Hand nimmst. Auf dieser kleinen Fläche kann ich dich nicht mehr sicher von außen steuern. Je näher du Gobbot kommst, umso heftiger blinkt der Punkt. Los, mach dich auf die Jagd!«

Nano nahm die Steuerknüppel und nach einigen Versuchen konnte er das Schiff steuern.

»Und mach dir keine Sorgen, der Navigationscomputer sorgt schon dafür, dass du nicht mit der Hirnrinde kollidierst«, fügte Dr. X hinzu.

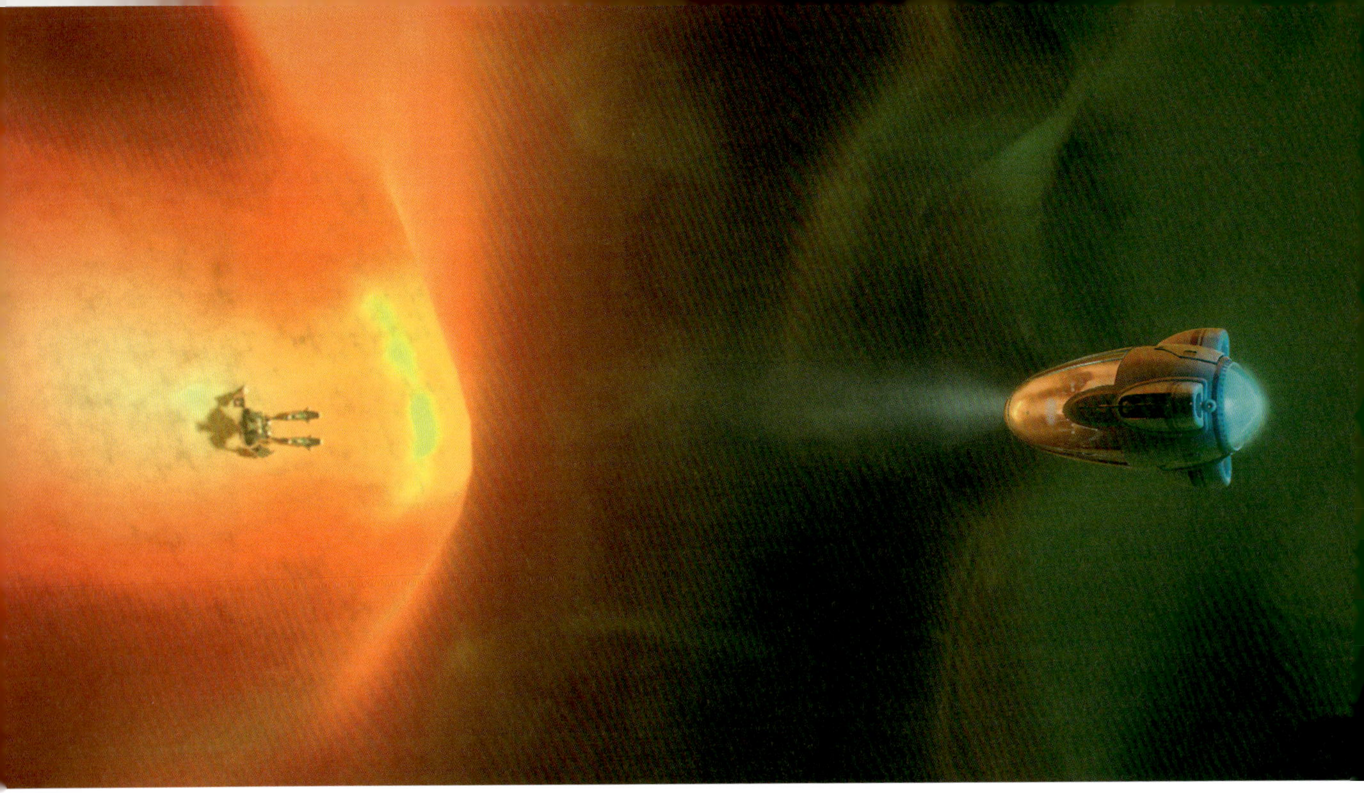

»Juchhu, das ist ja wie an meiner Spielkonsole.«

»Das hier ist aber kein Spiel! Also achte auf den Punkt und auf das Fadenkreuz. Wenn der rote Punkt in seiner Mitte ist, seid ihr genau auf das Ziel ausgerichtet. Das ist wichtig, wenn ihr Gobbot gefangen nehmt«, sagte Micro Minitec.

»Da, er ist schon ganz nah!«

»Was wird er machen, wenn er uns sieht?«, warf Marie ein.

»Unser Tarnmodus ist eingeschaltet. Er entdeckt uns erst, wenn wir direkt über ihm sind, und dann ist es für ihn zu spät«, beruhigte Nano sie.

»Marie, jetzt kommt dein Einsatz«, sagte Micro Minitec, »Während Nano das Schiff so nah wie möglich heranmanövriert, musst du das Lasso bedienen! Lege dich in die Gefechtsposition neben dem Monitor, und stecke deinen Arm in den Griff, den du da siehst.« Der Griff war mit einer langen Stange verbunden. Drückte man auf einen Knopf, schoss vorne eine Schlinge heraus. Mit einer Art Bremse konnte man das Lasso zusammenziehen. Gegenüber war eine Laserpistole. Links neben Nano lagen zwei lange Stäbe, die wie riesige Akupunkturnadeln aussahen. Das waren Elektrostimulatoren, um beschädigte Nervenzellen zu reparieren, dafür hatte Micro sie zumindest vorgesehen.

»Also, Marie, worauf wartest du?«

Marie packte den Griff, und tatsächlich, der Lasso-Arm draußen folgte ihren Bewegungen.

»Versuche, die Schlaufe zu schließen«, sagte Dr. X.

Marie drückte und zog. Die Schlaufe schnurrte zusammen.

»Sehr gut!«

»Wir sind fast über ihm, aber ich kann ihn nicht sehen!« Nano war verzweifelt.

»Nimm die Brille, die an deinem Sitz befestigt ist. Das ist eine holografische Röntgenbrille, mit der du vergrößern und durch Strukturen hindurchsehen kannst. Wäre doch gelacht, wenn du ihn damit nicht finden würdest!« Sie schaltete die Außenbeleuchtung des Tarnschiffs aus.

Plötzlich schrillte eine Sirene. Der Kunststoffradar blinkte und faltete sich zusammen. Mit der Röntgenbrille sah Nanolino Gobbot sofort. Verborgen in einer Hirnfalte, machte er sich am Gewebe zu schaffen.

Er sah aus wie eine Mischung aus Roboterskelett und Baumaschine. Ein grobschlächtiger Arm, mit dem er sich an das Gehirn klammerte, ähnelte dem Greifer eines Abrissbaggers. Am anderen Arm röhrenförmige Finger mit hauchdünnen Enden und Spritze, Skalpell und anderen seltsam aussehenden

Messern an den Fingerspitzen. Gobbot drehte sein elektronisches Zyklopenauge, das von einer grünen, durchsichtigen Kapsel geschützt wurde, um hundertachtzig Grad und schaute zum Tarnboot. »Er hat uns entdeckt!«, stammelte Nanolino. Der Roboter, den die Kinder jetzt auch genau durch die Frontscheibe sehen konnten, löste einen Arm und drehte den Körper, der nur noch an dem Greifer hing. Er gab seine Vorderseite preis. Aus der Brust blitzte grünes Schweinwerferlicht. Der Lichtstrahl schnitt durch die Dunkelheit hinter dem Tarnboot.

»Marie, bist du bereit?«, flüsterte Micro Minitec, die zuerst die Sprache wiederfand.

Keine Antwort.

»Marie!«

»Ja?«

»Bist du bereit?«

»Ja«

Der Roboter wandte sich wieder zum Gehirn und drang mit seinen langen Fingerröhren in die rosa Masse ein. Anscheinend hatte er sie nicht gesehen.

»Ich glaube, mit den dünnen Spitzen dieser Röhren manipuliert er die Synapsen der Nerven, über die sie mit anderen Zellen in Kontakt sind. So hat er Opas Willen gebrochen«, sagte Dr. X voller Zorn.

»Jetzt!«, schrie Micro Minitec. Die Schlaufe des Lassos befand sich direkt über Gobbot. Doch der Roboter krabbelte blitzschnell außer Reichweite und stellte sich auf den Kamm einer Hirnfalte. Das grüne Licht seines Scheinwerfers durchforschte die Dunkelheit, in der sich das Tarnboot verbarg. »Mist«, mur-

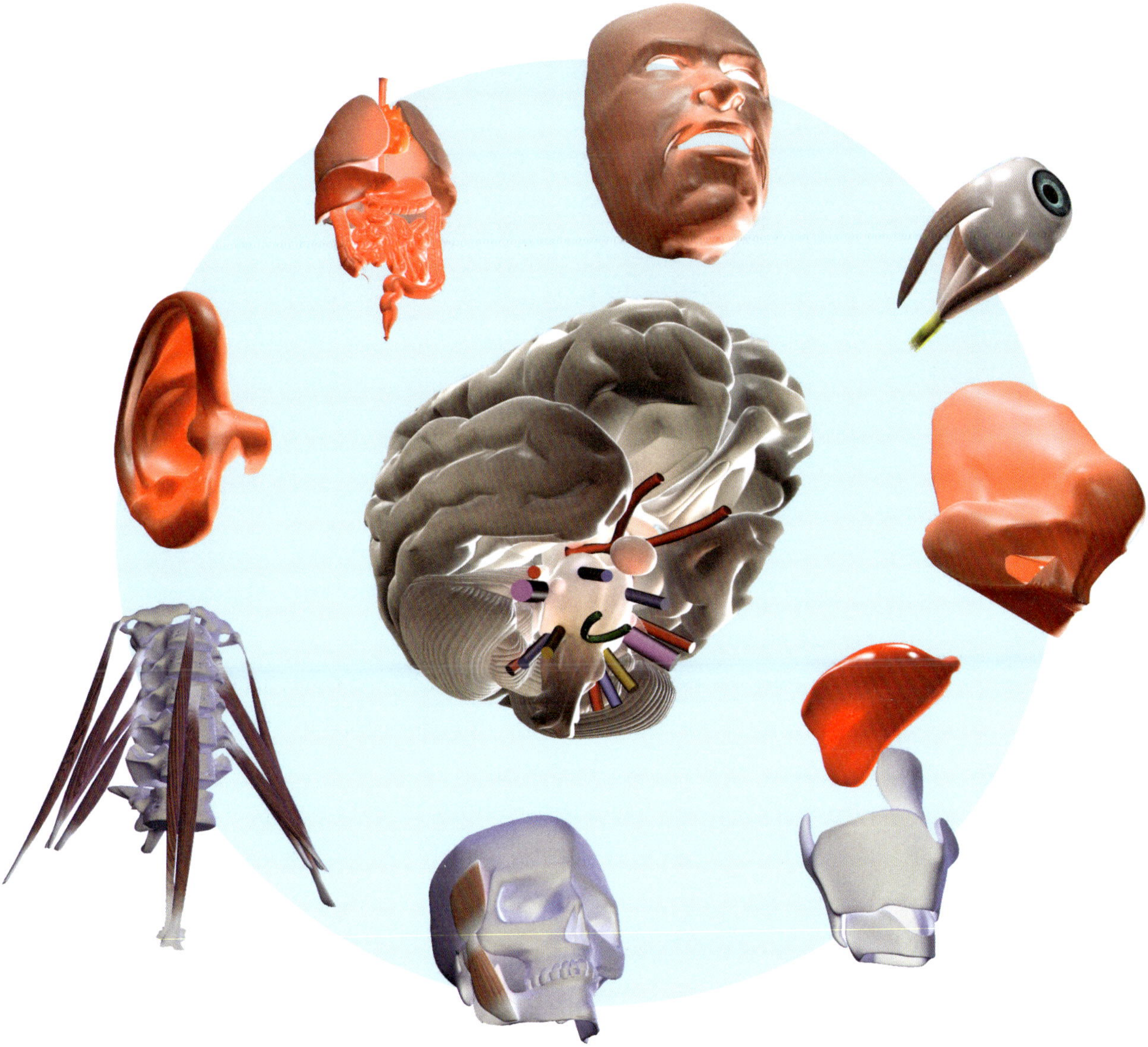

Hirnnerven steuern alles! Zunge, Augen, Muskeln …

melte Marie. Schweiß bildete sich auf Nanos Stirn. Das Scheinwerferlicht kam näher.

Dann wandte sich der Roboter ab.

Erleichtert atmeten die Kinder aus. Plötzlich hörten sie einen Knall. Marie schrie auf. Das grüne Licht des Roboters leuchtete ihr ins Gesicht. Sie sah Gobbots Teleskopauge direkt vor der Scheibe. Gobbot war auf das Schiff gesprungen. Sein Auge schob sich heraus, als er versuchte, in das Innere des Schiffs zu blicken. Die Kinder zitterten. Gobbot konnte sie nicht sehen, die Frontscheibe war nur von innen durchsichtig. So verharrte der Roboter einige Sekunden, stieß sich ab und verschwand in der Dunkelheit. Es blitzte. Eine Stoßwelle folgte aus seiner Richtung. Das U-Boot wurde durchgeschüttelt, alle Monitore und Lichter fielen aus, im Schiff war es stockdunkel.

Marie schluchzte.

»Micro, hallo?«, wisperte Nano.

»Jetzt müssen wir für immer hierbleiben«, jammerte Marie.

»Pah«, machte Nano. »Unterschätze nicht Micro Minitec, die wird uns schon rausholen.«

Einige Minuten passierte nichts. Nano hatte sich abgeschnallt und sich zu seiner Schwester getastet. Er beruhigte sie, erzählte von den Darmwesen, denen er lustige Namen gab wie Pupsi oder Knatterton, und wie geschickt Micro ihn aus dem Blinddarm herausgeholt hatte. Nach zehn Minuten – den Kindern kam es wie Stunden vor – flackerte schwach die Beleuchtung der Mittelkonsole. Nano kroch auf allen vieren hinüber, richtete sich auf und trat gegen die Konsole. Ein Summen war zu hören und es kam Leben ins Schiff.

»Schön, euch zu sehen«, sagte Micro Minitec.

»Schön, dich zu hören«, schluchzte Marie.

»Keine Zeit für lange Erklärungen. Ich übernehme die Steuerung, und Dr. X erklärt euch, was er herausgefunden hat«, sagte Micro energisch.

Das Tarnschiff setzte sich in Bewegung.

Ohnmacht
Das ist ein Schwindel, der zusammen mit kurzer Bewusstlosigkeit, Schweißausbruch und Übelkeit auftritt. Ursache ist ein schwacher Kreislauf. **Ältere Menschen** und **Kinder in der Pubertät** leiden häufig darunter. Manchmal sackt ihr Blutdruck in den Keller, das heißt, ihre Werte sind deutlich niedriger als normal. Wenn man lange steht oder es sehr heiß ist, passiert das immer mal wieder. Auch Menschen mit sehr hohen oder extrem niedrigen **Blutzuckerwerten** können ohnmächtig werden, weil die **Blutdruckregulation** nicht mehr funktioniert.

»Nach der unerwarteten Stoßwelle habe ich noch etwas aus Schlotter rausgekitzelt. Gobbot flüchtet. Er versucht, den Körper zu verlassen. Aber solange er die Stoßwellen aussenden kann, kommen wir nicht nah genug an ihn heran. Gobbots Verteidigungsmechanismen lassen sich ausschalten, indem man einen bestimmten Code an ihn funkt. Das Gerät dafür ist in der Fleischerei. Ich habe Willi losgeschickt; ich fürchte nur, uns läuft die Zeit davon.«

»Moment«, rief Nano. »Manuel und Frido sind vielleicht noch in der Nähe. Ich hab lange nichts von ihnen gehört. Mein Walkie-Talkie liegt in Micros Büro.«

»Ich hole es!«, sagte Dr. X.

»Ihr könnt derweil das Gewebe, das Gobbot verletzt hat, in Ordnung bringen.« Er erklärte den Kindern kurz, was zu tun war, verschwieg jedoch, dass Opa ohnmächtig geworden war, als der Roboter die Stoßwelle ausgelöst hatte. Das Gewebe war auf einer kleinen Fläche des Gehirnabschnittes ziemlich verwüstet worden, glücklicherweise nur oberflächlich. Dr. X vermutete, dass Gobbot mit seinem Spritzfinger einzelne Nerven gelähmt hatte. Man konnte nur hoffen, dass sie wieder funktionieren würden. Nano und Marie versuchten, die Nerven mit ganz leichtem Strom aus den Stimulatoren, die vorne am Schiff angebracht waren, wieder zu aktivierten. Wegen ihrer Form nannten die Kinder sie Zauberstäbe. Das Einzige, was Großvater nach der Ohnmacht spürte, war ein merkwürdiges Kribbeln im Kopf und in den Lippen. Das berichtete er ihnen natürlich erst später.

»Mit einer ähnlichen Technik behandelt man Patienten mit Schüttellähmung«, erklärte Dr. X. »Man legt ihnen Sonden ins

Gehirn, die durch einen Dauerstromimpuls das Schütteln stoppen. Das könnte eurem Opa helfen, hoffen wir es!« Dr. X war fasziniert und gleichzeitig auch skeptisch. »Vermutlich kann man Nervenverletzungen im Gehirn nicht heilen, wir werden sehen. Nerven sind sehr intelligent. Wir können nur fest die Daumen drücken.« Er ging, um das Funkgerät zu holen. Einige Minuten später kam er wieder. Sein Gesicht war puterrot. »Mein **Blutdruck ...** Manuel und Frido sind tatsächlich noch in der Fleischerei«, meldete er zerknirscht. Im Hintergrund knackte ein Funkgerät.

»Leider sind sie gefesselt. Zum Glück war ihr Walkie-Talkie noch an.«

Blutdruck

Wenn du unter der Dusche stehst und den Wasserhahn voll aufdrehst, prasselt das Wasser mit viel mehr Wucht auf deinen Kopf, als wenn du den Hahn nur ein wenig aufgedreht hättest. Diese Wucht entsteht durch den Druck des Wassers. Wenn du dein linkes Handgelenk mit deiner rechten Zeigefingerspitze fühlst, spürst du den Druck deines Blutes und den Rhythmus der Spannung und Entspannung deines Herzens, den Puls. Hättest du ein Blutdruckmessgerät in deinen Fingern eingebaut, könntest du jetzt deinen **Blutdruck** messen. Er besteht aus einem Wert für die Anspannung deines Herzens, die **Systole**, und die Entspannung, die **Diastole**. Zwischen diesen beiden Werten arbeitet dein Herz und hält deinen Kreislauf mit dem richtigen Druck in Gang (altersabhängige Normalwerte siehe Seite 339). Je jünger du bist, desto höher ist der Puls, und umso niedriger ist der Blutdruck im Verhältnis zum Erwachsenen. Bei Anstrengung, aber auch Stress und Aufregung, steigt der Druck! Man unterscheidet einen hohen Blutdruck (**Hypertonie**) und einen niedrigen Blutdruck (**Hypotonie**).

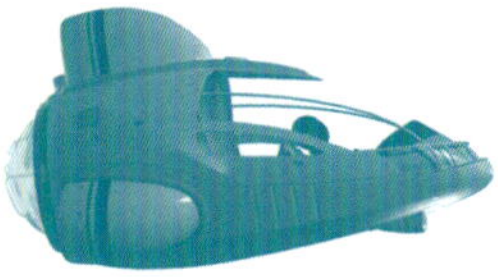

Auf der Suche nach der Seele

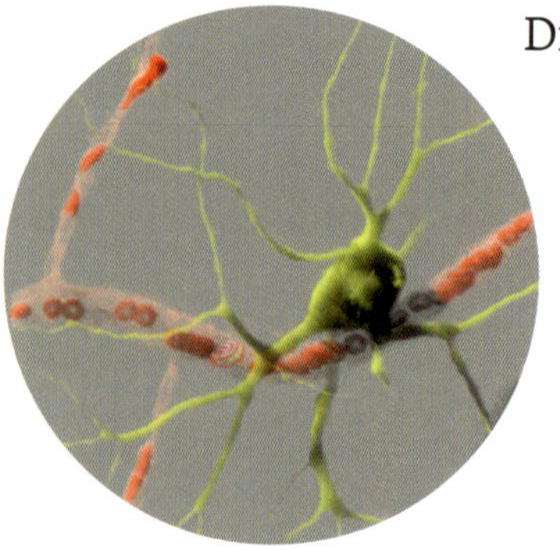

Ein Hauch von einem Gefäß um eine Nervenzelle – so dick wie ein rotes Blutkörperchen

Die Freunde waren gefesselt und hilflos, Micro Minitec und Dr. X beim Neuberechnen von Gobbots Position. Den Kindern blieb nichts anderes übrig, als zu warten.

Nano saß im Schneidersitz auf dem durchsichtigen Boden des Tarnbootes und blickte auf die Windungen der Oberfläche des Hirnplaneten hinab, über dem sie kreuzten.

Das da unten war sein Großvater. Da fand alles statt, was ihn ausmachte, seine Gedanken, seine Gefühle, seine Träume, seine Ängste, seine Hoffnungen … Nano stellte sich vor, wie im Gehirn ununterbrochen Billionen von Nervenaktivitäten abliefen. Billionen von elektrischen Impulsen jagten durch Nerven, die zu großen Netzwerken verwoben waren und in denen das Denken entstand. Feuerwerke ständiger Entladungen, auch beim Empfinden aller Gefühle. Bei Freude und Trauer oder Angst. Nano wurde ganz mulmig.

»Und die Seele des Menschen? Was ist sie und wo finde ich sie?«, fragte sich Nano. Im Gehirn fiel ihm nichts auf. Vielleicht verbarg sich die Seele im Innern der Zellen? Dann musste er eben noch weiter schrumpfen, um sie zu finden.

»Hey, ihr da oben! Wisst ihr, wo hier die Seele steckt? Oh, da vorn könnte sie sein!« Aufgeregt zeigte Nano auf eine tiefe Hirnfurche. »Lasst uns da mal hinsteuern.«

»Du kannst gerne nachschauen, aber du wirst vermutlich nichts finden. Ärzte, die den menschlichen Körper für wissenschaftliche Untersuchungen nach dem Tod seziert haben, konnten bisher nichts entdecken. Aber ich bin kein Bodynaut, vielleicht siehst du vor Ort mehr«, sagte Dr. X.

»Dann ist sie woanders. Wenn man zum Beispiel gelogen hat und dabei erwischt wurde, zieht sich die Seele zusammen, oder? Man kann sie dann irgendwo zwischen Herz und Magen spüren. Vielleicht ist sie dort?«

»Wir kommen da unten später noch vorbei, da kannst du nachsehen.« Dr. X wurde unruhig, sie mussten weiter. Nano ließ nicht locker. »Man fühlt sich beim Lügen, als hätte man zu viel Schokolade gegessen. Einem wird schlecht, und man weiß genau, es ist das schlechte Gewissen und nicht der Magen, denn da helfen Tee und Zwieback nicht.«

»Ja«, mischte sich Marie ein, »und wenn man mich lobt oder Oma mich in den Arm nimmt, wenn ich traurig bin, dann wird mein Bauch warm und kribbelig.«

Psychosomatisch

Alle Gefühle stehen im Zusammenhang mit der Seele. Man spürt die Seele, wenn man Angst hat, sich allein fühlt, Mut bewiesen und eigene Entscheidungen getroffen hat, glücklich, unglücklich oder zufrieden ist. Die Seele ist aber auch mit dem Körper verbunden: Bei einem gemeinsamen Abendessen in der Familie, wenn man gemütlich zusammensitzt und jeder von seinem Tag erzählt, schmeckt das Essen gleich doppelt so gut. Ein Sprichwort sagt: »Essen hält Leib und Seele zusammen.« Wenn die Seele krank ist und man sich bedrückt fühlt, leidet auch der Körper. Deshalb hat man manchmal Kopf- oder Bauchschmerzen, obwohl Kopf und Bauch nichts fehlt. Diese Leiden nennen Ärzte **psychosomatisch**, also »seelisch bedingt«. Leider tun solche Bauchschmerzen genauso weh wie ein verdorbener Magen, aber man kann sie nicht mit Medikamenten behandeln, sondern muss die Ursache herausfinden. Manchen Kindern hat die Angst vor der Klassenarbeit schon schlimmste Bauchschmerzen verursacht.

»Ja, man sagt ja auch, mir wird warm ums Herz, und genau so fühlt es sich auch an«, antwortete Dr. X. »Viele Menschen aus unterschiedlichen Religionen glauben, dass die Seele nach dem Tod weiterlebt. Eigentlich ein schöner Gedanke, dass die Seele, die jeden Menschen einzigartig macht, mit dem Tod nicht verschwindet. Aber wo sie hingeht, weiß keiner genau, und das wird wohl auch ein Geheimnis bleiben.«

»Ist doch beruhigend, Kinder! Oder? Aber ihr müsst wissen, es gibt auch Religionen, die sprechen vom Geist, wenn wir die Seele meinen«, schaltete sich Micro Minitec ein. »Und Ärzte nennen das Psyche. Kommt aus dem Griechischen. Manche Beschwerden können auch rein seelisch bedingt sein, das nennt man dann psychosomatisch.«

Allmählich war Nano das zu viel. Nichts wie los und aufhören, zu philosophieren. »Besser, wir suchen weiter! Irgendwo werden wir Geist und Seele schon finden. Vor mir war ja noch niemand hier drinnen.«

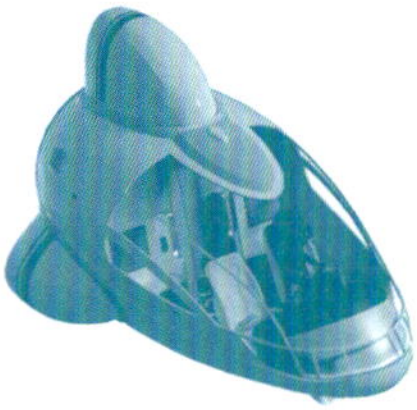

Ein Rennen wie vom anderen Stern

» Kindcr, Frido und Manuel haben sich befreit! Sie versuchen, den Abwehrmechanismus von Gobbot zu deaktivieren «, verkündete Dr. X. Marie und Nano jubelten.

» Jetzt aber schnell, bevor Gobbot entwischt. Zuerst müsst ihr noch Opas Gehirn mit einem Hormon, das das Nervenwachstum beeinflusst, und einer Art Reparatur-Gel behandeln. «

Nano wunderte sich. » Wie sollen wir das tun? «

Am liebsten wollte er die Aussicht weiter genießen: harmonische Windungen, tiefe Furchen, pulsierende Äderchen, dünne, durchscheinende Häutchen und strangförmige, fein ziselierte Aufhängungen.

» Ab in den Pilotensessel! «, befahl Micro.

Marie setzte sich in ihren Sessel und zog den Gurt fest: » Und wie helfen wir Opa weiter? «

» Wir fliegen über die Hirnwunde. Dann aktiviere ich die Sprühanlage unten am Tarnschiff. Die hab ich mir von den Feuerlöschflugzeugen in Spanien abgeguckt. Die haben Tonnen von Wasser gegen die Waldbrände abgeworfen. «

Das Tarnschiff kreiste über dem Hirnareal, das die Kinder mit ihren » Zauberstangen « behandelt hatten.

» Passt auf, ich öffne den Tank! «

» Platsch «, kippte eine riesige Menge Flüssigkeit über das Gebiet.

Innerhalb weniger Minuten hatten sie ein großes Areal versorgt.

» So, das müsste eigentlich reichen. «

Marie beobachtete, wie das dickflüssige Mittel in die Hirnfalten floss und sich Formen bildeten. » Mensch, Nano! « Erschrocken schaute sie ihren Bruder an. Eine Form hatte sie an eine Seite in ihrem Biologiebuch erinnert.

Ein riesiges Monster richtete sich vor ihrem inneren Auge auf. Sie zuckte zusammen. » Irgendwo hier lebt dieser schreckliche Homunkulus, das haben wir in der Schule gelernt. Ein schauriges Wesen! «

Nano kicherte: » Du und dein fotografisches Gedächtnis! Den Homunkulus gibt es doch gar nicht! So heißt doch nur das Bild von einem entstellten Menschen: Zunge, Lippen, Daumen und die großen Zehen sind zu groß geraten. Irgendein englischer Wissenschaftler hat es vor über hundert Jahren gezeichnet. Er hatte rausgefunden, dass diese Körperregionen besonders sensibel und intelligent sind. Mit ihnen greifen und schmecken wir schon als Baby sehr gut und erfassen die Welt. «

Marie war stolz auf ihren Bruder. » Ein wahrer kleiner Medicus «, dachte sie.

Sie sahen andächtig nach oben durch das transparente Dach, wo jetzt Opas gigantisches Gehirn lag.

» Wir haben verschiedene Möglichkeiten errechnet, Gobbot abzufangen. Vorher wollen wir sehen, wie gut Micro Minitecs Kunststoffsensor noch funktioniert «, sagte Dr. X.

» Ich glaube, wir haben ein Signal! Guckt mal auf den Radarschirm, unten in der Mitte seht ihr ein ganz kleines Signal. Könnt ihr das genauer orten? «, rief Micro Minitec.

Marie drückte auf den blauen Knopf und der Schirm fächerte sich auf.

Nanolino schaute auf den Kunststoffradarschirm. »Ich vermute, das Signal führt uns zum Kinn, scheint dort in der Nähe zu sein.«

»Neben dem Kinn?«, fragte Micro Minitec.

»Also, wenn ich das genau verorte, befindet er sich nicht weit vom Rachen, den Kieferhöhlen, Zähnen – oh, euer Opa hat noch 'ne Menge Metall in den Zähnen, hm, wahrscheinlich Amalgamplomben. Mit Kunststoff ist der wohl noch nie in Berührung gekommen«, sagte Dr. X.

Ein unendliches Netzwerk von Nervenzellen im Gehirn zum Denken, Fühlen und Handeln. Eine Synapse (**1**) in der Mitte.

»Nee, glaub ich auch nicht!«, rief Marie. »Er geht nie zum Zahnarzt!«

»Da bleiben eigentlich nur noch die Gefäße, Arterien oder Venen oder …«

Nano unterbrach Dr. X: »Also, arterielles Blut kann es nicht sein, denn das fließt ja zum Gehirn. Wenn er nicht den Weg durchs Rückenmark genommen hat, dann müsste er jetzt eigentlich irgendwo dort in einer Vene stecken«, er zeigte auf die Stelle in der Karte. »Kann man die Region vergrößern?«

»Gute Idee, Nano«, Micro Minitec schlug sich vor den Kopf. Dass sie darauf nicht früher gekommen war! Sie vergrößerte das Kernspinbild, man sah jetzt die Hals- und Gesichtsgefäße viel genauer.

»Da schau her«, knurrte Micro Minitec, »wen haben wir denn da!« Gobbot kroch in der Halsvene herum.

»Das ist ja seltsam, wie ist er denn dahin gekommen? Vom Gehirn in die Halsvene«, staunte Micro Minitec.

»Er kann nur über eine der großen zentralen Venen des Gehirns runtergekommen sein, eine andere Möglichkeit sehe ich nicht«, erklärte Dr. X.

Gobbot war so programmiert, dass er bei Gefahr den kürzesten Weg zum Gefäßsystem fand. Deswegen war er blitzschnell zu der Vene geflitzt, die das Hirn umrundet, hatte mit seinen ultrakleinen Werkzeughänden die Zellen der Gefäßwand auseinandergeschoben, sich durchgedrückt und war mit einem Sprung ins Blut abgetaucht. Mit seinen flossenförmigen Füßen war er schnell und wendig. Mit den Hilfsmotoren, die er als Gürtel trug, war er noch rasanter.

»Auf zur Vene, den Turbogang rein! Wir müssen uns irgendwo durchs Gefäß mogeln, und dann nichts wie hinterher!«, rief Micro Minitec. Die Zeit lief. Sobald Gobbot durch die Haut- oder Schleimhaut schlüpfen konnte, war er draußen und für immer verschwunden. Micro Minitec dachte nach. Es gab eigentlich nur ein paar Möglichkeiten, entweder über die Bauchhaut, die Arme oder Beine. Oder übersah sie etwas?

Die Haut war die einfachste Möglichkeit, denn dort war der Blutstrom am langsamsten. Der Roboter musste dort nicht gegen eine Strömung ankämpfen, während er sich einen Weg bahnte. Dann musste Gobbot auf jeden Fall vorher durchs Herz. Konnten sie den Kindern das auch noch zumuten? Strudel über Strudel fließt dort das Blut schnell und reißend wie ein Sturzbach. Innerhalb von Sekunden muss dort alles passieren. Micro fluchte, als sie daran dachte. Sie steuerte das U-Boot nach Süden, in Richtung Hals.

»Festhalten, Kinder!« Sie schaltete den Superturbolader an. Automatisch wurde das Heck eingezogen, seitlich und auf der Oberfläche des Tarnschiffs justierten sich Gleitflügel. Mit ungeheurem Tempo jagten sie Gobbot hinterher, wie ein Schnellboot einen Wasserschweif nach sich ziehend. Micro Minitec hatte das Ziel genau vor Augen: den Übergang vom Gehirn zum Hals.

Genau an der Stelle könnte man in die Vene eindringen. Sie müsste ein kleines Loch bohren, was sie nicht gern tat. Da das Blutkörperchenschiff aber sehr biegsam war, würde es ausreichen. Micro und Dr. X verfolgten die Fahrt auf der Landkarte, die an die Wand gebeamt wurde. Sie sahen, dass sie fast am Ziel waren. Vor ihnen tauchte eine große, dunkelrot-violette Säule auf. Unten verschwand sie im Nichts und oben wölbte sie sich majestätisch gegen den Hirnplaneten. Micro verlangsamte die Fahrt.

»Hört mal, ihr müsst jetzt wieder mithelfen. Nanolino, du schnallst dich ab und begibst dich in den Lasergefechtsstand.«

» Geht in Ordnung, was soll ich tun? «

Nano löste den Gurt, stand auf und wankte hinüber.

» Leg dich hin und nimm den Laser in die Hand. «

Er legte sich hin und zielte.

» Eigentlich hatte ich gehofft, dass ihr keine Gewehre zur Hand nehmen müsst «, seufzte Dr. X. » Aber wir schießen ja nur ein winziges Loch in die Venenwand. « Dr. X hatte schon häufig mit einem Laser Krampfadern verödet sowie Gefäße geöffnet und Bandscheibengewebe verdampft.

» Keine Angst, es wird nicht bluten. Das Loch ist so klein, dass nicht ein Tropfen Blut herauskommt. «

» Wir stellen die Stärke des Laserstrahls ein, du drückst nur den Abzug «, schaltete sich Micro Minitec ein. » Zähl bis zwei, lass dann wieder los. Das Loch müsste dann groß genug sein. «

» Okay! «

» Dann los, wir müssen schnellstens auf die andere Seite. Gobbot ist schon fast bei den Herzklappen. Auf die Plätze ... fertig ... los! «

Nanolino drückte ab. » Eins ... zwei ... Ende! «

In der Gefäßwand öffnete sich ein Schlitz. Micro steuerte das Tarnboot darauf zu. Es schien viel zu breit zu sein. Auf einmal zog es sich in die Länge, dellte sich in der Mitte ein und bekam, auf der anderen Seite angekommen, seine alte Form zurück. Das Innere des Schiffs war in rotes Licht getaucht. Sie nahmen Geschwindigkeit auf. Micro Minitec schaltete alle Halogenscheinwerfer ein, sodass es draußen plötzlich taghell wurde.

Eine fantastische Welt tat sich vor ihnen auf. Um sie herum wimmelten wunderliche Geschöpfe im Wasser, winzig oder riesig, rund oder oval, wie Miniatur-Zylinder oder Trapeze.

Manche grinsten, einige sahen böse aus, andere schwammen gleichgültig vorbei.

» Hör mal, Nanolino, wir können unser Schiff ja auch › Aquarius ‹ nennen, oder? Oh, der sieht ja finster aus … Da sind noch mehr davon, Dutzende! Hilfe, Dr. X! « Marie schloss die Augen.

» Das sind tatsächlich Killerzellen, die du da siehst. Sie sind eine Art Schutzpolizei und versuchen, fremde Eindringlinge wie Bakterien und Viren im Körper zu vernichten «, erklärte der Arzt. » Euch werden sie nichts tun, sie erkennen die Außenhaut des Tarnschiffs nicht als Fremdkörper, dafür haben wir beim Material gesorgt. Außerdem ist es so dicht, dass nicht einmal Salzsäure es beschädigen kann. Aber sind da nicht noch netter aussehende Lebewesen? «

» Ja, hier paddelt gerade eins vorbei, das sieht aus wie ein Goldfisch, und oh …, es lacht mich an. Und um uns herum

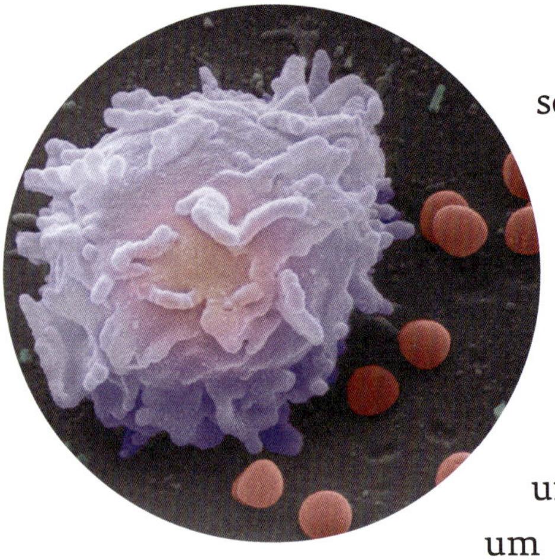

Ein großes weißes Blutkörperchen zur Abwehr und kleine Thrombozythen zum Wundverschluss

schwimmen ganz viele rote Ringe. Mmh, die sehen fast so aus wie unser Schiff.«

Nano schlug sich vor die Stirn.

»Ich Trottel! Das sind rote Blutkörperchen. Micro Minitec hat das Boot ja nach denen gebaut.«

Verschrumpelte weiße Organismen, eine Vielzahl von runden Plättchen, kleine, feine Tröpfchen und paketähnliche Gebilde tauchten auf. »Was da um euch herumschwimmt, sind die wichtigsten Bestandteile des Bluts. Kohlendioxid zum Beispiel bildet diese Blasen, die zur Lunge transportiert werden. Und wenn ihr euch umschaut, könnt ihr noch weiße Blutkörperchen und Blutplättchen sehen, die kleine Wunden abdichten.«

»Ja, und hier schwimmen auch viele kleine Pakete rum. Das sind bestimmt Mineralien«, vermutete Nano. »Und was sind das für Tröpfchen?«

»Das sind Hormone oder andere Botenstoffe, also Substanzen, die Körperzellen chemische Signale überbringen. Aber davon erzähle ich euch später. Wir müssen uns auf andere Dinge konzentrieren.«

Dr. X wandte sich an Micro Minitec. »Los, nimm Fahrt auf. Wir sollten Gobbot noch vor dem Herzen erwischen, sonst wird's wirklich turbulent.«

Das Boot schoss durch die Röhre, die sich immer mehr weitete. Zwischendurch tauchten Abzweigungen auf, unterbrochen von klappenähnlichen Gebilden. Aber was war das? Von draußen hörten die Kinder ein Dröhnen. Es wurde immer lauter. Schließlich pochte und knallte es so laut, dass sie kaum ihr eigenes Wort verstehen konnten. Marie hielt sich die Ohren zu.

»Hey, was ist das für ein Lärm, ich werde gleich taub!«

»Daran habe ich überhaupt nicht gedacht, klar, die Herzgeräusche! Wenn man so nah dran ist, muss das Schlagen der Herzklappen gewaltig sein. Sie verhindern, dass das Blut in die falsche Richtung fließt. Setzt schnell die Kopfhörer auf, sie sind an der Nackenstütze befestigt!«

Sie befolgten Micros Rat. Wie aus weiter Ferne drang das trommelähnliche Schlagen des Herzens noch zu ihnen.

»Irgendwo hier versteckt sich der üble Wicht«, zischte Micro Minitec. »Kommt, ihr alle müsst jetzt mithelfen, zu suchen. Ich sehe zwar auf dem Radar ein sehr deutliches Signal, aber trotzdem: Etwas stört die Ortung, irgendwie wirkt es verschoben, wahrscheinlich liegt es an der starken Strömung des Blutes, das beeinträchtigt den Sensor.«

Nanolinos **Herz** schlug schneller. Marie starrte angestrengt aus dem Fenster.

»Ich sehe nix, nur Goldfische, Quallen und anderes Getier.« Und dann sahen sie ihn: Er schwamm kraulend mit einem Arm, im nächsten Moment tauchte er im Delfinstil durch die Fluten und wirkte dabei sehr geschmeidig. Den anderen Arm hatte er seitlich am Körper. Auf seinem Rücken waren zwei kreisrunde Trichter, die als Antrieb dienten, zu erkennen. »Iiiih, hoffentlich bemerkt er uns nicht«, sagte Marie.

Nano hörte sie nicht. Gebannt starrte er auf das seltsame Wesen. Wut stieg in ihm auf. Er eilte zum Gefechtsstand. »Mach keinen Quatsch!«, rief Marie ihm hinterher. »Micro sagt, wir müssen ihn einkesseln!« Aber ihr Bruder hatte sich schon hingelegt, die Laserwaffe im Anschlag, und zielte auf den Roboter.

»Das ist dein Ende!«, zischte er.

Er nahm Gobbot ins Visier, hielt den Atem an und drückte ab.

» Peng! «

In diesem Moment flog das U-Boot aus der Kurve. Es polterte. Die Automatikgurte schlossen sich eng um ihre Körper. Das Schiff vibrierte. Sie sahen, wie Gobbot zu ihnen herüberschaute. Sofort tauchte er ab und verschwand. Nanolino hatte ihn offensichtlich verfehlt. Marie schaute ihren Bruder strafend an.

Plötzlich sahen sie ihn wieder. Er schwamm hinter eine klappenähnliche Struktur, so schnell, dass man ihm kaum mit den Augen folgen konnte. Sie waren eben offensichtlich in den Sog einer gigantischen Strömung geraten. Ein Strudel hatte sie gegen die Wand gedrückt, sodass Nanolino sein Ziel knapp verfehlte.

» Hey, warum ballert ihr mit dem Laser rum? «

Micro Minitec schaltete auf die Bordkamera um und sah Nano in der Gefechtsstellung.

» Nanolino, das war lebensgefährlich! «, rief sie wütend. » Wir sind kurz vor der heftigsten Strömung und dem stärksten Wasserfall, den man sich vorstellen kann, und ihr habt nur Unfug im Kopf! Los, raus da! «

Der kleine Medicus ließ den Kopf hängen. Er hatte einen großen Fehler gemacht. Nicht nur, dass er Gobbot mit seinem Fehlschuss gewarnt hatte, nein, er hatte sich und seine Schwester in große Gefahr gebracht. Sie wussten ja nicht, wie Gobbot reagieren würde.

Nano robbte in den Sitz zurück, mit Tränen in den Augen.

» Jetzt müssen wir sehen, wie wir Gobbot noch kriegen «, sagte Micro sanft. » Ab sofort keine eigenmächtigen Aktionen mehr! «

Herz

Wenn du verliebt bist, wenn du dich ärgerst, aber auch wenn es einfach nur vor Freude hüpft – dein Herz fühlt dein Leben. Manchmal hörst und spürst du, wie es klopft, wenn du dich freust oder vor etwas Angst hast. Die zentralen Nervenleitungen laufen vom Gehirn zum Herzen, und zwar zu seinem Steuermann, dem **Sinusknoten.** Er schlägt rhythmisch und gibt den **Herzmuskeln** den Takt vor. Immer wieder feuert er elektrische Impulse ab, die dazu führen, dass sich die Herzmuskeln zusammenziehen und erschlaffen. Dadurch wird Blut in die **Herzkammern** gesogen und wieder herausgepumpt. Dabei koordinieren Herzklappen den Blutfluss. Die Klappen bestehen aus Segeln, die mit feinsten Sehnen mit dem Herzmuskel verbunden sind. Sie öffnen und schließen sich, wenn der Druck sich verändert. Der Herzmuskel wird durch die **Herzkranzgefäße** versorgt. Sie zweigen als zwei große Blutgefäße rechts und links aus der Hauptschlagader, der Aorta, ab, spalten sich auf und überziehen als feines Blutgefäßnetz den Herzmuskel. Wenn du dich verliebst, pumpt das Herz ganz schnell viel Blut, die Gefäße weiten sich – und du errötest manchmal.

1 Linke Halsschlagader
2 Hauptschlagader
3 Linke Lungenschlagader
4 Linke Kranzarterie
5 Linke Herzkammer
6 Herzkammerscheidewand
7 Rechte Herzkammer
8 Rechte Kranzarterie
9 Rechte Lungenschlagader
10 Rechte Halsschlagader

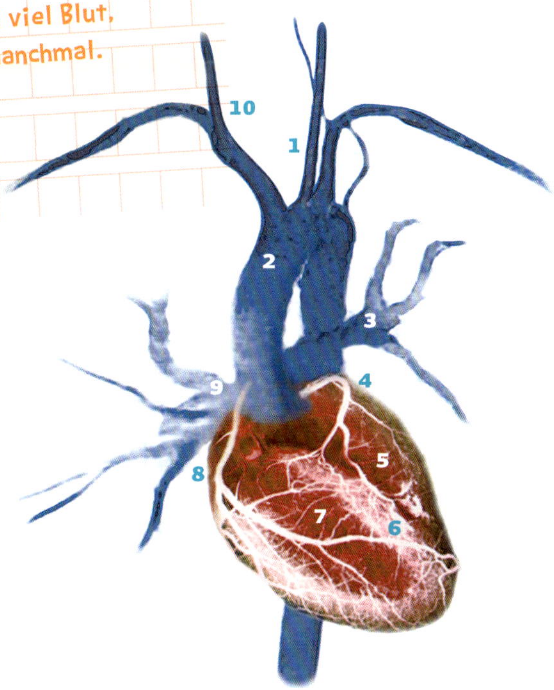

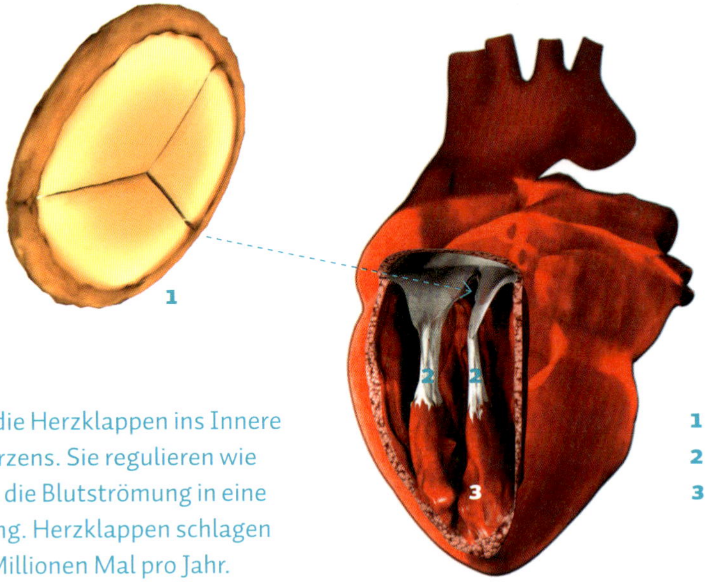

Durch die Herzklappen ins Innere des Herzens. Sie regulieren wie Ventile die Blutströmung in eine Richtung. Herzklappen schlagen ca. 41 Millionen Mal pro Jahr.

1 Herzklappe
2 Sehnen
3 Papillarmuskel

Die » Aquarius « wirbelte durch den Strudel, wurde hin- und zurückgeworfen. Vor ihnen war etwas, das aussah wie das riesige Maul eines Walfisches. Rhythmisch klappte es auf und zu. Am Rand der Öffnung, fest an die Wand gepresst, stand Gobbot. Die starke Strömung schien ihn nicht zu stören. Er hielt sich mit den Krallen fest und sah zu ihnen herüber. Mit dem grellen Scheinwerferlicht, das von seinem Bauch ausging, tastete er die Umgebung ab. Kurz strich ein Lichtkegel über das Boot hinweg. Die reißende Strömung drückte sie immer wieder zurück. Die Kinder kamen nicht an Gobbot heran. Der Doktor erklärte ihnen, dass das »Wallfischmaul« eine Herzklappe war. In diesem Moment sahen sie, wie Gobbot auf ein » Segel « dieser Herzklappe kletterte, sich oben an den Rand stellte und provozierend elegant in den Strudel sprang.

» Er ist schon wieder weg! «, rief Marie.

»Inwiefern weg?«, fragte Dr. X.

»Er ist gerade in der Tiefe des, des ... ich weiß nicht was, abgetaucht.« Dr. X und Micro Minitec wurde klar: Gobbot hatte sich in die tosenden Wasserfälle des **Herzens** gewagt – und sie mussten hinterher.

»Ich muss mit euch reden«, sagte Micro Minitec. »Wir haben keine Wahl, wir müssen mit der ›Aquarius‹ durch diesen gigantischen Strudel tauchen. Es dauert nur wenige Sekunden, haltet euch fest und lasst alles geschehen, was geschehen wird. Es wird fürchterlich laut und das Schiff wird ordentlich durchgeschüttelt werden.«

»Okidoki«, antwortete Nanolino matt. Marie nickte stumm.

»Los geht's!« Micro packte den Joystick, ihre Finger waren feucht vor Aufregung. Das U-Boot drehte sich in dem Strudel in alle Richtungen, stieß gegen Wände, überschlug sich, wirbelte schraubenartig um die eigene Achse. Doch mit einem Mal glitt das Boot wieder gemächlich durch eine weite, ruhige See.

Und dann blinkte in weiter Ferne etwas Metallisches. Das musste Gobbot sein. Nanolino, der auf der turbulenten Fahrt durch das Herz die Kopfhörer verloren hatte, hörte ein gigantisches Rauschen um sich herum. Aber er konnte sich darüber keine Gedanken machen. Sie sahen Gobbot immer näher kommen.

»Wir haben den Roboter direkt vor uns«, sagte er zu Micro und Dr. X, »wir müssten ihn einfangen. Jetzt oder nie!«

»Okay«, sagte Dr. X, »dann geht auf eure Gefechtsstation, wir überlegen uns, wie wir vorgehen.«

Aufmerksam beobachteten sie die ruhigen und regelmäßigen Schwimmzüge des Roboters.

Power und Energie durch Ingwertee

Man nehme:
1 cm frisch geriebene Ingwerwurzel
1/2 gepresste Zitrone
1 Teelöffel Honig
1 l kochendes Wasser

Anwendung:
Du übergießt den Ingwer mit dem heißen Wasser und lässt ihn 10 Minuten ziehen. Anschließend gießt du die Flüssigkeit durch ein Sieb oder ein Tuch.

Wirkung:
Ingwer enthält ganz viele ätherische Öle, die sowohl beleben und frische »Energie« zuführen als auch schmerzhemmend bei Muskelverspannungen, Gelenkschmerzen oder schmerzhafter Periode wirken. Sie können dir auch gut gegen krampfartige Schmerzen helfen und die Durchblutung fördern. Die Wirkstoffe aktivieren den gesamten Wärmeorganismus und regen die Ausscheidung über die Nieren an.

»Also, Kinder, bereit?«, meldete sich Dr. X. »Ran an die Schlingen, fahrt sie vorsichtig aus, schmeißt die Lassos nach vorne über ihn weg und lasst ihn reinschwimmen.« Nanolino atmete tief durch, nahm die Stange in die Hände, hob sie langsam aus dem Boot heraus und schob sie vorsichtig über Gobbot hinweg. Das Boot schwankte. Er zitterte. Zum Glück lag das Schiff gleich darauf ruhig und er konnte das Lasso weiter ausschwingen lassen. Mit aller Kraft hielt er die Stange fest. Das Boot schaukelte erneut. Aber es hielt die gleiche Geschwindigkeit wie Gobbot, der sich ahnungslos auf die Schlinge zubewegte.

»Ganz langsam ... keine Eile ...«, beruhigte Nano sich selbst. Stück für Stück zog er den Stab näher ans Boot. Er hielt den Atem an. Gobbot war durch die Schlinge geschwommen.

»Du auch«, zischte er seiner Schwester zu. »Marie, komm jetzt!«

Marie, die ihre Schlinge ebenfalls ausgeworfen hatte, hielt sie parallel zu der von Nano vor den Roboter. Sie musste irgendwie seine Arme fesseln. Das Boot wackelte, aber Schlinge und Roboter durften sich keinesfalls berühren. Marie biss sich auf die Unterlippe. Sie verkrampfte die Arme, die bereits schmerzten. »JETZT!« rief Nano. Beide drückten auf den Auslöser und das Lasso schnurrte gleichzeitig zusammen. Der Roboter zappelte und wand sich, drückte, hackte und drehte sich wie ein dicker Hecht an der Angel. Er trat mit seinen Metallflossen gegen das Boot, wandte sich abrupt hin und her und buckelte wie ein Wildpferd. Doch es nützte ihm nichts. Marie hatte ihm die gefährlichen Arme zusammengebunden. Seine bedrohlichsten Werkzeuge konnte er nun nicht mehr einsetzen. Sie zogen ihre Beute an die Bootswand heran. »Wir haben ihn, wir haben ihn! Gobbot ist gleich im Sack!«, jubelten die Kinder.

Der Roboter strampelte wild, und sein Licht schoss in die Dunkelheit hinaus und traf ihre Gesichter. Nur mit Mühe konnten sie ihn halten. »Haltet fest, nur einige Sekunden, ich …«, hörten sie Micro Minitecs Stimme, dann löste sie die Automatik für das Fangnetz, das sich über Gobbot zusammenzog. Die Kinder, die Gobbot mit großer Kraft an der Bordwand festgehalten hatten, plumpsten auf den Hintern. Sie purzelten übereinander, lachten und knufften sich, bis sie Tränen in den Augen hatten. »Das wäre geschafft!« Nano stöhnte theatralisch, und die Kinder klatschten sich ab. »Wie immer, Marie, gemeinsam sind wir stark und unausstehlich!« »Das war eine Glanzleistung, unglaublich! Ich bin stolz auf euch«, sagte Dr. X, bevor ihn ein lautes, ohrenbetäubendes Rauschen unterbrach. Nano kam das irgendwie bekannt vor.

»Kinder, die Gefahr ist noch nicht vorbei«, rief Micro Minitec. »Ihr müsst schnell in die Sitze zurück. Na los, anschnallen! Hopp, hopp, wir rasen auf ein Lungenbläschen zu!«

Jetzt wusste Nano, woran ihn das Rauschen erinnerte: Es war das Geräusch, das Opa beim Atmen machte. Natürlich! Sie waren in der Nähe der Lungen. Sie näherten sich einem transparenten Häutchen. Die Brandung toste immer lauter. Bevor sie irgendetwas tun konnten, waren sie durch das Häutchen geflutscht. Opa bekam eine Hustenattacke, und wusch, schossen sie durch einen unendlich langen und dunklen Gang nach draußen zurück ans Tageslicht.

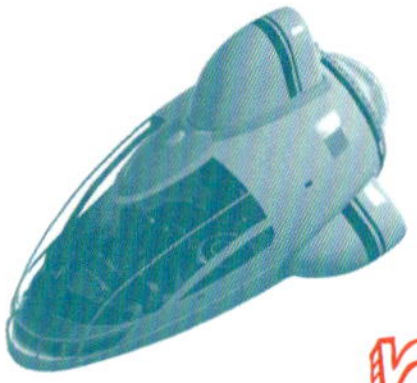

Krafttanken im Minischwimmbecken

Überglücklich umarmten sich Nano und Marie. In ihren kühnsten Träumen hatten sie sich nicht ein solch gigantisches Abenteuer vorstellen können. Sie **lachten** und lachten und genossen ihren Triumph, waren aber auch erleichtert, heil zurückgekehrt zu sein. Nanolino hatte keine große Lust, sich wieder makrotisieren zu lassen. Marie jedoch wollte sich bald wieder vergrößern lassen, um ihre Freunde zu treffen. So blieb Nanolino allein im Boot und grübelte.

Was war geschehen? Der Opa hatte bei ihrem Eintritt in die Lunge mächtig angefangen, zu husten, und das Boot als Fremdkörper aus der Lunge befördert. So landeten sie groß wie ein Staubkorn auf Opas Hemd. Da ihre Kleidung mit einem elektrischen Signalgeber ausgestattet war, ortete Micro Minitec sie in dem Moment, in dem sie den Körper verließen. Sie vergrößerte sie so weit, dass die » Aquarius « so groß wie eine Fingerspitze wurde. Deutlich sichtbar für alle, lag das Boot jetzt auf Lillys Hand. An der Außenseite hing Gobbot – wie ein Haifisch im Netz.

Lilly war neben Herrn Sonntag getreten und starrte auf das Unfassbare. Marie stand neben ihr und bewunderte ihren Mini-Bruder. Sie konnte sich gar nicht vorstellen, dass sie genauso klein gewesen war. Triumphierend stieg Nano

Lachen Lachen ist gesund! Es wirkt befreiend und wirkt total positiv auf deinen Körper und deine Gefühle. Es fördert die Produktion von körpereigenen Glückshormonen, lässt uns tief atmen und den Körper mit Sauerstoff versorgen und massiert das Zwerchfell. Vor allen Dingen bremst Lachen die Stresshormone und stärkt das Immunsystem, seelische Blockaden und Ängste können abgebaut werden. 240 von insgesamt 630 Muskeln unseres Körpers werden vom Lachen trainiert. Und halte dich fest, es gibt richtige Lachtherapien, leider noch nicht auf Rezept. Ein indischer Arzt gründete dazu den ersten Lachklub vor zehn Jahren in Indien. Der berühmteste Lachtherapeut ist Patch Adams, über den bereits ein Hollywoodfilm gedreht wurde. Er behandelt insbesondere psychisch Kranke, autistische oder misshandelte Kinder und vom Tod geweihte Menschen mit Lachen, um ihr seelisches Gleichgewicht wiederherzustellen.

aus dem Boot und sah sich Gobbot im Netz von allen Seiten genau an. Als er sich dem Kopf näherte, schoss ihm das Teleskopauge entgegen. »Hey, Nanolino«, rief Micro Minitec entsetzt, »sei vorsichtig! Du bist nicht unverwundbar!«

Aber Nano hatte keine Angst mehr. Er ging ins Boot zurück und kam mit einer Laserwaffe heraus. »Darf ich das machen, was ich die ganze Zeit tun wollte? Gobbots bewegliche Teile festschweißen oder zerlegen?«

»Weißt du denn, wie du es anstellen musst?«, fragte Dr. X.

»Klar. Wenn man mit dem Laser Metalle schneiden kann, dann wird man wohl auch Gobbots Metallsehnen an Beinen und Armen durchtrennen oder verlöten können.«

»Setz dir deine Brille wieder auf, damit der Laser nicht dein Auge verletzt«, riet ihm Micro Minitec. Mit Brille machte sich Nano daran, den Roboter durchzutrennen.

Er brauchte nicht lange. Der Roboter war für eine solche Situation nicht programmiert und wehrte sich nicht. Gobbot war

Ein Lungenbläschen mit einem Netz von Gefäßen zum Gasaustausch

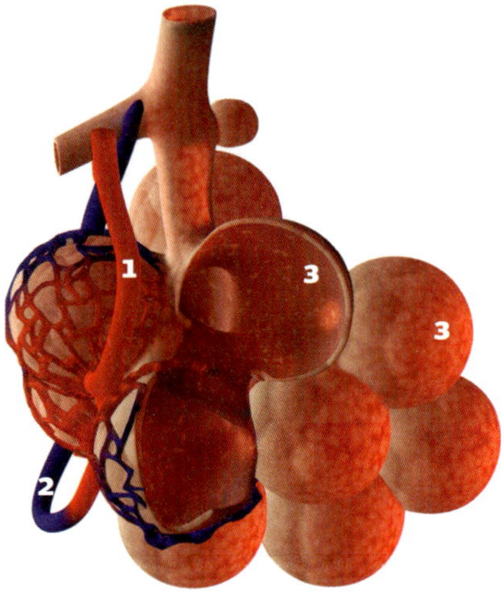

1 Arterie (rot)
2 Vene (blau)
3 Lungenbläschen

ein Computer auf zwei Beinen, der weder fühlen noch selbstständig denken konnte und keine Schmerzen empfand.

Nach getaner Arbeit wischte sich Nano den Schweiß von der Stirn, schob die Brille nach oben und rief: »Ich könnte jetzt ein erfrischendes Bad gebrauchen!«

»Gute Idee!«, rief Micro Minitec vergnügt. »Komm, ich setz dich in mein kleines Minischwimmbad. Vorher muss ich dich noch mal verkleinern. Aber halt, zuerst müssen wir Gobbot loswerden.«

»Ja, und wie?«

»Geh zum Boot und zieh am langen Hebel rechts neben der Einstiegsluke, siehst du ihn?«

Nanolino krabbelte ins Boot: »Ja!«

»Zieh den Hebel zu dir heran, und Gobbot wird aus dem Netz rollen. Den Rest erledigen wir.«

»Willst du den elenden Typen nicht sofort zerstören?«, fragte Nano entsetzt.

»Sicher, dem muss jetzt endlich ein für alle Mal ein Ende gemacht werden.«

»Dann solltest du ihn sofort mit dem Laser verdampfen.«

»Nein, kleiner Medicus, erst wenn man eine Krankheit genauestens erforscht, und sei sie noch so bedrohlich, kann man erfahren, wie sie zu besiegen und vielleicht zu heilen ist. Und Gobbot ist auch eine Krankheit. Nur, weil man die Pocken und andere schwere Erkrankungen wie Tetanus, Diphtherie oder Masern ergründet hat, konnte man sie mithilfe von Impfungen in Schach halten. Ich muss Gobbot Stück für Stück auseinandernehmen, ihn gründlich untersuchen und herausfinden, wie er funktioniert. Denn was Schlotter konstruieren konnte, kann irgendwann ein anderer Wissenschaftler von Neuem entwickeln.«

Mikro hob ihre Hand, aus Nanos Perspektive wirkte sie riesenhaft, und nahm Gobbot zwischen ihren rechten und linken Zeigefinger, kniff ein Auge zu und hielt sich den Roboter vor das andere Auge. Sie nickte zufrieden.

Nanolino kehrte ins Boot zurück. Dr. X nahm es vorsichtig aus Lillys Hand und setzte es in eine kleine, mit Wasser gefüllte Glasschüssel. Micro schrumpfte es mitsamt Nano wieder auf Staubkorngröße.

Husten

Husten tritt vor allem in der kalten Jahreszeit auf, wenn man erkältet ist. Es bedeutet, dass der **Bronchialbaum** in seinen letzten Verästelungen entzündet ist. Das kann beim Ein- und Ausatmen ziemlich wehtun. Manchmal kannst du ein pfeifendes oder rasselndes Geräusch beim Atmen hören. Dies passiert dadurch, dass die eingeatmete Luft durch die Atemwege gepresst wird, die durch das geschwollene und entzündete Gewebe eingeengt und zum Teil mit **Schleim** gefüllt sind. Da deine Nerven durch die Entzündung gereizt werden, musst du ständig husten, und oft kommt Schleim dabei heraus. Durch eine **Entzündung** in der Lunge kannst du Fieber bekommen, da der Körper versucht, die Krankheitserreger durch Aufheizen zu zerstören.

»So, nichts wie los«, verkündete Micro Minitec. »Wenn du magst, kannst du jetzt eine Runde schwimmen gehen.« Das ließ sich Nanolino nicht zweimal sagen. Er öffnete die Tür, stellte sich auf die Schwelle und hüpfte, angezogen wie er war, ins Wasser. Er planschte ausgiebig und stieß Freudenschreie aus. Das Wasser hatte angenehme 26 Grad. Nanolino kraulte, tauchte, machte Kopfstand unter Wasser, legte sich auf den Rücken und verschränkte die Arme. Dann schwamm er zurück zur »Aquarius« und rief: »Könnt ihr mich überhaupt sehen?«

»Aber sicher, guck doch mal nach oben, du planschst unter einem Mikroskop. Wir bewundern gerade deine Akrobatik.«

Nanolino hob den Kopf und sah zwei gigantische Fernrohre auf ihn gerichtet.

»So was, man ist doch nirgends unbeobachtet.«

Nano kletterte auf das Dach des Bootes, legte sich in die Delle, schloss die Augen und ließ Arme und Beine über die Kante baumeln. Das ging prima, denn Micro Minitec hatte das »Blutkörperchen« inzwischen noch mehr geschrumpft.

Dr. X und Micro Minitec waren sich einig: Nanolino sollte für sein nächstes Abenteuer bestens vorbereitet werden und einen professionellen Tauchkurs absolvieren. Micro Minitec musste auch noch Spezialkleidung für ihn entwerfen, zur Tarnung vor den Killerzellen und ihren Komplizen. Dazu benötigten sie Zeit.

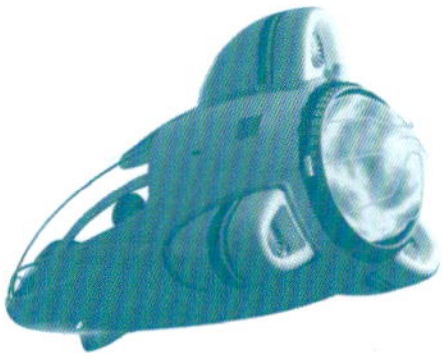

Alle Menschen sind innen gleich

Die fünf Freunde feierten am Tage darauf – Nano war wieder originalgroß – ihren Sieg über Professor von Schlotter und seinen Helfershelfer, die immer noch im »Hypnoseraum« schnorchelten. Dr. X und Micro Minitec luden sie zu einem großen Fest in die Villa Ypsilon ein. Opa Sonntag war natürlich dabei. Sie saßen an einer riesigen Tafel und genossen die leckersten Sachen. Sie nannten sich »Deine Freunde«. Lilly, Manuel und Frido baten Nanolino und Marie immer wieder, zu erzählen, wie es war auf ihrer Reise in den Körper. Sie beneideten die beiden, so ein Abenteuer als Bodynaut hätten sie auch gern erlebt.

»Irgendwann seid auch ihr an der Reihe«, tröstete Micro Minitec sie. »Zuerst muss ich Nano zum Piloten ausbilden. Wenn er so weit ist, kommt ihr dran. Mit einem erfahrenen Piloten an der Seite ist es viel einfacher.«

Auf einmal keuchte Lilly wie eine Dampflok. »Krchhhh, krchhhh.« Sie hustete, spuckte und gestikulierte wild mit den Armen.

Manuel schlug ihr auf den Rücken, vor lauter Angst, sie würde ersticken. Doch Dr. X ermahnte die Kinder, ruhig zu bleiben, und hörte sich Lillys Geröchel genau an: »Was spürst du?«

»Krchhh, krchhh, chhhab eine Chräte verschlucht, glaub ich!«

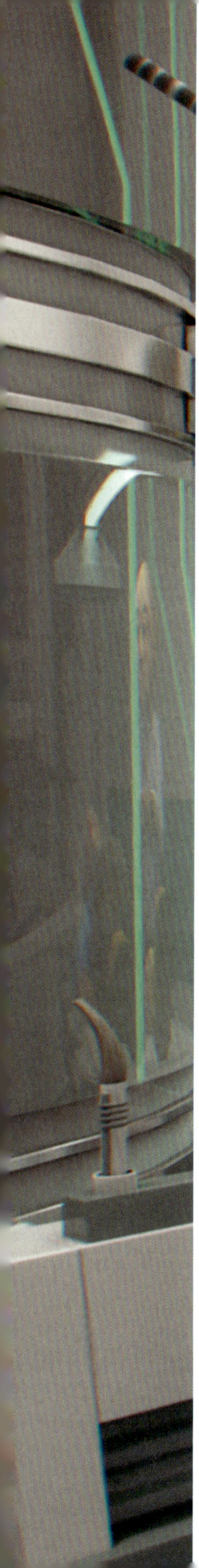

Sie war kaum zu verstehen. »Eine chhhrosse Chhhräte«, sagte sie und zeigte hektisch auf den Teller, auf dem ein gebratener Fisch lag. Da war klar, was passiert war. Sie hatte eine Gräte verschluckt. Dr. X nahm Lilly an die Hand.

»Komm, wir gehen schnell in meinen Durchleuchtungsraum und versuchen herauszufinden, wo die Gräte steckt«, sagte er und zog Lilly mit sich.

Die Kinder gingen hinterher.

»Normalerweise muss man jetzt ganz viele Kartoffeln essen«, meinte Dr. X, »die hüllen die Gräte ein.«

»Krchhh, aber ich weich nich, es pikst hier so.«

»Ja, ich glaube«, er sah, wie Lilly sich immer wieder mit der Hand auf den Brustkorb klopfte, »dass die Gräte irgendwo in deinem Rachen oder in deiner Speiseröhre feststeckt. Wir sollten röntgen, um herauszufinden, wo sie ist.«

»Wie willst du das rausfinden?«, fragte Nanolino. »Eine Gräte ist doch aus Knorpel, und Knorpel kann man doch normalerweise auf einem Röntgenbild nicht sehen.«

»Mensch, der kleine Medicus hat wirklich viel gelernt. Ich kenne da einen Trick. Wir geben Lilly ein mit Kontrastmittel getränktes Wattebäuschchen zum Schlucken. Wenn die Gräte stecken geblieben ist, bleibt die Watte daran hängen, und wir wissen, wo sie sich befindet.«

Die Gruppe betrat den Röntgenraum. Lilly legte sich in das Röntgengerät, während die anderen in einem abgetrennten Raum vor dem Bildschirm standen. Zunächst sahen sie nur die Knochen der Wirbelsäule und sonst nichts. Dann gab Dr. X Lilly den Wattebausch, den sie erst auf die Zunge legte. Auf einmal leuchtete ein schwarzer Fleck auf dem Monitor auf. Zuerst erblickten sie ihn in der Mundregion, dann bewegte er sich langsam wie eine Schlange nach unten. In der Nähe des Herzens blieb der Fleck stehen. Er bewegte sich keinen Millimeter mehr.

»Seht ihr, Kinder, jetzt haben wir die Gräte gefunden! Der Wattebausch hängt etwa in der Mitte der Speiseröhre fest.«

»Und was passiert jetzt?«, riefen die Kinder.

»Muss Lilly jetzt ins Krankenhaus und operiert werden?«

»Immer mit der Ruhe. In der Tat muss Lilly einen Schlauch schlucken, mit dem ich in die Speiseröhre gucken und über den ich mit einer Zange die Gräte herausziehen kann.«

Lilly schüttelte heftig den Kopf: »Iccch schluck nichts mehr«, rief sie, »gaaa nichhts!« Sie hielt sich wieder die Brust.

Micro Minitec schaute sie mitleidig an.

»Micro! Ich weiß, was wir tun!«, rief Nanolino plötzlich.

»Und was?«

»Du mikrotisierst mich und ich hangle mich wie ein Bergsteiger durch die Speiseröhre nach unten und ziehe die Gräte raus, na?«

»Du als Bergsteiger, nie und nimmer«, antwortete sie. »Du könntest abgleiten, abstürzen, und Lilly könnte dich verschlucken. Nein, nein, das ist mir zu gefährlich.«

»Quatsch«, antwortete der kleine Medicus. »Das ist kein Problem. Du verkleinerst mich auf Kirschkerngröße und ich sichere den Abstieg mit einem Seil. Lilly muss ihren Mund weit öffnen, aufhören zu schlucken, und ich krabbele über die Zunge nach hinten. Dann seile ich mich in die Speiseröhre ab. Und ihr habt mich sicher am Faden und könnt mich jederzeit wieder rausziehen. Ich kenne mich schließlich da aus …«

Heilen

Jeder Mensch besitzt Heilkräfte. Zumindest für sich selbst. Du auch! Du verfügst über enorme Selbstheilungskräfte. Diese zu aktivieren oder zu stärken, ist wesentliches Ziel jeder Therapie, sowohl wenn man Krankheiten vorbeugt als auch sie behandelt. Geheilt ist jemand, dessen Krankheit besiegt bzw. dessen innere Heilkräfte aktiviert wurden, um notwendige Veränderungen in der Lebensführung herzustellen. Im medizinischen Alltag wird der Begriff »Heilen« meistens für den Therapieprozess benutzt, also die Behandlung mit Medikamenten, Massagen, Operationen, Gesprächen oder Krankenpflege. Doch Heilen ist viel mehr! Das tröstende, verständnisvolle Wort zum Beispiel einer Mutter, eines Arztes oder eines Priesters kann ebenso dazugehören wie das In-den-Arm-Nehmen. Manchmal reicht das bloße Handauflegen. Und es gibt Menschen, die haben einfach eine heilende Ausstrahlung und aktivieren damit deine Selbstheilungskräfte.

Micro Minitec nickte und gab ihm noch eine Tauchermaske. »Ich hab noch eine Sauerstoffflasche, die verkleinere ich, damit sie auf deinen Rücken passt, anschließend bist du dran.«

Lilly war zwar etwas mulmig zumute, war aber gleichzeitig erleichtert, dass sie jetzt keinen Schlauch schlucken musste.

Micro Minitec schrumpfte Nanolino auf einen halben Zentimeter. Er hatte die Taucherbrille und einen Kopfhörer mit Mikrofon auf. Auf der Stirn war eine Lampe mit einem Gurt an seinem Kopf befestigt. Auf dem Rücken trug er die Sauerstoffflasche, um seinen Körper hatte er ein Seil geschlungen.

Als Nano mit bloßen Füßen über Lillys Zunge lief, prickelte und kitzelte es ein wenig. Das berichtete sie später. Er lief an den Mandeln vorbei und ließ sich dann an der Rachenwand am Seil abwärtsgleiten, bis er das riesige Wattebällchen sah. Es hing tatsächlich an der Spitze der Gräte und drohte, jeden Moment abzustürzen. Er seilte sich weiter ab. Im Nebenzimmer des Röntgenraums verfolgten die anderen auf einer Leinwand, wie Nano mit den Händen die Gräte packte, sich mit den Füßen gegen die Wand stemmte und kräftig zog. Mit einem letzten Ruck hatte er endlich die Gräte, die wie ein Speer in der Rachenwand steckte, herausgerissen. Der Wattebausch verschwand nach unten. Nano schwenkte die Gräte wie eine Trophäe über seinem Kopf, dann zog er dreimal am Seil, das verabredete Signal für den Rückzug.

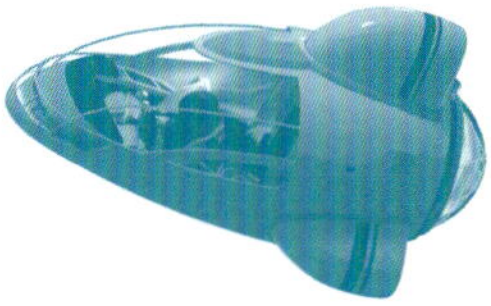

Jeder Mensch ist ein Juwel

Eines verwunderte ihn. Darüber musste er unbedingt mit allen sprechen: Auf dem Weg zur Gräte sah bei Lilly alles so aus wie bei Micro Minitec und Opa Erwin: Zähne, Zahnfleisch, Gaumen, Gewebe, Mandeln, Schleimhäute, Speiseröhre. Und was ihn besonders beeindruckte: Die Farbe des Gewebes innen war bei allen völlig identisch. Vor dem Ausflug hatte er vermutet, dass Lilly von innen genauso braun aussehen würde wie von außen. Er war verwirrt und begeistert zugleich. Jetzt wusste er, dass sich die Menschen nur durch die Farbe der Haut, der Augen und Körpergröße unterscheiden. Na ja, und manche waren dünn, andere eben dicker. Der innere Körper jedoch sieht bei allen Menschen auf dieser Erde fast hundertprozentig gleich aus. Dennoch unterscheiden sie sich im Charakter, ihrer Lebensgeschichte und der Seele. »Jeder Einzelne ist etwas ganz Besonderes, ein wirklicher Juwel«, dachte Nano, und diese Erkenntnis machte ihn überglücklich. »Lasst uns weiterfeiern …«, rief er.

»Moment, ohne etwas zum Anstoßen geht das nicht!« Leoberta balancierte ein übergroßes Tablett auf ihrer Hand. Es gab eine riesige Apfelschorle für jeden.

Nano hob das Glas. »Wir haben gemeinsam so viel durchgemacht und gelernt, das werde ich euch nie vergessen. Lasst uns anstoßen auf diese ›Sternstunden‹ der Menschheit!«

Alle prosteten sich vielsagend zu. Manuel griff zur Gitarre und spielte südamerikanische Musik, und die Anwesenden begannen, ausgelassen zu tanzen.

»Olé«, rief Lilly, die sich sichtlich von dem Vorfall erholt hatte, stampfte immer schneller mit den Füßen, warf die Arme in die Luft und drehte sich wie ein Wirbelwind.

Auf einmal war der ganze Raum in Rot getaucht. Wie von Geisterhand gesteuert, schwebte ein kleiner, roter Punkt ins Zimmer. Er wurde größer und größer. Es wurde mucksmäuschenstill. Alle starrten wie gebannt auf diese Erscheinung. Und auf einmal schwebte ein rotes Herz über ihren Köpfen mitten im Raum, größer als sie alle, knallrot und durchsichtig. »Wumm … wumm«, schlug das Herz, zog sich zusammen und entfaltete sich wieder, gleich den sich wiegenden Wellen eines Ozeans.

»Ist ja voll cool!«, rief Lilly, die abrupt aufgehört hatte, zu tanzen.

»Wie mein verletzter Fuß, der flog doch auch plötzlich durch die Luft«, erinnerte sich Frido.

Alle begannen durcheinanderzureden, auf das Herz zu zeigen, versuchten, es mit den Händen zu berühren.

»Das ist eine holografische Darstellung Ihres Herzens, verehrter Herr Sonntag. Wir haben es aufgenommen, als Nanolino und Marie Sie in schwierigster Mission gerettet haben. Sie können Ihren Enkeln froh und dankbar sein«, sagte Dr. X.

Ernst sah er über den Brillenrand in die Runde. Es musste ja keiner wissen, dass sie alle gerade Live-Bilder von Opas Herz sahen. Wie Micro das schon wieder angestellt hatte, war ihm ein Rätsel. Nanolino war in Gedanken versunken. Enthielt das Herz vielleicht die Seele? Er musste das unbedingt herausbekommen. Im Gehirn hatte er Opas Seele ja nicht gefunden, auch nicht im Magen oder Bauch.

»Lieber Opa«, sagte er. »Marie und ich freuen uns, dass es dir jetzt wieder besser geht!«

Der Großvater nickte ihm zu, brummelte »kleiner Quatschkopf« und lächelte die Kinder an.

In diesem Moment ertönte ein entsetzliches Getöse in der Villa Ypsilon. Es krachte fürchterlich, das ganze Haus vibrierte. Micro Minitec hastete aus dem Zimmer. Die Kinder sahen sich erschrocken an. »So ein Mist! Himmel, Donner ...«, hörten sie Micro fluchen. Schnelle Schritte hallten durch den Flur. Eine Tür summte. »Halt, stehen bleiben! Stopp! Her mit den Daten! Professooooor von Schloootttter ...«, kreischte Micro Minitec. In der Ferne sah man den hinterhältigen Professor, gefolgt von Scherge, mit Micros Laptop vom Grundstück stürmen. Ein riesiges Ungetüm wankte hinterher. Ein neuer GOBBOT! Die Gangster hatten den Beamer angelassen, der weiter makrotisierte ...

Rappel starrte mit wütend funkelnden Augen hinterher.

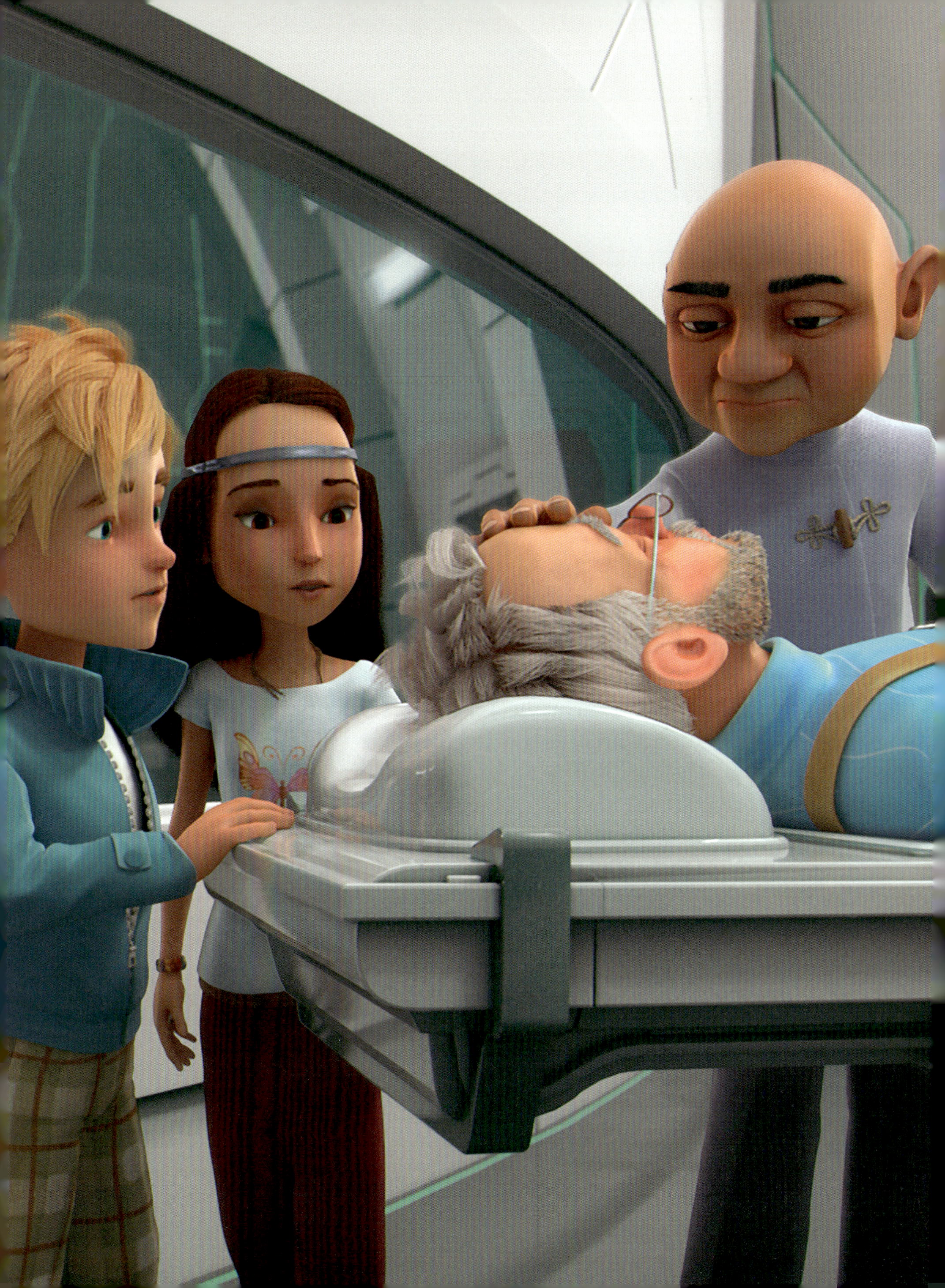

Medizinservice für Kinder (und Eltern)

Dein Körper – ein eigener Globus

Unser Körper ist sehr kompliziert gebaut. Es ist schon fast ein Wunder, dass wir so »einfach« funktionieren. Egal, ob Sommer oder Winter, Tag oder Nacht, ob wir klein oder groß sind, alt oder jung – der Körper arbeitet immer automatisch weiter. Auch wenn wir schlafen, denken, entspannt Musik hören oder uns streiten, ist er tätig.

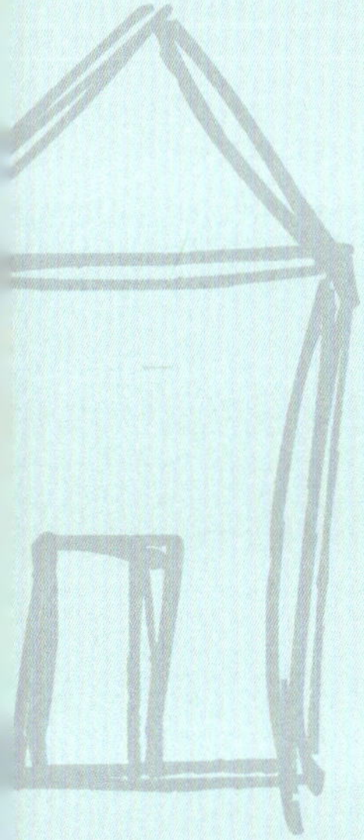

Unbemerkt wachsen unsere Haare und Nägel. Kinder werden größer, jeden Tag ein Stück, und älter. Sie wachsen nachts sogar mehr als am Tag. Eine Schürfwunde nach einem Fahrradsturz heilt, ohne dass wir uns Gedanken darüber machen müssen. Unser Herz schlägt im Schlaf weiter, während wir tief in unserer Traumwelt schlummern. Wir besitzen sogar so etwas wie eine eigene Polizei, die uns vor krank machenden Keimen schützt. Brechen wir uns beim Sport einen Knochen, wächst er im Gips von allein wieder zusammen. Ist das nicht alles unglaublich?

Dein Körper ist eine spannende und aufregende Welt, und es macht Spaß, sie zu erkunden. Das ist wie eine Weltreise durch verschiedene Länder und Kulturen.

Stelle dir vor, du bewegst dich in dem Ort, in dem du wohnst. Schaust du dich um, siehst du ganz verschiedene Häuser. Manche sind groß und breit, andere sehen eher wie kleine Hexenhäuser aus. Und dahinten steht ein Hochhaus mit einer Sporthalle daneben. Diese Gebäude haben unterschiedliche Farben und sehen von innen alle anders aus. Zwischen den Häusern liegen Straßen und Gärten. Wenn du dir die Straßen auf deiner Stadtkarte anguckst, erkennst du ein bestimmtes Muster. In dem Straßengewirr kannst du vielleicht Wohngegenden, Parks, Schwimmbäder und Kirchen ausmachen.

Und dann sieh dir die Menschen und Tiere an, die in deinem Ort herumlaufen. Bestimmt bemerkst du, dass sie alle anders aussehen und anders gebaut sind.

Jetzt reise in Gedanken zum Beispiel nach Holland, Frankreich, China oder in die USA. Vielleicht warst du im Urlaub sogar schon einmal dort. Oder stelle dir vor, du bist plötzlich in einer anderen Stadt. Achte dort auf genau die gleichen Dinge. Die Häuser sehen anders aus, die Straßenkarte hat ein anderes Muster, und die Menschen sind auch nicht die gleichen wie in deinem Ort.

Wenn du alle diese Städte vergleichst, merkst du vielleicht, wie sehr sie sich voneinander unterscheiden.

Dein Körper ist auch aus verschiedenen Städten und Landschaften aufgebaut. Nennen wir diese Städte zusammen Organe. Und jede dieser Städte deines Körpers, also deiner Organe, sieht ganz, ganz anders aus, liegt woanders, hat eigene »Stadtpläne« und spezielle Aufgaben. Die Landschaften kannst du mit den Organsystemen vergleichen, zum Beispiel Niere-Harnleiter-Blase-Harnröhre oder Nase-Rachenraum-Bronchien-Lunge, die zusammenarbeiten. All die Menschen und Tiere in dieser Mikrowelt deines Körpers sind rote, weiße oder andere Blutzellen, Bakterien ... Spannend, oder?

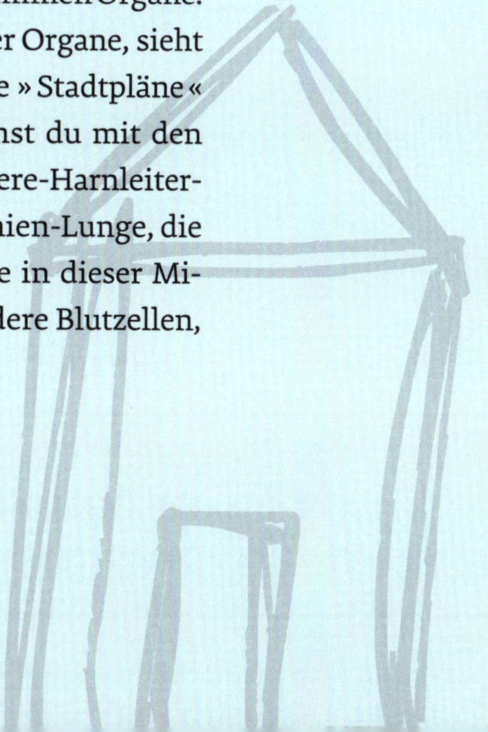

Deine Bestandteile (Anatomie)

1 Stirnbein
2 Scheitelbein
3 Jochbein
4 Oberkiefer
5 Unterkiefer
6 Halswirbelsäule
7 Schlüsselbein
8 Schulterblatt
9 Schulter
10 Oberarmkopf
11 Oberarmschaft
12 Rippe
13 Brustwirbelsäule
14 Ellenbogen
15 Elle
16 Lendenwirbelsäule
17 Speiche
18 Beckenschaufel
19 Hüftgelenk
20 Steißbein
21 Oberschenkelkopf
22 Großer Rollhügel
23 Kleiner Rollhügel
24 Handwurzelknochen
25 Mittelhandknochen
26 Fingerknochen
27 Oberschenkelschaft
28 Kniegelenk
29 Kniescheibe
30 Schienbein
31 Wadenbein
32 Fußwurzelknochen
33 Mittelfußknochen
34 Zehenknochen

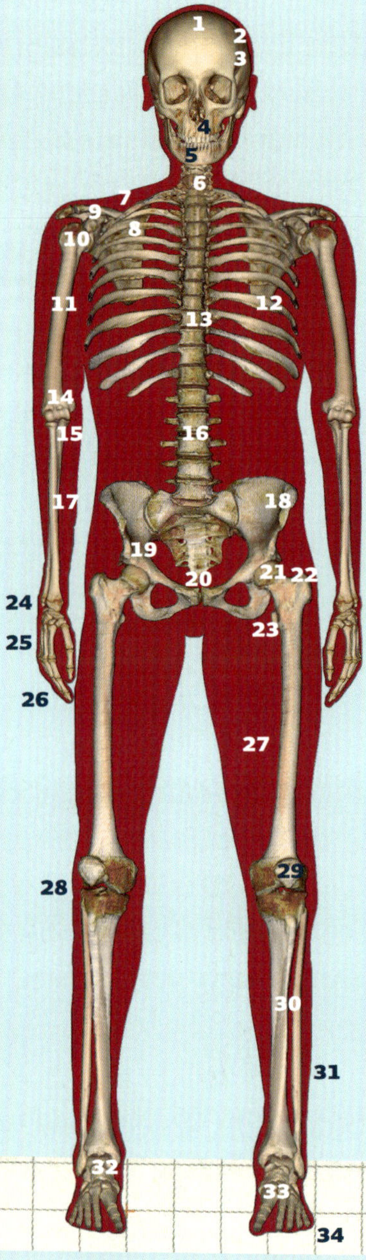

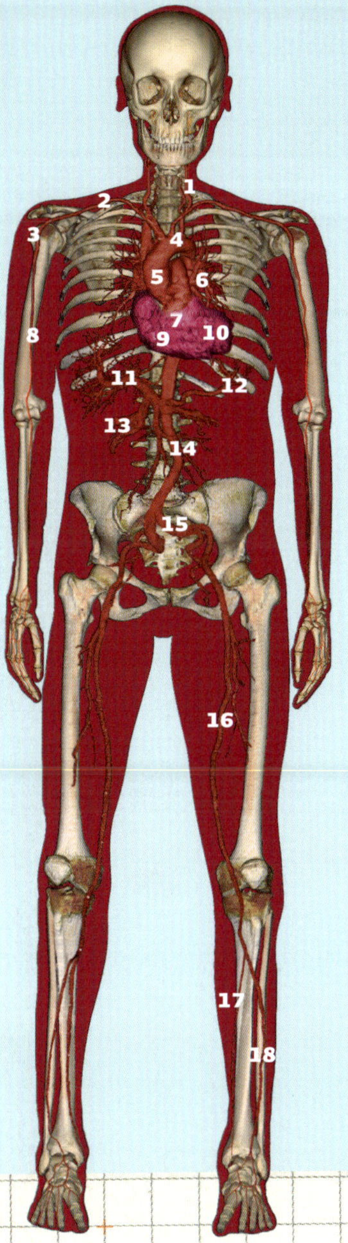

1 Halsschlagader
2 Schlüsselbeinschlagader
3 Achselschlagader
4 Hauptschlagaderbogen
5 Aufsteigende Hauptschlagader
6 Lungenschlagader
7 Herz
8 Oberarmschlagader
9 Rechte Herzkammer
10 Linke Herzkammer
11 Nierenschlagader
12 Milzschlagader
13 Leberschlagader
14 Bauchschlagader
15 Beckenschlagader
16 Oberschenkelschlagader
17 Schienbeinschlagader
18 Wadenbeinschlagader

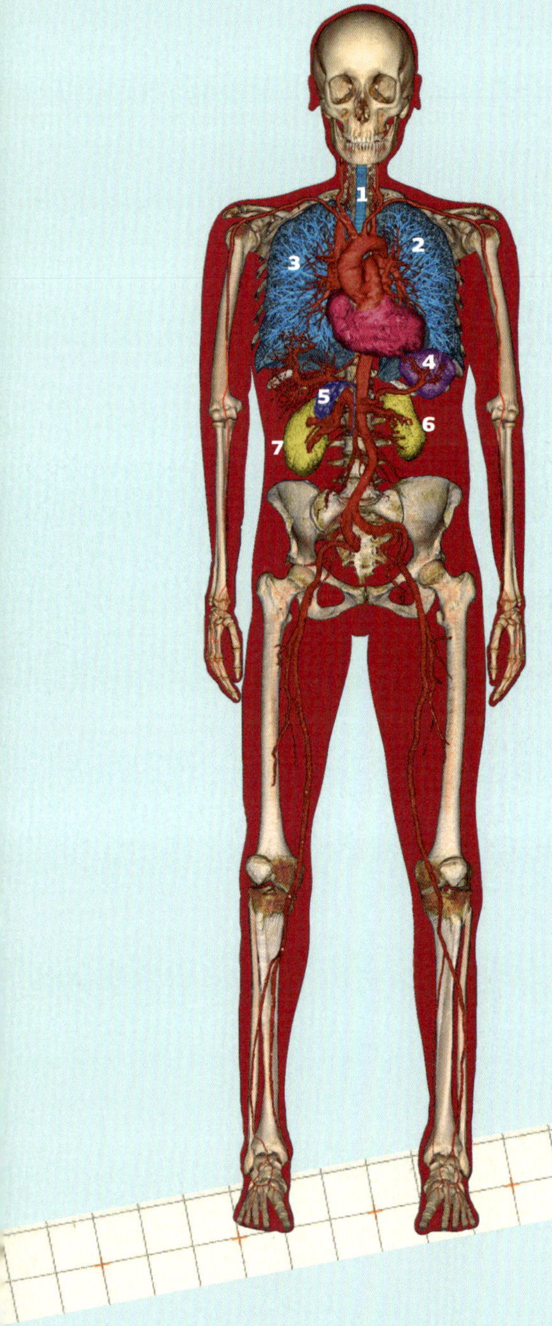

1 Luftröhre
2 Linke Lunge
3 Rechte Lunge
4 Milz
5 Galle
6 Linke Niere
7 Rechte Niere

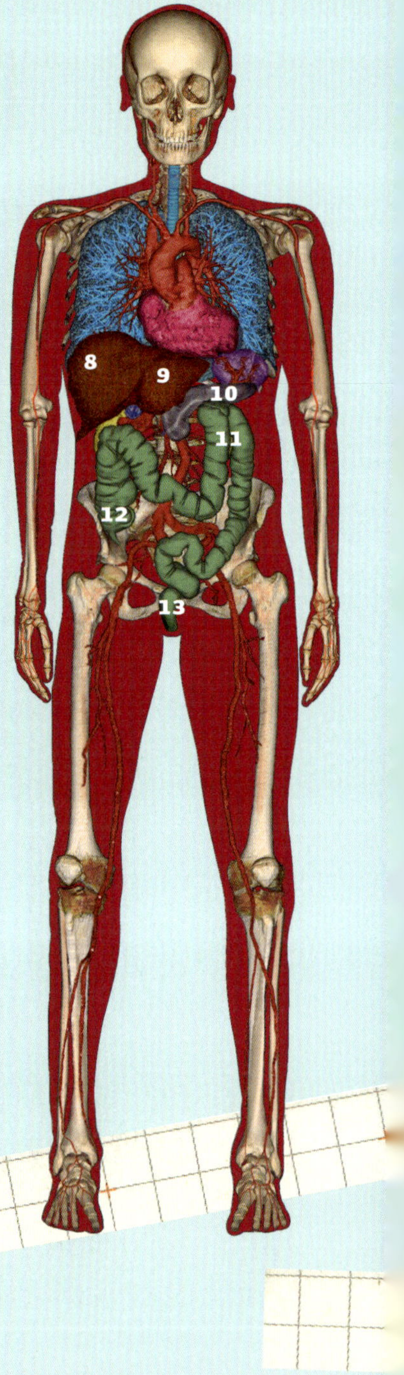

8 Rechter Leberlappen
9 Linker Leberlappen
10 Bauchspeicheldrüse
11 Dickdarm
12 Wurmfortsatz
13 Enddarm

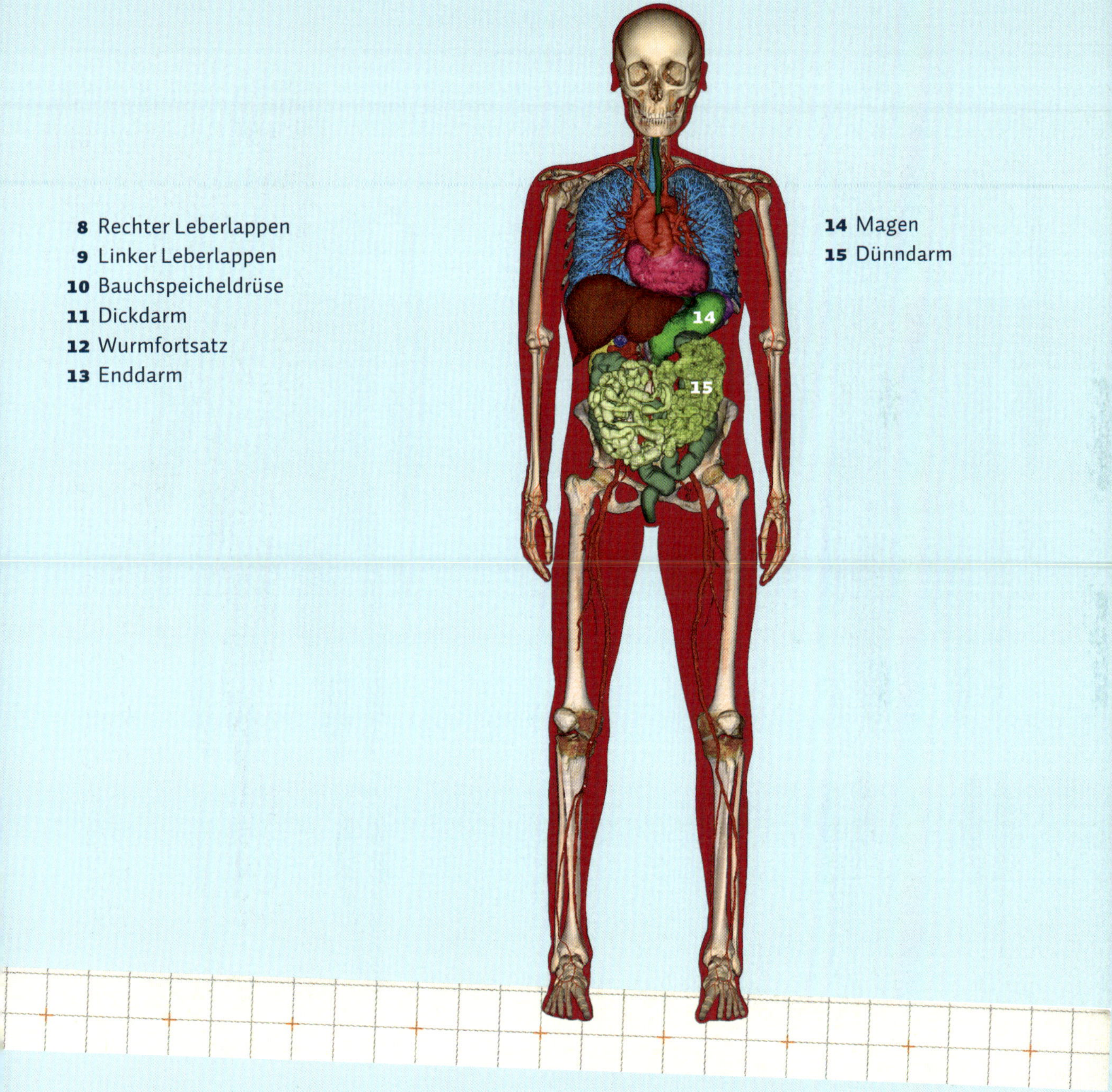

14 Magen
15 Dünndarm

Lymphbahnen und Nervenbahnen

Kernspintomografischer Ganzkörperschnitt

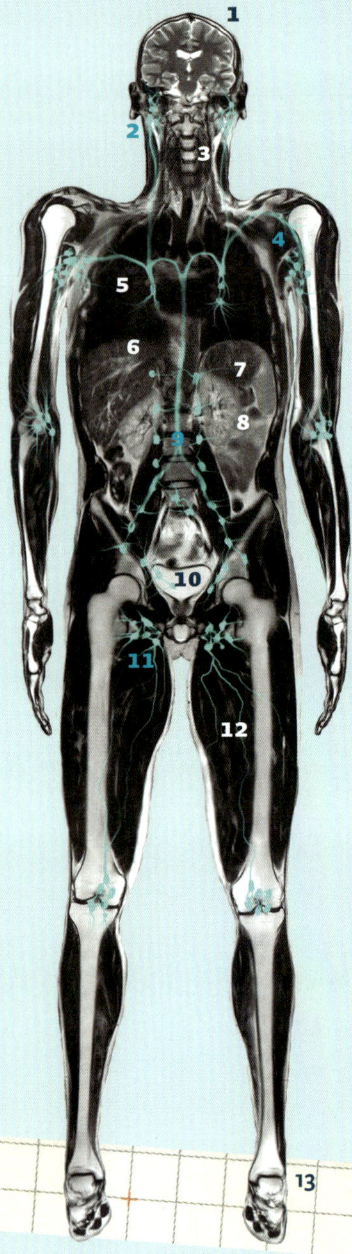

1 Gehirn
2 Halslymphknoten
3 Halswirbelsäule
4 Achsellymphknoten
5 Lunge
6 Leber
7 Milz
8 Niere
9 Zentraler Lymphgang
10 Harnblase
11 Leistenlymphknoten
12 Oberschenkelmuskulatur
13 Sprunggelenk

14 Armnerv
15 Rückenmark
16 Segmentnerven
17 Ischiasnerv

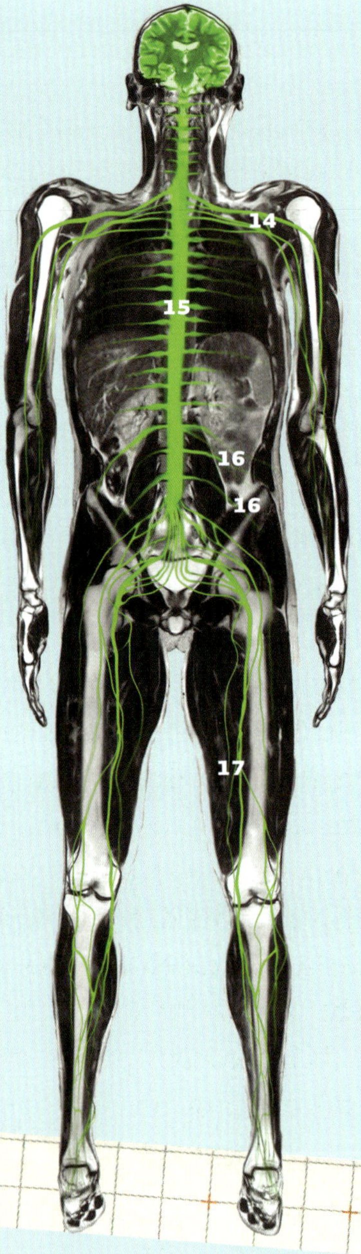

Der Besuch beim Arzt

Bei dem Wort » Arzt « geht es vielen von euch bestimmt so ähnlich, wie es mir früher ergangen ist. Ihr denkt an Schmerzen, piksende Nadeln und Schwestern, die einen festhalten. Vielleicht habt ihr sogar ein bisschen Angst ... Aber mal ganz ehrlich – ist das wirklich nötig?

Das Schöne ist, dass wir als Patienten eine Menge zu einem angenehmen Arztbesuch beitragen können. Das fängt damit an, den richtigen Arzt für sich zu finden. Denn es ist wichtig, einen netten Arzt zu haben, einen, den du magst und zu dem du gerne gehst. Am besten, du suchst dir eine Praxis aus, in der du dich so richtig wohlfühlst. Wo die Arzthelferinnen freundlich sind und du gerne im Wartezimmer sitzt, weil da spannende Bücher und Spielsachen sind oder andere Kinder.

Noch ein Tipp: Frage den Arzt, was du wissen möchtest. Sicher kennst du das, du bist beim Doktor und fühlst dich plötzlich nicht mehr wohl, hast Angst vor allem, was da kommen könnte, und traust dich nicht, etwas zu sagen? Das geht vielen so. Aber der Arzt ist da, um dir zu helfen. Wenn er dich untersucht, möchte er deinen Körper kennenlernen. Deshalb sucht er nach Stellen an deinem Körper oder deinen Organen, die dich vielleicht krank machen. Vertraue deinem Arzt und sprich mit ihm.

Wie kannst du deinem Arzt helfen?

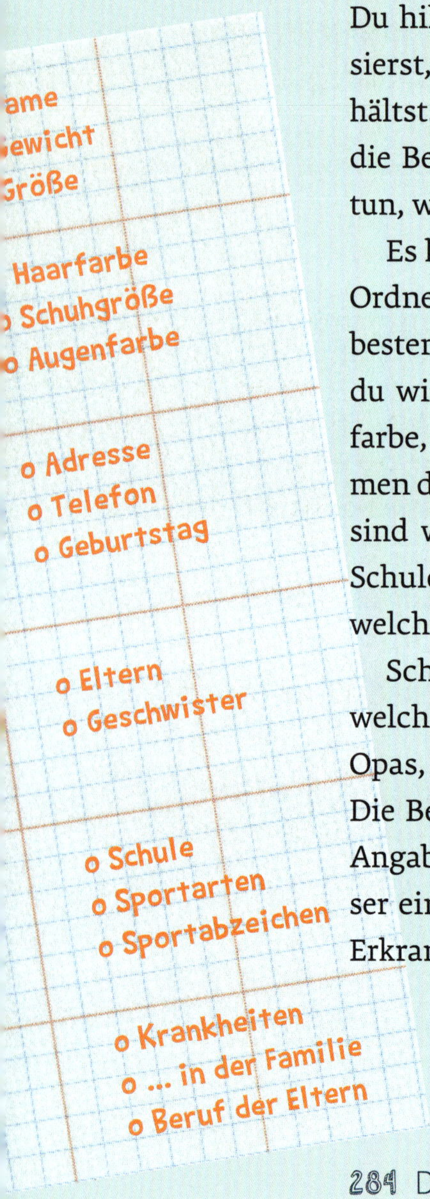

Du hilfst dem Arzt, wenn du dich für deinen Körper interessierst, wissen willst, wie er funktioniert und du ihn gesund erhältst. Denn dann kannst du die Ratschläge deines Arztes und die Behandlung besser verstehen, und es fällt dir leichter, zu tun, was der Doktor dir empfiehlt.

Es kann hilfreich sein, dir einen kleinen Ausweis und einen Ordner zu basteln, der über dich Auskunft gibt. Also nimm am besten ein Bild von dir, hefte es ein und schreibe dazu, wie viel du wiegst, wie groß du bist, Haarfarbe, Schuhgröße, Augenfarbe, Adresse mit Telefonnummer, Geburtstag. Auch die Namen deiner Eltern und Geschwister sowie deren Geburtsdatum sind wichtig. Mache Angaben über deine Ausbildung, deine Schule, welchen Sport du treibst, welche Sportabzeichen oder welche Turniersiege du vielleicht schon errungen hast.

Schreibe auch auf, welche Krankheiten du gehabt hast und welche in deiner Familie bekannt sind, woran deine Omas, Opas, Tanten und Onkel schwer erkrankt oder gestorben sind. Die Berufe deiner Eltern solltest du auch notieren. Alle diese Angaben sind wichtig für deinen Arzt. Er kann dann viel besser einschätzen, was du hast, dich gezielter untersuchen und Erkrankungen vorbeugen.

Wenige Grundsätze zur Selbsthilfe

Wenn du dich krank fühlst:

Sei bitte vorsichtig, damit die Keime nicht wandern, zum Beispiel ins Gehirn, Herz oder in die Gelenke. Also keine Anstrengungen, nicht Laufen oder Sport bei Fieber.

Gönne dir einige Tage Ruhe, am besten im Bett; anschließend fange langsam an, dich regelmäßig zu bewegen. Bei Fieber gehörst du ins Bett! Das ist schade! Du kannst dabei aber viel schlafen oder lesen, das tut dir gut.

Du solltest viel trinken und wenig essen. Bei Fieber sind kalte Flüssigkeiten mit viel Vitamin C oder Kräutertees am besten. Leichte, vitaminreiche Kost wie Gemüse- oder Hühnerbrühe geben mit Salzen und Mineralien Kraft, Reis bindet Keime. Frisches Obst und Salate (nicht bei Durchfall) enthalten Vitamine.

Halte den Körper gleichmäßig warm und nimm zusätzlich ein Bad von etwa 37 Grad Celsius Wassertemperatur. Nutze nur in Absprache mit dem Arzt des Vertrauens ätherische Öle. Besonders bei Kindern unter drei Jahren kann die Anwendung von Pfefferminz-, Eukalyptus- sowie Thymian-Ölen oder anderen ähnlichen Substanzen wie Kampfer zu lebensbedrohlichen Atembeschwerden führen. Auch die Haut kann stark gereizt werden. Wende lieber Spezialwickel (Wadenwickel bei Fieber, Senfwickel bei Husten, Bauchwickel bei Bauchschmerzen oder Blähungen usw.) an, und achte darauf, andere nicht anzustecken

Probiere erst Hausmittel aus, dann Naturheilmittel oder rezeptfreie Arzneimittel.

Gehe unbedingt zu einem Arzt, wenn die Beschwerden nicht innerhalb weniger Tage weg sind.

Wickel, Kompressen und Salbenverbände

Selbst gemachte Wickel, Kompressen und Salbenverbände sind leider aus der Mode geraten, da wir uns daran gewöhnt haben, mit Medikamenten, Salben oder Spritzen vom Arzt behandelt zu werden. Dabei kannst du sie wunderbar selbst bei leichten Erkrankungen wie Erkältungen oder Hautausschlägen anwenden, ohne den Arzt aufzusuchen. Vielleicht kennst du ja bereits Wadenwickel, die deine Mutter oder dein Vater dir gemacht haben, als du Fieber hattest, anstatt dir »Fieberzäpfchen« zu geben.

Aber wie werden Wickel, Kompressen und Salbenverbände vorgenommen? Bei welchen Erkrankungen helfen sie und was brauchst du dafür? Das Prinzip ist sehr einfach und immer ähnlich. Zunächst benötigst du drei verschiedene Sorten und Größen von Tüchern für drei verschiedene Lagen:

Für die innere Lage brauchst du ein Tuch aus Baumwolle oder Leinen (Geschirrhandtuch) und ein dünnes Frotteehandtuch, das doppelt so breit ist wie der Körperteil, den du behandeln möchtest.

Die mittlere Lage erfordert ein dickes Frotteehandtuch, das breiter ist als die Tücher für die Innenlage. Eine Ausnahme ist der Halswickel: Er benötigt keine mittlere Lage.

Für die äußere Lage nimmst du eine Wolldecke, einen großen Wollpullover oder Schal, die wiederum breiter sind als die mittlere Lage.

Ein paar kleine Regeln

Schlinge den inneren Wickel stramm um den betreffenden Körperbereich. Deine Füße solltest du mit Wollstrümpfen oder einer Wärmflasche schön warm halten. Ändere die Temperatur des Wickels nur langsam. Unterkühlte Menschen oder kalte Körperpartien bitte nicht weiter abkühlen. Bei der Anwendung von Wickeln solltest du Bettruhe einhalten!

Kompressen bestehen meist nur aus der inneren Lage (manchmal auch in Kombination mit der mittleren) und werden oft mit Verbandsmull vorgenommen.

Salbenverbände sind eine Art Kompressen, aber eben mit Salbe: Trage Salbe auf die zu behandelnde Stelle auf, lege eine Kompresse drauf: bei Schürfwunden eine Mullbinde, bei Verstauchungen oder Blutergüssen eine elastische Binde. Salben gegen Entzündungen solltest du mit dem Arzt oder Heilpraktiker absprechen. Schürfwunden kannst du am besten mit Betaisadonna-Salbe oder -Lösung als Kompresse versorgen. Hast du dir eine Verstauchung oder Zerrung zugezogen, trage die Salbe bitte ein bis zwei Millimeter dick auf. Zur Kühlung kannst du noch einen Eisbeutel auf den Verband legen.

Wenn du es selbst nicht schaffst, lass dir doch bitte helfen.

Wie nimmst du nun Wickel und Kompressen vor?

Wadenwickel Bei Fieber ab 38 Grad Celsius machst du kalte Wadenwickel. Tauche das Tuch für die Innenlage in handwarmes (nicht kaltes!) Wasser, wringe es aus, und lege es straff um die Unterschenkel. Darüber wickelst du ein Frotteetuch und schließlich einen Wollschal. Bei hohem Fieber ab 39 Grad Celsius wird der Wickel schnell warm und muss zügig erneuert werden. Die zweiten Wickel werden nach etwa zehn, die dritten nach maximal dreißig Minuten gewechselt.

Brustwickel Wende sie bitte nicht bei Fieber an! Der heiße oder warme Brustwickel eignet sich bei Erkrankungen der Lunge und Bronchien. Er wirkt schleimlösend und hustenlindernd. Tauche ein Geschirrhandtuch in sehr warmes Wasser, wringe es aus, und wickle es straff um die Brust, einmal rundherum. Dann bindest du ein Frotteehandtuch eng drumherum sowie eine Wolldecke oder ein Wolltuch. Der Brustwickel muss sich wohlig warm anfühlen. Vorsicht: Nicht verbrühen, das heißt, nimm nicht zu heißes Wasser! Lasse den Brustwickel etwa eine halbe Stunde liegen, er darf aber nicht kalt werden. Was auch super die Wärme speichert: Koche Kartoffeln, stampfe sie weich, streiche den Brei körperwarm auf das innere Tuch, und wickle es um die Brust. Wasche nach den warmen Wickeln den Körper noch einmal warm ab, schlüpfe sofort in deinen Schlafanzug und kuschele dich unter die warme Bettdecke.

Kompresse für die Nasennebenhöhlen Die kannst du einfach herstellen. Rühre mehrere Esslöffel Heilerde mit warmem Wasser zu einem Brei, streiche eine Kompresse damit dick ein, und breite sie 30 Minuten über die Nase auf beide Wangen und der Stirn aus. Lege ein Stück Stoff über die Kompresse zum Warmhalten.

Kompresse für die Knöchel und Gelenke Rühre, wie im vorherigen Absatz beschrieben, einen Brei aus Heilerde an, aber mit kaltem Wasser, streiche eine Kompresse damit ein, und lege sie auf das verstauchte Gelenk oder wickle es damit ein. Du kannst zur Verstärkung der Kälte auch noch einen Eisbeutel auf den Wickel oder die Kompresse legen!

Häufige Erkrankungen und Beschwerden

Bindehautentzündung Die Innenseite der Augenlider und der weißliche vordere Teil des Augapfels werden von einer durchsichtigen Schleimhaut überzogen – der Bindehaut. Sie wird von kleinsten Gefäßen versorgt, die ihr einen leicht roten Schimmer verleihen. Wird diese Haut gereizt, so wird sie rot, schmerzhaft und dick. Zusätzlich reagiert sie oft mit schleimiger Flüssigkeitsabsonderung. Und schon hast du ein dickes, rotes und entzündetes Auge, in der Fachsprache »Konjunktivitis« genannt. Ursachen dafür können äußere Reize – wie Wind, Sand, Rauch oder Chemikalien – sein. Eine allergische Reaktion – wie beim Heuschnupfen – kann auch Auslöser sein, oder aber Bakterien. Hat der Augenarzt die Ursache geklärt, wird individuell behandelt. Auf jeden Fall solltest du äußere Reize meiden. Eine leichte Entzündung kannst du mit homöopathischen, rezeptfreien Euphrasia-Tropfen versuchen, in den Griff zu bekommen. Euphrasia ist der lateinische Name für die Pflanzengattung namens Augentrost. Eine eitrige Entzündung durch Bakterien aber muss mit antibiotischen Tropfen gestoppt werden, da sie sonst auf die Hornhaut übergreift und dies schlimme Folgen haben kann. Deshalb reinigt der Augenarzt das Auge zunächst vorsichtig, bevor er antibiotische Tropfen hineinträufelt. Das musst du mehrmals am Tag wiederholen. Die Tropfen bekommst du auf Rezept. Bindehautentzündung ist höchst ansteckend! Deshalb solltest du Handtücher und Bettzeug nicht mit anderen teilen und dir öfter die Hände waschen.

Blähungen Blähungen sind lästig und unangenehm. Die Menschen, die darunter leiden, fühlen sich unwohl in ihrer Haut und meiden sogar die Gesellschaft anderer Menschen. Sie befürchten, in peinliche Situationen zu geraten. Dabei lassen sich Blähungen mit ein paar Kniffen beim Kochen und bei der Ernährung vermeiden. Oft spielt falsche Ernährung eine wichtige Rolle. Zu viel Zucker oder Fett sorgt ebenso für eine vermehrte Gasbildung im Darm wie Sauerkraut, Kohlgemüse, Zwiebeln oder Hülsenfrüchte. Diese Lebensmittel sollte man vermeiden. Stress, zu wenig Bewegung oder wenn man zu wenig trinkt, kann auch zu einem Blähbauch führen. Außerdem hilft es, mindestens zwei Liter kalorienfreie Flüssigkeit pro Tag zu trinken, aber keine Getränke mit Kohlensäure. Am besten gießt man sich mehrmals täglich Pfefferminztee, Fencheltee oder eine Mischung aus Kümmel-, Anis- und Fencheltee auf. Ein Glas warmes Glas Wasser pro Tag mit ein bis drei Tropfen Pfefferminz-, Fenchel- und Kümmelöl wirkt auch. Beim Kochen helfen Kümmel- oder Fenchelsamen gegen die Gasbildung im Darm oder Flohsamen im Müsli. Die Mahlzeiten sollten unbedingt in Ruhe gegessen und gründlich gekaut werden. Last not least: Leichte Unterbauchmassagen jeden Morgen nach dem Waschen mit einem Massage- oder sogar Kümmelöl zur Beruhigung des Darms können sehr guttun. Bei ganz starken Blähungen bewirken heiße Kümmelölwickel Wunder.

Durchfall Wenn der Darm verrücktspielt, fühlst du dich meist schlapp und müde. Denn bei Durchfall geht dir nicht nur viel Flüssigkeit verloren, sondern auch Zucker und die sogenannten Elektrolyte, wie Salz, Magnesium, Kalium und andere wichtige Stoffe. Und das macht müde! Um wieder fit zu werden, müssen diese verlorenen Elemente erst mal aufgefüllt werden. Heftiger Durchfall kann besonders für kleine Kinder und ältere Menschen gefährlich werden, denn sie können den Flüssigkeits- und Elektrolytverlust weniger gut ausgleichen.

Hausmittel Wichtig ist, dass du viel trinkst, zum Beispiel mit Traubenzucker gesüßten Kamillen-, Fenchel-, Anis-Fenchel-Kümmel-Tee, dünnen schwarzen Heidelbeerblätter-Tee. Auch verdünnter Blaubeersaft beruhigt den Darm und wirkt stopfend. Mit dem Essen solltest du vorsichtig sein, da dein Bauch sonst grummelt. Leichte Suppen, Zwieback, Toast, Knäckebrot oder Reis helfen ihm, wieder ins Lot zu kommen. Cola (das ist kein Kindergetränk, aber bei Durchfall ein bewährtes Hausmittel!) trinken und Salzstangen essen. Bei längerem Durchfall sind die in der Apotheke erhältlichen Elektrolytlösungen ratsam. Sie enthalten alle Stoffe in der richtigen Menge, die dem Körper beim Durchfall verloren gehen.

Naturheilkunde Wärmewickel, ein Wärmkissen oder eine Wärmflasche auf dem Bauch entspannen deinen Verdauungsapparat. Innerlich kannst du zusätzlich Heilerde oder Kohletabletten einnehmen, um Wasser im Darm zu binden. Auch Massage der unter Magen- und Bauchschmerzen beschriebenen Akupunkturpunkte hilft (Seite 299).

Schulmedizin Bestimmte Medikamente, die der Arzt verschreiben muss, verringern die Flüssigkeit im Darm und lindern den Bauchschmerz. Dauert der Durchfall länger an, sind in der Apotheke erhältliche Elektrolytlösungen ratsam. Aber auch unbedingt mit dem Arzt reden.

Gerstenkorn Schwillt ein Augenlid innerhalb weniger Tage an, wird rötlich und schmerzt stark, handelt es sich um eine Infektion der Talgdrüsen am Rand oder an der Innenseite des Lides. Es bildet sich ein Gerstenkorn, ein kleiner Abszess am Augenlid. Er sieht wie ein Eiterpickelchen aus. Drücke nicht an der eitrigen Stelle herum! In der Regel tut Wärme gut. Am besten nimmst du ein sauberes Tuch, tauchst es in abgekochtes, warmes Wasser und legst es auf das kranke Auge. Die Hände solltest du immer waschen, bevor du das Auge berührst und danach. Zusätzlich kannst du antibiotische Augensalben verwenden, die rasch die Beschwerden lindern. Du bekommst sie auf Rezept. Nur selten muss ein Gerstenkorn mit einem kleinen Stich vom Spezialisten eröffnet werden. Rotlicht und Umschläge mit Eichenrinde – in der Apotheke fragen – helfen auch.

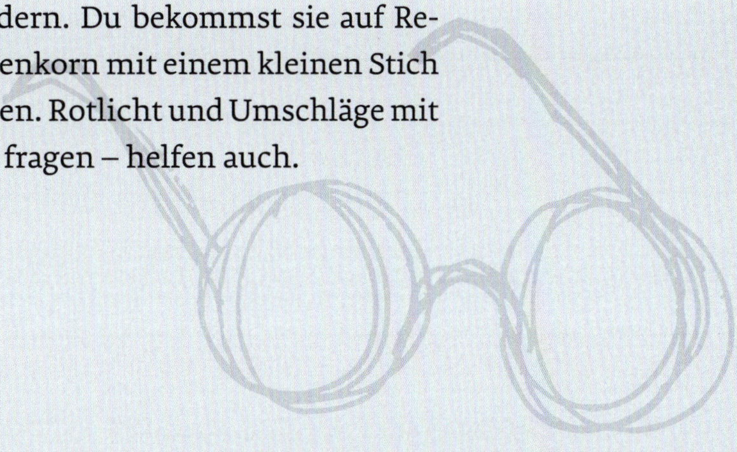

Halsschmerzen Halsschmerzen entstehen meist, wenn deine Atemwege gereizt oder entzündet sind. Es gibt verschiedene mögliche Ursachen.

- Werden die Schleimhäute im Hals durch Rauch, trockene, staubige Luft oder Kälte gereizt, die Stimmbänder durch Schreien oder Singen zu sehr beansprucht, reagiert dein Hals mit Schmerzen und Heiserkeit.
- Gerade zur kalten Winterzeit gibt es besonders viele Schniefnasen mit einer sogenannten Erkältung oder Grippe. Sie haben Halsschmerzen, eine triefende Nase und Niesattacken. Außerdem fühlen sie sich schlapp, alle Gelenke tun weh und der Kopf dröhnt. Daran sind häufig die » Grippe «-Viren schuld, die durch feinste Tröpfchen in der Luft verbreitet werden. In der Fachsprache sagt man Tröpfcheninfektion. Deshalb beim Husten und Niesen immer wegdrehen und einen großen Abstand zu den anderen halten!
- Im Hals befindet sich ein sehr wachsames Abwehrsystem. Es besteht aus den Mandeln im Gaumen und Rachen und einer Menge Lymphknoten, die überall verteilt sind. Dieses Abwehrsystem ist deine körpereigene Schutzpolizei, welche die mit der Luft eingeatmeten Keime bekämpft. Ist dein Körper geschwächt oder sind die Keime besonders stark, können sich die Mandeln entzünden und die Lymphknoten anschwellen. Zu den Halsschmerzen können dann noch starke Schluckbeschwerden, Fieber und Schüttelfrost, Husten und Ohrenschmerzen hinzukommen.
- Kommt es zu einer Schwellung zwischen Ohr und Kiefer, kriegst du also Hamsterbacken und tut dir der Hals weh, kann es sein, dass dich der Ziegenpeter, auch » Mumps « genannt, er-

wischt hat. Oft steht ein Ohrläppchen ab, das Kauen schmerzt und das Fieber schwankt. Es handelt sich um eine Infektion der Ohrspeicheldrüse, mit der du unbedingt zum Arzt gehen solltest. Siehe auch unter Mumps (Seite 312).

Hausmittel Viel Ruhe und Schlaf helfen am besten. Du solltest viel trinken, denn der Körper braucht viel Flüssigkeit, um die Infektionserreger auszuschwemmen. Eine zusätzliche Schwitzkur mit Lindenblüten- oder Holundertee sowie Fußbäder lassen eine Erkältung oft gar nicht erst schlimm werden. Im Zimmer sollten Luftbefeuchter aufgestellt werden. Dafür reichen, je nach Größe des Zimmers, ein oder zwei Schüsseln mit Wasser. Dampfbäder mit Kamille und Wadenwickel, um das Fieber zu senken, sind ebenfalls gut gegen Erkältung und Grippe. Ab und zu gurgeln mit einem Glas lauwarmem Wasser, in das ein Teelöffel Salz aufgelöst ist, lindert Halsschmerzen. Heiße Getränke mit Honig, warme Halswickel oder Lutschtabletten beruhigen den Hals ebenfalls.

Naturheilkunde Schmerzlindernde Gurgelmittel bestehen oft aus verschiedenen Heilkräutern wie Myrrhe, Salbei, Bibernelle und Kamille. Unterschiedliche Tees aus Heilkräutern können die Halsschmerzen ebenfalls lindern sowie die Entzündung hemmen. Ein Halswickel mit Zitrone hat eine ähnliche Wirkung.

Schulmedizin Sind Bakterien Ursache der Entzündung, kann man Antibiotika sowie Schmerzmittel anwenden. Diese Arzneien aber nur in Absprache mit dem Arzt einnehmen. Umstritten ist, ob desinfizierende Gurgellösungen die Keime im Hals abtöten. Immer wieder auftretende Mandelentzündungen sind sehr schädlich für den Körper. Deshalb prüft der behandelnde

Arzt, ob die Mandeln, wenn sie sich immer wieder entzünden, entfernt werden müssen. Der Ziegenpeter entsteht durch einen Virus, gegen den es kein Medikament gibt. Um das schmerzhafte Kauen zu verhindern, solltest du ein paar Tage Brei und Suppe zu dir nehmen. Zusätzlich solltest du deinen Mund häufig mit den oben unter » Naturheilkunde « genannten Heilkräutertinkturen spülen, um zu verhindern, dass sich der Virus von der Ohrspeicheldrüse auf den Mundraum ausbreitet.

Husten Besonders in der kalten Jahreszeit wird das Atemwegssystem durch den Wechsel zwischen feuchter, kalter Luft und trockener Heizungsluft gereizt. Drei Tage nach einer Erkältung beginnt oft ein schmerzhafter Husten, häufig mit einem weißlich gelben, manchmal grünlichen Auswurf und leichtem Fieber. Auswurf nennen die Mediziner das Sekret, das von der Schleimhaut der Bronchien gebildet wird.

Hausmittel / Naturheilkunde Halte dich möglichst in warmen, nicht überheizten Räumen auf, und gönne deinem Körper Ruhe. Hustentees mit Thymian- oder Spitzwegerichkraut wirken krampflösend und fördern, dass du den Auswurf abhustest. Damit werden viele Erreger nach außen befördert und reizen weniger. Auch hier gilt die Regel: Viel trinken! Dampfbäder mit Kamille, Emser Salz oder ätherischen Ölen lindern den Husten. Rauch ist Gift für die Lunge, besonders der von Zigaretten, egal ob jemand aktiv oder passiv raucht.

Schulmedizin Um das Fortschreiten der Erkrankung zu verhindern, sind vom Arzt verordnete schleimlösende und die Atemwege erweiternde Mittel einzunehmen. Wochenlange bakterielle Erkältungen mit Abgeschlagensein oder Fieber –

ein Zeichen für die Aggressivität des Keimes oder eine geschwächte Abwehr deines Körpers – können meistens leider nur mit Antibiotika therapiert werden. Dadurch werden Auswirkungen der eigentlich banalen Erkältung auf Herz, Nieren, Ohren oder Gelenke verhindert.

Keuchhusten ist zwar durch die Schutzimpfung bei Kindern deutlich zurückgegangen, bleibt aber dennoch eine gefürchtete Krankheit im Kleinkindalter. Er beginnt mit unauffälligem Husten, Schnupfen, teilweise einer Bindehautentzündung und leichtem Fieber. Im Verlauf kommt es bis zu 40-mal am Tag zu krampfartigen Hustenanfällen mit Atemnot und Erbrechen. Wenn die Hustenattacken zunehmen oder heftiger werden, sollte sofort ein Arzt hinzugezogen werden. Das Fieber geht zurück, es kann aber auch sein, dass es gar nicht erst auftritt. (Seite 312).

Kopfschmerzen Nach den Rückenbeschwerden ist dieses Leiden das zweithäufigste des Menschen. Ursache ist meistens Erschöpfung oder seelische Anspannung. Dauern Kopfschmerzen an oder kommen immer wieder, sollte der Hausarzt zurate gezogen werden.

Hausmittel Ein Spaziergang an der frischen Luft, ein warmes Bad oder sich in Ruhe hinlegen und entspannen tut dem Kopf oft sehr gut. Außerdem ist es wichtig, dass du ausreichend trinkst. Manche Menschen bekommen Kopfschmerzen, wenn sie tagsüber zu wenig Flüssigkeit zu sich genommen und gegessen haben. Kalte oder heiße Kompressen auf Stirn und Nacken helfen weiter. Das Trinken von eiskaltem Zitronenwasser hat schon manchen vom Schmerz befreit.

Naturheilkunde Wechselbäder der Füße lassen Kopfschmerzen zum Teil schnell verschwinden. Dazu stellst du dir einen Eimer mit heißem und einen mit eiskaltem Wasser hin. Dann stellst du abwechselnd beide Füße je zwei Minuten in die verschiedenen Eimer. Akupunktur bei einem dafür ausgewiesenen Mediziner oder Akupressur durch einen Physiotherapeuten helfen schnell bei akuten Kopfschmerzen. Massiere deine Schläfen beidseits vorsichtig bis zu 200-mal mit kleinen, kreisenden Bewegungen.

Schulmedizin Akute Kopfschmerzen lassen sich mit Schmerztabletten gut lindern. Du solltest aber erst dann etwas schlucken, wenn die anderen Methoden nicht geholfen haben. Du solltest deinen Körper gar nicht erst an Tabletten gewöhnen.

Magen- und Bauchschmerzen Wenn der Magen rebelliert, gibt es viele Ursachen. Bei etwa der Hälfte aller »Magenpatienten« können die Ärzte nichts feststellen. Dann liegt dem Patienten etwas »schwer im Magen« oder hat ihn »sauer« gemacht.

Hausmittel Bei gestressten Menschen verfliegen die Beschwerden schon, wenn sie sich entspannen. Eine Wärmflasche oder Bäder mit beruhigenden Kräuterzusätzen helfen. Zieht es im Magen, weil er leer ist, wird es Zeit für einen Imbiss. Verschiedene Magentees wie Kamille, Pfefferminz oder Schafgarbenkraut beruhigen Magen und Darm.

Naturheilkunde Entspannungstraining, Akupunktur und -pressur, Massagen und homöopathische Behandlungen helfen einem kranken Magen. Eine psychologische Betreuung ist manches Mal die einzige Möglichkeit, den tieferen liegenden Schlüssel für die Schmerzen zu finden.

Massierst du dich am Übergang zwischen unterer Spitze des Brustbeins und Bauch mit kreisenden Bewegungen, lässt dein Bauchweh nach. Bei starken Bauchschmerzen hilft es auch, einen Punkt direkt neben dem Wadenbein, außen direkt unterhalb des Knies, stündlich drei Minuten mit leichtem Druck zu massieren. Der Punkt sitzt knapp unterhalb des Wadenbeinköpfchens, cirka eine Daumenbreite nach innen und eine nach unten, und ist einer der wichtigsten Akupunkturpunkte. Die Chinesen nennen ihn den »Dritter Weiler am Fuß«.

Schulmedizin Bei einer Infektion des Magens, zum Beispiel bei Geschwüren, muss man konsequent Antibiotika einnehmen. Die überschüssige Säure eines extrem »sauren Magens« kann durch verschiedene Medikamente abgepuffert werden.

Medikamente Bevor du Medikamente einnimmst, frage immer erst den Arzt deines Vertrauens. Denn manchmal denken sehr ängstliche Eltern »viel hilft viel«. Das kann zu einer Überdosierung von Medikamenten führen, zu einer »Pillensucht« oder schweren Komplikationen bis hin zu tödlichen Verläufen.

Kinder mit Grippe oder Windpocken sollten bis zum 14. Lebensjahr keine Medikamente nehmen, die Acetylsalicylsäure enthalten, weil schwere Komplikationen beschrieben sind: Also KEIN ASPIRIN®! In diesen Fällen bieten sich ohnehin erst einmal naturheilkundliche Verfahren an, bei Fieber Präparate mit dem Inhaltsstoff Paracetamol in niedrigen Dosierungen. Im Zweifel frage immer deinen Arzt.

Antibiotika musst du genau nach Zeitplan einnehmen. Dreimal täglich bedeutet alle 8 Stunden, zweimal alle 12 Stunden. Bitte stelle dir den Wecker. Die Pünktlichkeit ist wichtig, damit der Antibiotikaspiegel im Blut immer gleich bleibt. Außerdem müssen diese Arzneien meistens mindestens sieben Tage lang genommen werden, damit die Krankheitserreger nicht resistent werden können, also widerstandsfähig gegen die Antibiotika. Nach der Behandlung musst du deine Darmflora mit Milchsäurebakterien aufbauen. Die sind in Joghurt und in Präparaten aus der Apotheke enthalten.

Mückenstiche Wirklich nervig, diese juckenden Stiche im Sommer! Am besten hilft ein Eiswürfel oder etwas Pfefferminz- bzw. Nelkenöl, wenn du es sofort auf den Stich reibst, oder ein kleiner Tropfen Antihistaminikum-Gel aus der Apotheke. Es wirkt, wie der Name sagt, gegen Histamin, einen köpereigenen Botenstoff des Immunsystems, der bei Entzündungen und allergischen Reaktionen eine große Rolle spielt und das Jucken unterstützt. Aufkratzen solltest du den Stich keinesfalls, er könnte sich infizieren und entzünden.

Ohrenschmerzen Ob in den kalten und feuchten Monaten oder an heißen Sommertagen – Ohrenschmerzen sind furchtbar. Sie beginnen oft mit einem Druckgefühl im Ohr und du hörst etwas schlechter. Später kommen pulsierende und stechende Schmerzen hinzu, die dich aus dem Schlaf holen. Häufig folgen noch Fieber, Schüttelfrost und Übelkeit.

Wenn du Ohrenschmerzen hast, ist meistens der von außen sichtbare Gehörgang oder aber das Mittelohr betroffen. Gehörgangsentzündungen verlaufen in der Regel problemlos. Mittelohrentzündungen können hingegen gefährlich werden, weil das Mittelohr in enger Nachbarschaft zum Gehirn liegt.

Wichtig ist bei der Mittelohrentzündung, die Nase mit zu behandeln. Denn das Ohr ist mit dem Nasenraum verbunden und kann nur abheilen, wenn beide Körperteile berücksichtigt werden. Zum Abschwellen der » dicken Nase « reicht oft ein Wasserdampfbad mit etwas Kochsalz.

Hausmittel / Naturheilkunde Um die Schmerzen loszuwerden und eine schnelle Heilung zu bewirken, kann eine Zwiebel Wunder bewirken. Diese wird klein gehackt und zwei Minuten in einem Säckchen gekocht. Das warme Säckchen wird auf das kranke Ohr gelegt und am besten mit einer Mütze für etwa zwei Stunden befestigt. In Nase bzw. Ohren kannst du sanfte Nasenöle oder warme Ohrentropfen träufeln. Und wenn wir schon über Mützen sprechen: Ohrenschmerzen brauchen viel Wärme! Wenn keine schnelle Besserung erfolgt, solltest du unbedingt sofort zum Arzt gehen.

Schulmedizin Gegen die Schmerzen ist rezeptfrei ein Saft mit entzündungshemmender Wirkung in der Apotheke erhältlich. Bei der Gehörgangsentzündung hilft die Einlage eines entzündungshemmenden Streifens durch einen Ohrenarzt. Bei der Mittelohrentzündung helfen keine Ohrentropfen, da sie das Mittelohr nicht erreichen; das Trommelfell liegt dazwischen. Dann sind abschwellende Nasentropfen wichtig. Handelt es sich um eine Bakterieninfektion, sollten Antibiotika eingenommen werden. Gehen die starken Schmerzen nicht zurück, öffnet der Arzt das Trommelfell, damit der Eiter abfließen kann. Das verletzte Trommelfell heilt nach zwei bis drei Wochen von selbst. Der Arzt wird dir alles erklären.

Rückenschmerzen Rückenschmerzen treten in der Regel erst im höheren Lebensalter auf. Aber immer mehr Schüler klagen ab dem 10. Lebensjahr vermehrt darüber. Allerdings sind 80 Prozent der Schmerzen auf verspannte Rückenmuskeln zurückzuführen. Viele Kinder sitzen zu viel und nehmen außerdem eine falsche Haltung dabei ein. Aber auch negative Gefühle und Stress spannen die Muskeln an. So können sich zum Beispiel Angst oder Traurigkeit in Rückenschmerzen oder einem akuten Hexenschuss äußern. Negativer Dauerstress oder übergroßer Druck sorgen für verspannte Rückenmuskeln. Denn deine Seele (die sogenannte Psyche) und dein Körper sind eins.

Hausmittel Bewege dich vorsichtig, aber bewege dich weiter – auch wenn es wehtut. Es ist wichtig, dass das gereizte Gewebe durchblutet wird, damit das Immunsystem in Aktion treten kann und seine Helferzellen und Botenstoffe an den Ort der Verspannung oder Entzündung kommen. Dadurch kann sich die Muskulatur entspannen. Eine Massage tut ebenfalls gut.

— Bei manch akutem Schmerz hilft Kälte: Wickle kleine Eiswürfel in ein feuchtes Handtuch und lege diese Kältepackung zehn Minuten auf die schmerzende Stelle. Wiederhole das alle zwei Stunden. Du könntest dich stattdessen auch mit Eiswasser einreiben lassen, ein Gelkissen oder ein gekühltes Kirschkernkissen verwenden. Bedenke: »Dein Körper lügt nicht.« Manche Menschen ziehen Wärme in der Schmerzzone vor oder eine heiße Dusche. Verlasse dich auf dein Gefühl und entscheide dich für die Temperatur, die deinem Körper angenehm ist.

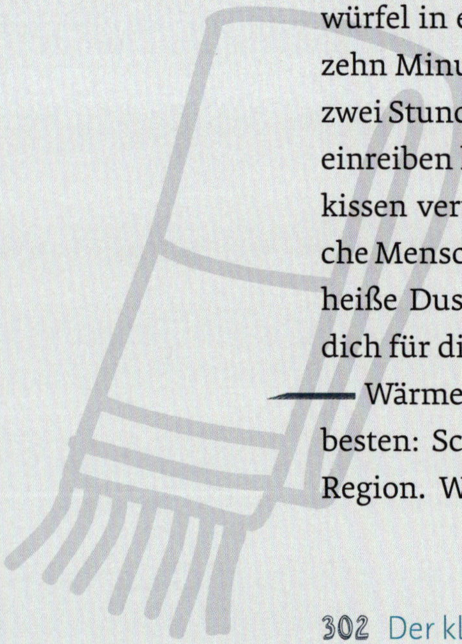

— Wärme hilft dagegen bei chronischen Schmerzen oft am besten: Schlinge als Erstes einen Schal um die schmerzende Region. Wärmflasche, Körnerkissen oder ein heißer Duschstrahl sind auch wirksam. Sehr zu empfehlen ist ein Bad mit durchblutungsfördernden und entspannenden Ölen wie zum Beispiel drei bis vier Tropfen Lavendelöl bei 38 bis 39 °C Wassertemperatur, wenn du es in die Wanne schaffst. Ansonsten stellst oder setzt du dich auf einem Hocker unter die Dusche. Wärmewickel sind ebenfalls zu empfehlen, übrigens auch bei Nacken-, Brust- oder Lendenschmerzen.

— Lege dich zwischendurch hin. Probiere aus, wie du am besten liegst, damit der Rücken entspannt ist. Angenehm ist die sogenannte Stufenlagerung: Winkle die Oberschenkel um 90 Grad zum Rumpf an, und lege die Unterschenkel waagerecht auf mehreren Kissen hoch. Du kannst auch einen Koffer ins Bett stellen. Andere liegen wie ein Embryo gekrümmt auf der Seite. Mit Hals- bzw. Nackenschmerzen solltest du flach liegen und das Kissen in Seitenlage so platzieren, dass der Kopf nicht zur Schulter abknickt.

Schlafstörungen Manchmal schläfst du unruhig oder hast schlechte Träume, vor allem, wenn du spät abends und dann auch noch sehr fettig gegessen hast und obendrein noch Ärger hattest. Aber auch bei einer Grippe oder starken Erkältung mit heftigem Husten ist es manchmal schwer, einzuschlafen.

Für solche Fälle solltest du kleine Hilfsmittel bereithalten:

— Das Wichtigste überhaupt: Mach es dir ganz, ganz gemütlich und kuschelig in deinem Bett. Hülle dich mit einer Kuscheldecke ein, die dich warm hält und in der du dich geborgen fühlst. Manchmal hilft noch ein weiches Schmusekissen. Allein die Vorstellung davon und von der kühlenden Oberfläche eines samtigen Stoffes lässt eine schlummerige Stimmung aufkommen.

- Der zarte Duft von Lavendel, Jasmin oder auch Majoran kann das wohlige Gefühl unterstützen. Du könntest dich beispielsweise mit einem Duftkissen oder mit Aromaölen – auf ein Taschentuch getropft oder über eine Schale verdampft – verwöhnen.
- Ein neuer Pyjama oder ein Nachthemd, in denen du dich ganz besonders wohlfühlst, tragen vielleicht ebenso dazu bei, dass du gut schläfst.
- Manchen hilft es, »Schäfchen zu zählen«, also sich vorzustellen, dass auf einer grünen Wiese viele winzige Schäfchen herumflitzen, die gezählt werden müssen. Eins, zwei, drei – bis 99, 100 und so weiter. Versuche es einmal. Zähle ganz konzentriert, vielleicht schläfst du dabei ein. Oder denke an schöne Situationen am Strand oder in den Bergen, mit lieben Menschen, tauche in diese schönen Vorstellungen ab und gleite in deinen Schlummertraum.
- Es gibt diverse Entspannungs-CDs mit Wellengeräuschen zum Beispiel, die dich ebenfalls in den Schlaf lullen können.
- Schlaftee aus Eisenkraut oder eine warme Milch mit Honig am Abend wirkt schlaffördernd; sie sollte nicht heiß sein, denn dann werden die wichtigen Bestandteile des Honigs zerstört.
- Du kannst dich zusätzlich mit feuchtheißen Bauchauflagen, zum Beispiel mit Lavendel- oder Rosmarinöl, verwöhnen oder in eine warme Badewanne steigen und dich hier entspannen. Anschließend massiere deinen ganzen Körper mit deinem Lieblingsöl.
- Finde die beste Möglichkeit für dich heraus, aber auch für deine Eltern, Geschwister, Freunde und alle, denen du gerne helfen möchtest.

Seelisches Ungleichgewicht Ab und zu im Leben, bei starken seelischen Belastungen in der Schule oder wenn man einen nahen Menschen oder ein lieb gewonnenes Tier verloren hat, aber auch in Umbruchsituationen des Lebens, zum Beispiel bei schweren Krankheiten, der Pubertät, in Schwangerschaften und Wechseljahren, kann die Seele traurig sein. Bisweilen geschieht das auch ohne sichtbaren Grund.

Es ist dann, als ob eine Flutwelle über einen hinwegrollt. Man fühlt sich verlassen und unverstanden, könnte immer wieder weinen. Vielleicht hast du das schon einmal erlebt? Ein Gefühl, als ob du nichts mehr schaffst. Du fühlst dich einfach »fertig mit der Welt«, selbst der schönste Sonnentag ist grau. Du kannst zusätzlich Angst kriegen, dich selbst nicht mehr mögen, zu anderen garstig oder ungerecht sein.

Wenn das häufiger vorkommt oder länger anhält, spricht der Arzt von depressiven Zuständen, die häufig mit Müdigkeit, Schlafstörungen, Lustlosigkeit oder Antriebsschwäche verbunden sind. Auch fühlt man sich häufig nicht mehr leistungsfähig, ist immer schlapp.

Das beste Rezept dagegen ist es, Ruhe zu bewahren, viel Sport zu treiben, mit geliebten Menschen darüber zu reden und bewusst das zu tun, was dir viel Freude macht: Schöne Musik hören, ein Instrument spielen, ein tolles Buch lesen, tanzen, mit anderen zusammen Handball, Fußball, Basketball oder Tennis spielen.

Meistens reicht das. Sollte das nicht wirken, solltest du in Abstimmung mit deinen Eltern deinen Hausarzt um Rat fragen oder bei einem Psycho-, Kinder- oder Jugendtherapeuten – manchmal auch Familientherapeuten – Hilfe suchen.

In den alten, traditionellen Heilweisen der Inder und Chinesen, aber auch anderer Kulturen in Europa gibt es wunderbare Rituale zur Entspannung und Meditation. Das sind klassische Methoden, bei denen man sitzt, die Augen schließt und mit gezielter Atmung versucht, sich »in sich selbst zu versenken«.

Daneben gibt es sehr entspannende Bewegungen. Tai-Chi, das Schattenboxen, gehört dazu, das Millionen von Menschen in China praktizieren, es stärkt gleichzeitig die Seele und kräftigt die Muskeln. Aus der alten ayurvedischen Medizin stammt das Yoga, bei dem spezielle Übungen im Sitzen, Stehen oder beim Bewegen Körper und Geist festigen. Sowohl Tai-Chi als auch Yoga eignen sich sehr gut für Kinder. Wähle eine Schule aus, in der du dich wohlfühlst. In der Regel kannst du eine Probestunde absolvieren, bevor du dich entscheidest.

Verletzungen Wenn eine Wunde verschmutzt, kann sie sich eitrig entzünden oder zur Bildung von Abszessen, auch Eiterbeulen genannt, führen; bei Knochenverletzungen können Knochenvereiterungen die Folge sein, die mit Antibiotika behandelt werden müssen. Abszesse werden vom Arzt vorsichtig geöffnet, dann erfolgt in der Regel ebenfalls eine Antibiotika-Therapie. Falls noch keine Tetanusimpfung durchgeführt wurde, sollte diese bei größeren Verletzungen oder Verunreinigungen der Wunde unbedingt erfolgen. Schmutz in der Wunde kann zum gefürchteten Wundstarrkrampf führen, vor der Einführung von Impfungen eine häufige und gefürchtete Krankheit, die häufig zu Atemlähmung und Tod führte. Denn der Tetanuskeim lähmt alle Muskeln.

Verstauchungen Die kann man sich beim Umknicken der Gelenke holen, meistens beim Sport oder Wandern. In der Regel durchzuckt dich ein heftiger Schmerz, und das Gelenk wird dick. Die drei wichtigsten Maßnahmen: Kühlen, Stabilisieren (z. B. mit elastischen Binden) und Hochlegen.

Hausmittel Sofort mit Eis kühlen, später mit kaltem Essigwasser, mindestens 30 Minuten. Aber gib nie Eis direkt auf die Haut!

Naturheilkunde Kalte Heilerdewickel oder Beinwell- / Arnika-Umschläge, später Salbenverbände z. B. mit Arnika oder Beinwellsalbe. Homöopathie: Arnica D6 (frage den Naturheilkundler oder Homöopathen, wie viele du nehmen sollst). Akupressur ist hilfreich: Massiere die Zone zwischen der Achillessehne und dem Außenknöchel mehrmals am Tag eine Minute lang. Noch besser ist Akupunktur an dieser Stelle. Dafür müsstest du einen Arzt aufsuchen, der das kann.

Schulmedizin Salben mit abschwellenden Medikamenten und Schmerzmitteln.

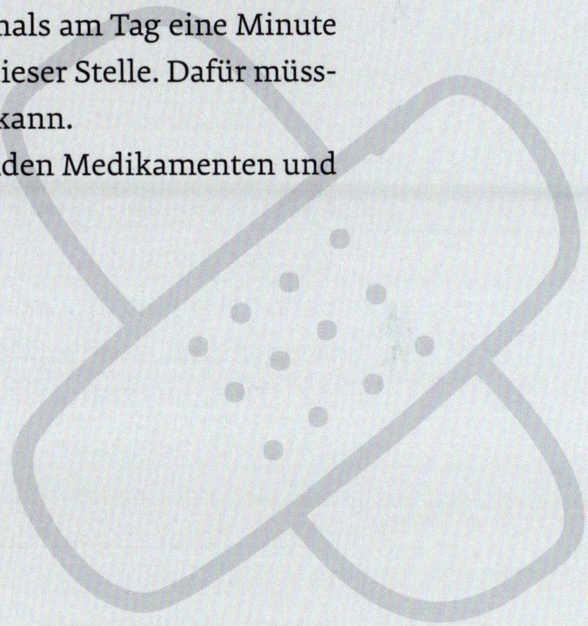

Was tun bei einem Notfall?

Wichtig ist es, ruhig zu bleiben, einen klaren Kopf zu bewahren und einen Schritt nach dem anderen zu tun. Zunächst solltest du die verletzte Person spüren lassen, dass sie nicht allein ist und du dich um sie kümmerst. Sprich mit ihr! Wenn jemand in der Nähe ist, schrei laut um Hilfe. Hol so schnell wie möglich Erwachsene zu Hilfe!

Absicherung Der Verletzte muss in einen Bereich gebracht werden, an dem du und die anderen Helfer nicht selbst gefährdet seid. Das ist besonders bei Autounfällen wichtig.

Lebensrettende Sofortmassnahmen Der Verunglückte muss aus dem Gefahrenbereich geholt, enge Kleidung geöffnet, seine Blutungen gestillt und richtig gelagert werden. Der Notarzt versucht, wenn nötig, den Betroffenen wiederzubeleben.

Notruf Wähle die 112.

Drei W-Fragen müssen beantwortet werden

a Wie heiße ich?
b Wo bin ich gerade?
c Was ist passiert?

Warten und auf Fragen antworten.

Erste Hilfe Lebensrettende Maßnahmen fortführen. Wunden versorgen und den Betroffenen beruhigen.

Rettungsdienst oder Notarzt müssen dazukommen und den Verletzten ins Krankenhaus bringen.

Achtung Bei beginnendem Schwindel oder starkem Unwohlsein könntest du in den wichtigsten Wiederbelebungspunkt der Akupunktur kneifen, der sich in der Mitte zwischen Nasenspitze und Lippe befindet. Da ist ein extrem sensibler Punkt, an dem die Bauern auch ihre Kühe entweder mit zwei Fingern oder einem Ring von der Weide ziehen. Die sind dann handzahm.

Wenn du zu aufgeregt bist, um dir alle diese Punkte zu merken, macht das nichts. **Der dritte Punkt ist am wichtigsten für dich: Du kannst immer helfen, indem du den Notruf 112 wählst!**

Die wichtigsten Kinderinfektionskrankheiten

Diese Erkrankungen solltest du kennen, um auch deinen Eltern zu helfen, sie zu unterscheiden. Der Begriff Inkubationszeit in den folgenden »Steckbriefen« bedeutet die Zeit zwischen der Infektion und dem Auftreten der ersten Symptome.

Dreitagefieber Eine meistens banale Herpes-Virus-Erkrankung im Kleinkindalter. **—Inkubationszeit** 7 Tage. **—Krankheitszeichen** Plötzlich ansteigendes, hohes Fieber bis 40 Grad Celsius. Nach 3 Tagen geht das Fieber zurück. Husten, Schnupfen oder Halsentzündung können die Krankheit begleiten. **—Ausschlag** Rötelnähnlich und feinfleckig. Er hält einige Tage an. **—Wo kann man das sehen?** Ausbreitung über den ganzen Rumpf. **—Abheilung** Meistens rasch. **—Komplikationen** Hohes Risiko für einen Fieberkrampf, einem in der Regel 2 bis 3 Minuten andauernden Krampfanfall, durch die lang anhaltende, hohe Temperatur. **—Ansteckungsgefahr** Bis zum Auftreten des Ausschlags. **—Impfung** Nein, da du nach der Krankheit meistens lebenslang immun bist.

Masern Eine Viruserkrankung, die über die Luft übertragen wird. **—Inkubationszeit** Die Masernerkrankung beginnt 10 Tage nach Ansteckung mit unspezifischen Krankheitszeichen: Fieber, Husten, Schnupfen, Bindehautentzündung oder Lichtempfindlichkeit. Das Gesicht wirkt aufgedunsen. — **Krankheitszeichen** Heftiges, teilweise hohes Fieber bis zu 40 Grad Celsius und Hautausschlag. — **Ausschlag** Kleine hellrote, leicht erhabene Flecken auf der Haut. Die Mundschleimhaut hat weißliche, kalkspritzerähnliche Flecken. — **Wo kann man das sehen?** Zuerst im Gesicht und hinter den Ohren, dann innerhalb von Tagen körperabwärts. — **Abheilung** Nach 4 bis 7 Tagen bildet sich der Ausschlag zurück zu bräunlichen Flecken. Nach 2 bis 3 Wochen schuppen diese ab und verschwinden. — **Komplikationen** Lungenentzündung, Mittelohrentzündung, Gehirnentzündung (Enzephalitis) oder Nervenentzündung (Neuritis). Innenschielen, das heißt ein oder beide Augen gucken zur Nasenspitze, aufgrund von Augenmuskellähmung. — **Ansteckungsgefahr** Vom ersten Symptom bis 5 Tage nach Ausbruch des Hautausschlags. — **Impfung** Empfohlen.

Keuchhusten Eine Bakterieninfektion, die über die Luft übertragen wird und an der auch viele Erwachsene erkranken, oftmals ohne es zu wissen. Die Gefahr: Sie stecken Säuglinge an. — **Inkubationszeit** Die ersten Symptome treten 7 bis 20 Tage nach der Infektion auf. Keuchhusten beginnt mit Schnupfen, leichtem Husten und Schwäche. Es kann leichtes Fieber auftreten, muss aber nicht. — **Krankheitszeichen** In Anfällen auftretender, heftiger Husten, bei Kindern begleitet von keuchenden Atemgeräuschen. Bei den Hustenattacken würgen die Betroffenen häufig einen zähen Schleim hervor und erbrechen sich danach. Fieber tritt gar nicht oder nur leicht auf. Leiden Erwachsene an Keuchhusten, fehlt das typische Keuchen und sie erbrechen auch nicht, sondern husten wochenlang stark. **— Abheilung** Nach 6 bis 10 Wochen klingen die Symptome allmählich ab. **— Komplikationen** Lungen- und Mittelohrentzündungen; bei Neugeborenen und Babys unter sechs Monaten, die noch keinen Immunschutz haben, kann es bei ihnen zu plötzlichen Atemstillständen kommen, die sogar tödlich sein können. **— Ansteckungsgefahr** Nach der Inkubationszeit kann man bis zu 3 Wochen sehr ansteckend sein, bei einer antibiotischen Behandlung bis zu 5 Tage, nachdem man damit begonnen hat. **— Impfung** Empfohlen.

Mumps Eine virale Entzündung der Ohrspeicheldrüsen; sie wird durch Tröpfcheninfektion übertragen. **— Inkubationszeit** Die Symptome beginnen meist 16 bis 18 Tage nach der Ansteckung. **— Krankheitszeichen** Man bekommt eine dicke Backe, als wenn einem jemand heftig ins Gesicht geboxt hätte. Das tut häufig sehr weh und ist mit Fieber, Kopfschmerzen oder anderen grippeähnlichen Symptomen verbunden. **— Wo kann man das sehen?** Na ja, an den »Hamsterbacken« … **— Abheilung** Meistens verblasst der Ausschlag nach einigen Tagen ohne Schuppen. **— Komplikationen** Eine Mumpsmeningitis – also eine Entzündung der Hirnhäute – bei schlechter Abwehrlage tritt selten auf. Jungen können durch den Mumps-Virus auch eine schmerzhafte Hodenentzündung bekommen und anschließend unfruchtbar sein. **—Ansteckungsgefahr** Nach der Infektion ist man 7 Tage bevor bis 9 Tage nachdem die Ohrspeicheldrüsen angeschwollen sind, ansteckend. **—Sonstiges** Eine richtige Therapie gibt es leider nicht. Man kann nur die Symptome behandeln. (Es gibt allerdings auch eine bakterielle eitrige Ohrspeicheldrüsenentzündung, die mit Antibiotika behandelbar ist.) **—Impfung** Empfohlen

Röteln Eine Viruserkrankung, die häufig mit Masern verwechselt wird. **—Inkubationszeit** Die Röteln beginnen 14 bis 21 Tage nach Ansteckung mit katarrhähnlichen Symptomen wie Husten, Schnupfen, Heiserkeit oder Halsentzündung. Leicht erhöhte Körpertemperatur, manchmal Gelenkschmerzen. **—Krankheitszeichen** 2 Tage später kommt es zu kleinen, hellroten Flecken. Anders als bei Masern gibt es Lymphknotenschwellungen, die hinter den Ohren, am Nacken und Hals auftreten. **—Ausschlag** Insgesamt ist der Hautausschlag feiner als bei Masern. **—Wo kann man das sehen?** Röteln breiten sich schnell über den ganzen Körper aus. **—Abheilung** Meistens verblasst der Ausschlag nach einigen Tagen ohne Schuppen. **—Komplikationen** Gering. Nur eine schwangere Frau sollte nicht erstmals an Röteln erkranken, da sonst der Embryo fehlgebildet werden könnte. **—Ansteckungsgefahr** Bis 10 Tage nach Ausbruch der Röteln. **—Sonstiges** Röteln verlaufen oft sehr milde, daher bekommt man Gewissheit über ausreichende Immunität häufig nur durch die Blutuntersuchung. **—Impfung** Wenn keine Antikörper im Blut von Mädchen nachweisbar sind, ab dem 13. Lebensjahr empfohlen, zur Vermeidung von späteren Schwangerschaftsschäden.

Scharlach Hierbei handelt es sich um eine bakterielle Entzündung, an der du auch häufiger und auch im späteren Leben erkranken kannst. Die Ansteckung erfolgt direkt oder durch Tröpfcheninfektion. —**Inkubationszeit** 2 bis 4 Tage. —**Krankheitszeichen** Hohes Fieber, Schüttelfrost, Kopfschmerzen, auch Erbrechen. —**Ausschlag** Scharlachroter Rachenraum, die Zunge sieht aus wie eine Himbeere. Wie die Zunge wird die Haut mit stecknadelkopfgroßen, roten Flecken sehr dicht gepunktet. Da die Flecken leicht erhaben sind, fühlt sich die Haut fast samtartig an. —**Wo kann man das sehen?** Deine Mandeln und der ganze Rachenraum können eitrig entzündet sein. Ein wirklich typisches Phänomen: Kinn und Mundregion bleiben vom Hautausschlag ausgenommen. —**Abheilung** Meistens rasche Abheilung mit Schuppenbildung. —**Komplikationen** Wenn Scharlach nicht behandelt wird, können schwere Nieren-, Herz- oder Ohrenkrankheiten entstehen. —**Ansteckungsgefahr** Solange nicht mit einem Antibiotikum behandelt wird. —**Impfung** Nein. Aber die Einnahme von Antibiotika ist notwendig!

Windpocken Eine Herpes-Virus-Erkrankung, die fliegt und über die Luft übertragen wird: »Die Pocken fliegen regelrecht.« —**Krankheitszeichen** Sie beginnen 14 bis 21 Tage nach Ansteckung plötzlich mit Fieber, Gelenkschmerzen und Hautausschlag. —**Ausschlag** Rote, stark juckende, kleine Flecken, die sich in juckende, wässrig gefüllte Bläschen verwandeln, die gerne aufplatzen. An der Schleimhaut sind diese Bläschen sehr schmerzhaft. —**Wo kann man das sehen?** Vornehmlich auf der Kopfhaut, dem Oberkörper und den Schleimhäuten. —**Abhei-**

lung Die Bläschen trocknen nach und nach ab und verkrusten. Danach fallen sie ab. Wenn du die Bläschen aufkratzt, weil sie stark jucken, können sie sich entzünden und Narben bilden. Also nicht kratzen! **—Komplikationen** Gering. **—Ansteckungsgefahr** 2 Tage vor dem Ausbruch des Ausschlags bis zum Verkrusten des letzten Bläschens. **—Sonstiges** Man kann sich auch ein zweites Mal infizieren. Im Erwachsenenalter bekommt man dann häufig eine sogenannte Gürtelrose. Das ist derselbe Virus, nur befällt er dann meistens nur einen oder zwei bestimmte Segmente des Körpers. **—Impfung** Nur bei geschwächten Menschen eine passive Impfung.

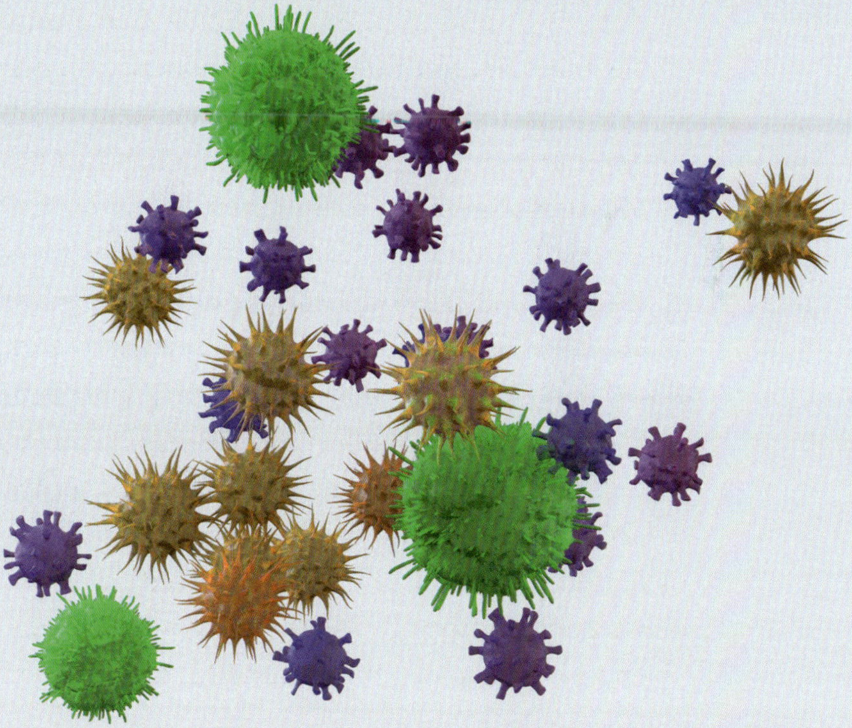

Wie bleibe ich gesund?

Ich verrate dir meine wichtigsten Tipps, damit du gesund bleibst: Gesunde Ernährung, viel Bewegung, jeden Tag mit Freude beginnen und ihn mit Freude leben.

Ernährung

Wie entsteht eigentlich … Energie aus Nahrung?

Dein Körper ist die beste Batterie der Welt! Seine tollen Speichereinheiten sind winzig kleine Bausteine: Phosphatverbindungen in deinen Zellen, kurz ATP. Erst wenn dieses gespalten wird, setzen die Zellen die in ihnen gebundene Energie frei. Das funktioniert wie bei den Heizkissen, die man zum Wandern mitnehmen kann. Es sind kleine, mit Trockenpulver oder Flüssigkeit gefüllte, kalte Tüten. Wenn man sie knickt, werden sie heiß. Nachdem sie abgekühlt sind, wirft man sie in heißes Wasser, und sie wärmen so wie am Anfang. Das lässt sich einige Male wiederholen.

— Das ATP in deinen Zellen wird auch laufend »geknickt«: Ständig wird ATP (Adenosin-Tri-Phosphat) in den Abermillionen Zellen deines Körpers gebildet und in ADP (Adenosin-Di-Phosphat) umgewandelt, also »geknickt«: Hierbei entsteht die benötigte Energie.

— Zucker, also die Glukose, und Fettsäuren sind die Hauptenergielieferanten für diesen Energiestoffwechsel, auch Zitrat-

Zyklus genannt. Es können aber auch Aminosäuren, aus denen die Eiweiße in deinem Körper bestehen, benutzt werden. Beim Abbau entsteht die gasförmige Kohlensäure, die übers Blut zur Lunge transportiert wird und die du ausatmest.

Die Rolle des Bindegewebes

Wichtiges Medium für den Stoffwechsel ist dein Bindegewebe. Dieser lockere Zellverband, der die Organe umgibt, Gefäße und Nerven umspannt und einen unterschiedlich hohen Wasseranteil hat, wird von den gelösten Nährstoffen durchströmt, die du über das Essen aufgenommen hast. Funktionieren diese Transportwege nicht, erreichen die lebenswichtigen Substanzen nicht ihren Bestimmungsort, zum Beispiel die Gelenke.

Um das Bindegewebe stabil zu halten, ist es wichtig, ausreichend Kupfer, Zink und Vitamin C zu sich zu nehmen. Fehlen deinem Körper Enzyme, Spurenelemente und bestimmte Aminosäuren, stört das den Eiweißhaushalt des Bindegewebes ebenfalls. Ganz kurz: Enzyme sind lebenswichtige Stoffe, die chemische Prozesse im Körper steuern. Spurenelemente sind ebenfalls bedeutend, aber nur in geringen Mengen, und Aminosäuren, das hast du oben bereits gelesen, sind die Bauteilchen der Eiweiße. Aus einem Mangel dieser Substanzen kann sich eine Reihe von Symptomen entwickeln: Die Menschen bekommen wulstige Narben oder Wucherungen, oder sie können ihre Gelenke unnatürlich weit überdehnen.

Falsche Ernährung kann deinen Rücken schwächen:

- Zu nährstoffreiches, fettes Essen macht dick. Das Gewicht lastet auf deinen Gelenken und Bändern. Der Bauch zieht die Wirbelsäule nach vorn.
- Eine chronische Gewebeübersäuerung, also zu viel Säuren im Gewebe (wie es dazu kommt, erfährst du im nächsten Absatz), kann zu Fehlstellungen und Entzündungen der Gelenke führen.
- Zu viel Eiweiß in der Nahrung kann den Harnsäurespiegel erhöhen, das verursacht ebenfalls Gelenkentzündungen und Gicht.
- Auch Rheuma kann man durch Ernährung beeinflussen.

Der Säure-Base-Haushalt

In der naturwissenschaftlich dominierten Medizin umstritten, aber fester Bestandteil vieler naturheilkundlicher Ernährungslehren ist der Säure-Base-Haushalt: Darunter versteht man das fein regulierte Gleichgewicht von sauren und basischen Einflüssen auf das Gewebe. Wasser ist zum Beispiel mit einem pH-Wert von 7 neutral. Der ideale Wert der Gewebsflüssigkeit liegt, leicht ins Basische verschoben, bei etwa 7,4. Ist das Bindegewebe zu sauer, werden Eiweißverbindungen freigesetzt, um den Überschuss zu neutralisieren. Ebenso wird ein Zuviel an Basen durch stärkeren Verbrauch der Säuren ausgeglichen.

Die moderne Ernährung liefert dem Bindegewebe zu viele Säuren, zum Beispiel Weißmehlprodukte, tierische Fette und Eiweiße, raffinierte Öle, Alkohol und Zucker. Das wirkt sich negativ auf seine Eiweißstruktur aus, verändert die Zusammensetzung der Zellwände und verringert die Durchlässigkeit der Membranen. In der Folge können sich Gelenke entzünden und Knorpel abbauen, die Empfindlichkeit der Gelenkinnenhaut für Rheuma erhöht sich, und es können auch Schmerzen auftreten.

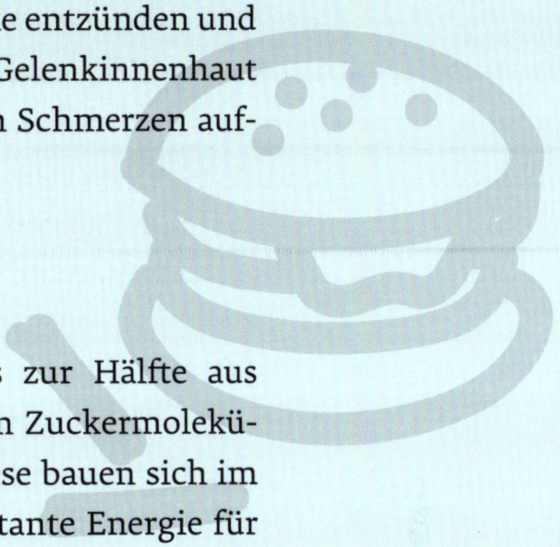

Grundsätze

Die wichtigsten Bestandteile der Nahrung

—Kohlenhydrate Sie sollten mindestens zur Hälfte aus Vollkorn stammen oder anderen langkettigen Zuckermolekülen, wie sie in vielen Obstsorten stecken. Diese bauen sich im Körper langsam ab und liefern deshalb konstante Energie für Muskeln und Gehirn.

—Eiweiß Viele Bestandteile des Bewegungsapparats sind aus Eiweißstrukturen aufgebaut. Das Eiweiß aus der Nahrung wird vom Organismus in seine einzelnen Bestandteile zerlegt und danach je nach Bedarf zu verschiedenen anderen Eiweißen wieder zusammengesetzt. Dafür braucht der Körper 22 Aminosäuren, von denen er die meisten selbst herstellen kann. Acht von ihnen können nur über die Nahrung zur Verfügung gestellt werden. Man nennt sie »essenziell«.

—Fett Dieser Nahrungsbestandteil ist wichtiger Energielieferant und Baustoff für Zellwände und Nerven. Gesättigte Fettsäuren kann unser Organismus allein bilden und braucht dazu keine tierische Nahrung. Ungesättigte Fettsäuren kann der Körper nicht herstellen. Sie finden sich in Gemüse, Nüssen und Oliven. Fettsäuren bestehen aus verschieden langen Ketten von Kohlenstoffatomen. Die Atome der ungesättigten

Fettsäuren haben eine Doppelbindung; du kannst sie dir wie zwei Arme vorstellen, von denen der eine aber noch frei ist und etwas zusätzlich »halten« könnte. Die gesättigten hängen nur mit einem Arm aneinander, sind also satt und können keine andere Verbindung mehr eingehen.

—Vitamine Die Vitamine sind organische Ergänzungsstoffe, manche bestehen aus Eiweiß wie das Vitamin B1, andere aus Kohlenhydraten oder auch Fettbestandteilen. Es gibt 13 essenzielle – also dringend notwendige – Vitamine, wasserlösliche wie das Vitamin C und fettlösliche wie die Vitamine E, D, K und A; diese kannst du dir gut merken, sie werden aneinander gereiht wie der bekannte Supermarkt ausgesprochen. Wasserlösliche werden schnell ausgeschieden und müssen daher regelmäßig ersetzt werden, die fettlöslichen Vitamine bilden Depots im Körper und sind bei vielen biochemischen Prozessen beteiligt. Unser Körper kann selbst keine Vitamine produzieren, sie sind aber notwendig für bestimmte Prozesse im Körper und müssen daher von außen zugeführt werden. Deshalb wird man auch schwach oder sogar krank, wenn man zu wenig Vitamine zu sich nimmt. Besonders bekannt ist dir vielleicht das Vitamin C. Es kommt vor allem in frischem Gemüse und Obst vor, z. B. Zitronen und Orangen, und ist wichtig bei der Abwehr von Erkältungen. Vitamine gibt es in fast allen frischen Nahrungsmitteln, sowohl in Obst und Gemüse als auch in Milchprodukten, Eiern, Getreide … Bei bestimmten Erkrankungen, z. B. Erkältungen, ist eine besonders hohe Vitaminzufuhr wichtig. Du bekommst dann Vitamine in Form von Tabletten oder zum Auflösen in Wasser. Die wichtigsten Vitamine außer Vitamin C sind Vitamin A, Vitamin B, Vitamin D und Vitamin E.

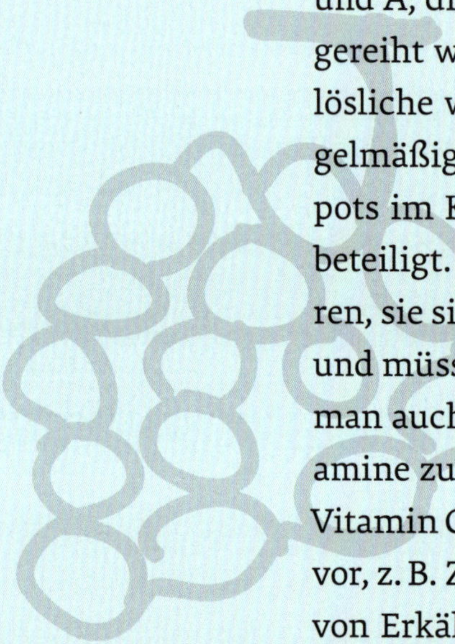

—Gesunder Zucker Bei Zucker denkst du wahrscheinlich sofort an Bonbons oder süße Limo. Da irrst du dich aber, leider. Sonst wärst du vielleicht vorsichtiger!

Nicht nur was süß schmeckt, besteht aus Zucker! Sondern vieles andere mehr. Wir nennen diese Zucker auch Kohlenhydrate. Sie sind in Brot, Kartoffeln, Gemüse oder besonders reichhaltig im Alkohol enthalten. Alle diese »Zucker« einschließlich deiner geliebten Süßigkeiten werden von deinem Körper zu Glukose umgebaut, einem Traubenzucker, den dein Blut und deine Zellen verwerten können. Dieser große und wichtige Energielieferant sorgt für dein Denken und Fühlen genauso wie für deine Muskelkraft und den Aufbau aller deiner Organe. Allerdings benötigen wir das Hormon Insulin aus der Bauchspeicheldrüse, um den Zucker in die Zellen zu transportieren.

Ständiger Zuckerüberschuss im Blut führt dazu, dass die Gefäßinnenwände chronisch geschädigt werden oder verkalken. Die betroffenen Arterien können dabei sogar vollständig verschließen. Zucker zieht auch Wasser aus dem Gewebe; die Zellen trocknen aus und du musst öfter zur Toilette gehen und »Wasser lassen«. Neben der Glukose, dem gespeicherten Zucker in deinem Körper, gibt es noch Fruchtzucker, die Fruktose, die vor allem in Früchten vorkommt. Zum Süßen nimmst du am besten den braunen Zucker oder Vollrohrzucker, der nicht chemisch gebleicht wurde. Oder leckeren Honig! Es gibt so viele wunderbar schmeckende Honigsorten. Probier einfach mal!

—Ballaststoffe Ballaststoffe bestehen aus unverdaulichen Pflanzenresten und werden mit dem Kot ausgeschieden. Sie sind wichtig, damit der Darm gefüllt und so die kleinen Sensoren in den Wänden des Darms aktiviert werden. Erst dann bewegt er sich wirklich und zieht sich schlangenähnlich zusammen. So transportiert er deinen Abfall aus dem Körper. Ballaststoffe, die im Darm noch aufquellen, regulieren auch den Zuckerspiegel. Der Darm versucht nämlich, die Ballaststoffe zu knacken, schafft es aber nicht. Dadurch dauert es insgesamt länger, bis die Nährstoffe, die er verwerten kann, in das Blut gelangen. Der Darm hat einfach zu viel mit der Füllung zu tun. Und weil er so lange braucht, nimmt der Körper weniger Zucker auf.

Zusätzlich verbinden sich Ballaststoffe mit Cholesterin und Gallensäuren und können so den Cholesterinspiegel im Blut senken. Also alle Diabetiker und Cholesterinerhöhte: Nehmt viel pflanzliche Nahrung zu euch!

Pektin, ein Ballaststoff, der unter anderem in Äpfeln und Zitrusfrüchten, aber auch Möhren vorkommt und den meine Oma zum Einmachen von Obst nutzte, ist löslich. Pektin bindet viel Wasser und eignet sich daher auch gut zur Behandlung von Durchfällen. Zellulose, zum Beispiel in Schalen und Stängeln enthalten, ist unlöslich und passiert deinen ganzen Verdauungstrakt unverändert.

Wie werden eigentlich ... Nährstoffe zerlegt?

Salze und Mineralien werden von deinem Blut aufgenommen und wandern dazu direkt vom Verdauungstrakt durch deine Zellen ins Blut. Die Eiweiße, auch Proteine genannt, Kohlenhydrate und Fette müssen erst in ganz winzige Bestandteile zerlegt werden.

Die Zerkleinerung erfolgt entweder mechanisch beim Kauen

in deinem Mund oder chemisch durch Verdauungsenzyme. Proteine werden in kürzere Ketten gespalten oder in ihre Urbausteine zerlegt, die Aminosäuren, Fette in Glycerin und Fettsäuren zerteilt und Kohlenhydrate in Monosaccharide.

Welche Enzyme helfen dir dabei und wo?

Erst einmal ganz allgemein: Enzyme helfen, chemische Reaktionen in deinen Körperzellen zu steuern. Dabei gibt es für jede Reaktion ein bestimmtes Enzym.

— **Im Mund** Die Amylase spaltet Stärke in Kohlenhydrate.

— **Im Magen** Pepsin zerlegt Eiweiße in kleinere Einheiten, die Peptide. Deine Salzsäure aktiviert Pepsin und tötet Keime ab.

— **Im Zwölffingerdarm (aus deiner Bauchspeicheldrüse)** Lipase zerteilt Fette in Glycerin und Fettsäuren; die Amylase Stärke in einen Zuckerbaustein, das Disaccharid; Trypsin und Chymotrypsin zerkleinern Eiweiße in Peptidketten.

— **Im Dünndarm** Unterschiedliche Enzyme wie Maltase, Sukrase, Laktase wandeln die im Zwölffingerdarm geteilten Zuckerbausteine in einfache Zuckermoleküle um. Die Peptidase zerlegt große Peptidketten in kleinere und Aminosäuren.

— **Im Dickdarm** Hier landen unverdaute Reste, werden Wasser und Salz entzogen. Tote Zellen, Bakterien, bakterielle Enzyme und Abfallpigmente werden in Stuhl gepresst und nach außen befördert.

Körperfett

—**Macht eigentlich … Fett fett?** Die Antwort lautet: Nein, das ist ein volkstümlicher Irrglaube. Aber trotzdem ist Vorsicht geboten!

Wenn du mehr Energie mit deinem Essen aufnimmst, als dein Körper braucht, nimmt er zu! Manchmal Gramm für Gramm, und du spürst es kaum. Fett ist der energiereichste Nährstoff vor den Kohlenhydraten und dem Eiweiß. Deshalb macht Fett, in Maßen genommen, erst einmal fit!

Denn nicht nur die Gesamtmenge der aufgenommenen Energie in der Nahrung ist für die Gewichtszunahme entscheidend, sondern auch, in welcher Kombination du Fett mit anderen Nährstoffen isst. Fetthaltige Lebensmittel wie Fleisch, Fisch oder Avocados solltest du, wenn möglich, getrennt von Kohlenhydraten wie Reis, Nudeln oder Kartoffeln essen. Denn zuallererst werden leider die Kohlenhydrate in deinem Körper verbrannt, und das Fett wird in deinen Fettdepots, z. B. zwischen deinen Muskeln, am Bauch, Po oder sonst wo, zwischengelagert. Also das geliebte Schnitzel ohne Pommes, aber mit Salat oder Gemüse essen. Die Pommes genießt du danach später getrennt.

Wichtig: Denke daran, dass du unbedingt Fette in deiner Nahrung benötigst, denn viele deiner Körperbausteine bestehen aus Fett, beispielsweise die Zellmembranen oder die Hormone. Außerdem werden die fettlöslichen Vitamine E, D, K und A in deiner Nahrung nur aufgenommen beziehungsweise verdaut, wenn du gleichzeitig Fett zu dir nimmst. Fisch zum Beispiel ist prima, er enthält Fett und Vitamin D. Aber keine Sorge, du musst sie nicht zeitgleich essen. Wenn du erst dein Pausenbrot isst und eine halbe Stunde später eine Möhre, ist das in Ordnung. Fette sind auch wichtig, um die aufgespaltenen Nahrungsbestandteile in die Lymphe, die Nähr- und Abfallstoffe im Lymphsystem befördert, zu transportieren. Achtung, Achtung: Die versteckten Fette in Kuchen, Schokolade, Fitnessriegeln, Wurst oder Soßen, vor allem wenn du ständig naschst, sind die wahren Gefahren für dich! Fettige Dinge schmecken uns allen am besten, da Fett der stärkste Geschmacksüberträger auf der Zunge ist. Aber dennoch darfst du dich zwischendurch ruhig mal gezielt belohnen. Das tut gut und ist gesund fürs Gemüt!

—Woraus besteht … Fett? Aus Fett! Nein, nein, Spaß beiseite: Meistens besteht es aus drei Fettsäuren, die durch Sauerstoff an ein Glycerinmolekül gebunden sind. Glycerin kennst du möglicherweise als Schmiermittel und Sauerstoff benötigst du dringend zum Atmen. Auf die richtige Mischung kommt es an, und daraus entstehen Fette. Du musst gesättigte von ungesättigten unterscheiden, je nach Art und Anzahl der Sauerstoffbindungen. Fette und Fettsäuren sind unter anderem Bestandteil von Zellmembranen oder Nerven.

—Gibt es eigentlich … einen natürlichen Fettkiller? Ja, und der heißt: Bewegen, bewegen und noch mal bewegen! Das ist für dich mit Abstand die beste Möglichkeit, deinen Fetthaushalt in Schach zu halten. Gleichzeitig musst du ausreichend trinken, denn Wasser kurbelt die Fettverbrennung an. Am besten nimmst du stilles Wasser aus deinem Wasserhahn. Es sollte nicht zu kalt sein. Nach dem Sport kannst du es auch mit Apfelsaft mischen. Das erfrischt, gibt Kraft und ersetzt Flüssigkeit und Salze, die du beim Schwitzen verloren hast. Man spricht auch von einem isotonen Flüssigkeitsersatz, der sonst über teilweise sehr teure Zusatznahrungsmittel oder Getränke angeboten wird. Das Wort »isoton« bedeutet: gleiche Inhaltsstoffe wie im Körper.

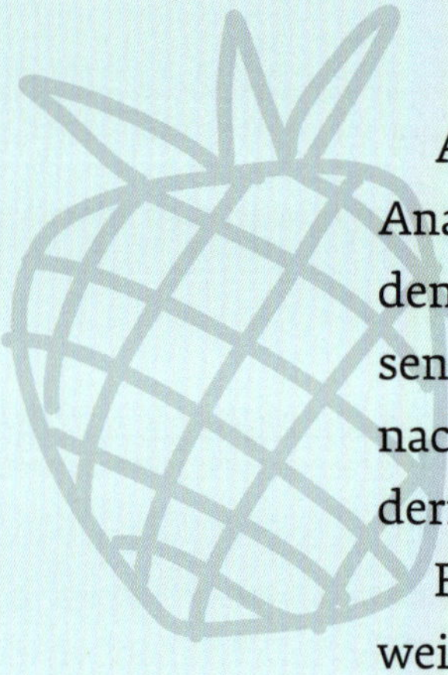

Auch mit Obst, zum Beispiel Äpfeln, Apfelsinen, Melonen, Ananas oder Weintrauben, kannst du überschüssige Fett binden und »verbrennen«. Deshalb bekommst du oft beim Chinesen, Japaner oder Thailänder aus jahrtausendealter Tradition nach dem Essen frisches Obst gereicht. In den Mittelmeerländern ist das ebenfalls Sitte.

Forschungen weisen darauf hin, dass viele Kinder dick sind, weil sie »Kummerspeck« angesetzt haben. Sie fühlen sich einsam, isoliert, haben einen geliebten Menschen verloren oder Stress in der Schule. Das sind die unbewussten und unterschätzten Dickmacher. Dazu kommt: das viele Sitzen! Die Zahlen sind erschreckend: Jeder Sechste in deiner Klasse ist schon übergewichtig! Doch sei vorsichtig mit Diäten; sie können schnell zu großem Nährstoffmangel im Wachstumsalter führen. Eine Kur für die Seele wäre viel wichtiger!

Bewegung

Kinder (und natürlich auch Erwachsene) müssen sich bewegen. Kinder und Jugendliche sollten mindestens eine Stunde pro Tag körperlich aktiv sein. Obwohl etliche von ihnen hiervon noch weit entfernt sind, von ihren Eltern mit dem Auto überall hingefahren werden und Stunden vor dem Fernseher oder Computer hocken, ist das Bewusstsein für Bewegung in den vergangenen Jahren gewachsen. So ergab eine bundesweite Befragung, dass immerhin fast 80 Prozent der Kinder und Jugendlichen zwischen drei und 18 Jahren Sport treiben. Das ist doch schon mal etwas.

Denn tun sie das nicht, hat das Folgen für Muskeln und Skelett, kann zu Fettsucht (Adipositas), Arteriosklerose oder

Zuckerkrankheit (Diabetes mellitus) führen. Das mangelnde Training für den Körper wirkt sich auch negativ auf die Entwicklung des Gehirns aus, denn gerade in der Grundschulzeit bilden sich durch das Erlernen von Bewegungen wesentliche sensorische Fähigkeiten aus. Dazu muss das Gehirn aber zum Beispiel mit denjenigen Muskeln, die für die Feinkoordination des Körpers zuständig sind, zusammenspielen. Doch immer weniger Kinder betätigen sich körperlich; in den Schulen spielt der Sportunterricht trotz massiver Kritik vieler Sportpädagogen und Ärzte eine immer geringere Rolle. Und so können immer weniger Kinder über einen Balken balancieren, längere Zeit auf einem Bein das Gleichgewicht halten oder rückwärts im Kreis gehen. Sie haben im extremen Fall kein Gefühl mehr für ihren eigenen Körper, nehmen seine Signale nicht mehr wahr.

Du merkst: Bewegung ist neben einer ausgewogenen Ernährung wichtig für deine Gesundheit, und zwar für Körper – und Seele. Denn wenn du Sport treibst, werden Stresshormone abgebaut und dafür » Glückshormone «, sogenannte Endorphine, ausgeschüttet. Es kommt beim Sport überhaupt nicht darauf an, schneller und besser als jemand anders zu sein, sondern es geht darum, dass er dir gut geht. Deshalb bezweifele ich ein wenig, ob es sinnvoll ist, in der Schule für Sport Noten zu vergeben – es sei denn, es ist ein Leistungskurs, an dem du gerne teilnehmen möchtest ... Denn viel wichtiger als eine gute Zensur ist, dass du Sport betreibst und er dir Spaß macht!

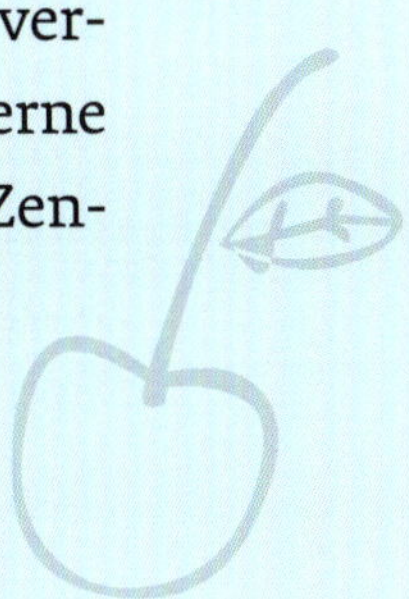

Freude

Ich wache auf und lächle ... Das könnte von dir sein, oder? So weise fängt aber auch ein kleiner Vers an, den ich in einem Buch von Thich Nhat Hanh, einem buddhistischen Mönch, gefunden habe. Du selbst bist wie eine einzige Welle im unendlichen Meer. Etwas Besonderes, Einzigartiges, das es nur einmal gibt in der ganzen Welt! Jetzt lächelst du! Lächle dem Tag entgegen, selbst wenn eine Prüfung, beispielsweise eine Mathearbeit ansteht. Denn es gibt jeden Tag viele kleine Freuden, denen du zulächeln kannst. Denke mal nach. Fallen dir welche ein? Die Wolken vielleicht, die so wunderbare Gestalten am Himmel zeichnen, deine Mutter, die dir dein Lieblingsessen brutzelt, das Buch, das ich für dich geschrieben habe und du gerade liest. Aber ich brauche dir das nicht zu erzählen, du weißt doch viel besser als ich, worüber du dich freust! Vielleicht, dass du leben darfst? Ist das nicht toll? Das ganze Leben in Freude genießen, auch wenn dir manchmal zum Weinen ist. Das wär's!

Ich verrate dir einen Trick: Wenn du mal schlecht drauf bist, dann setze dich hin und schreibe auf einem Blatt Papier die Dinge auf, die dir Freude bereiten. Bleib einfach sitzen, es kommt schon etwas ... Fällt dir nichts mehr ein, lasse den Zettel liegen. Kehre zurück und notiere spontan irgendetwas, was dir in den Kopf kommt. Du wirst staunen, die Liste wird immer länger. So kannst du immer nachlesen, was dir Freude bereitet. Freude und Begeisterung sind so wichtig im Leben. Du fühlst dich nicht nur besser, wenn du dich freust, etwas tust, wofür du dich wirklich begeisterst, sondern das ist sogar gesund! Hirnforscher haben herausgefunden, dass, wenn du etwas begeistert tust, in deinem Gehirn ein Cocktail von Botenstoffen ausgeschüttet wird, die die Hirnzellen zum Sprießen bringen und dich glücklich machen. Besonders glücklich wirst du sein, wenn du lernst, spontan aus deinem Inneren heraus zu denken und handeln. Das schafft Lebensfreude und das Lächeln, das dich trägt. Es ist Ausdruck bester Gesundheit und hilft wunderbar gegen Stress und Krankheiten. Deshalb schlafe einfach auch mit einem Lächeln ein. Denn jeden Morgen beginnt das Leben von Neuem.

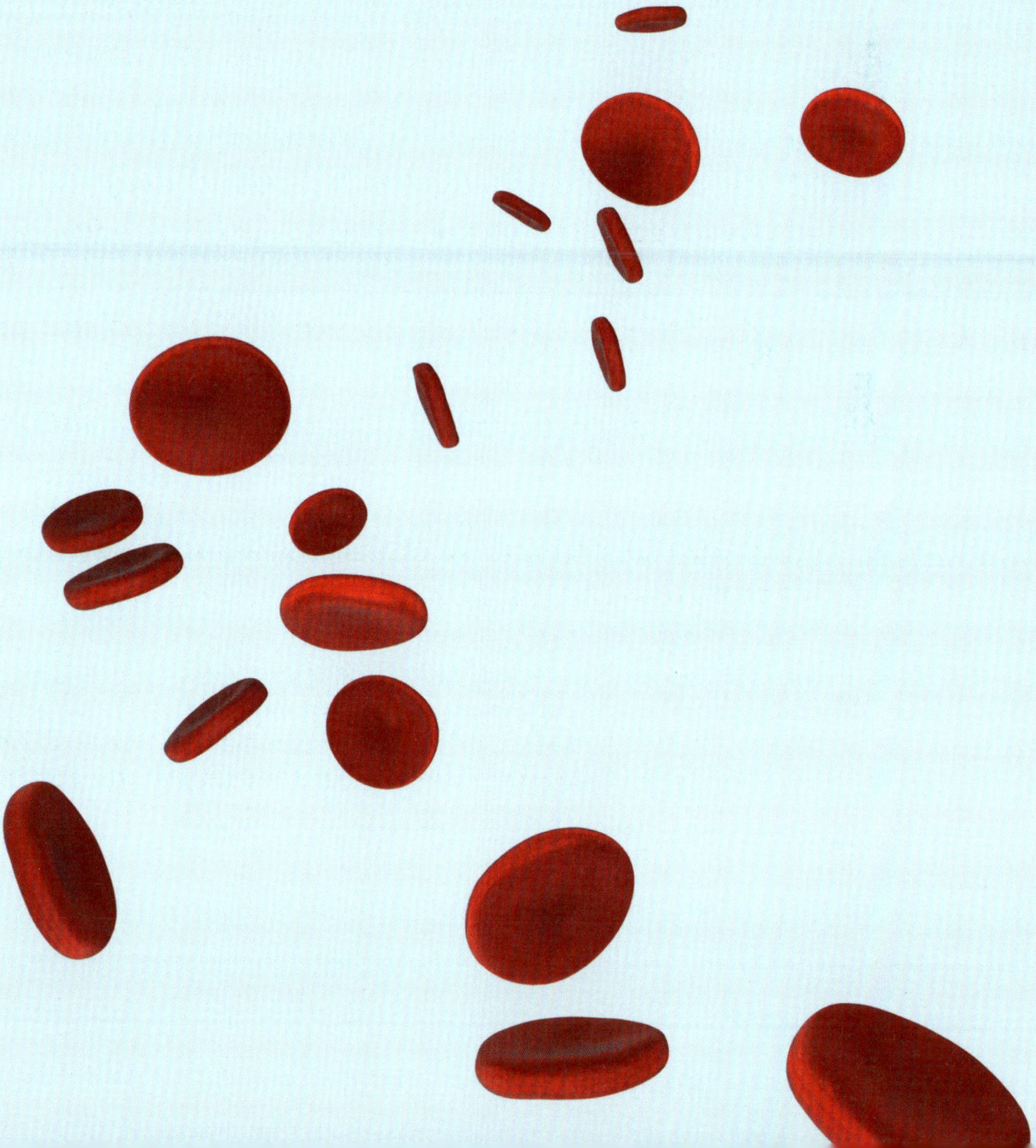

Heilkräutertees und ihre Wirkungsweisen

Heilkraut	Menge für innere Anwendung (auf 150 ml kochendes Wasser)	Menge für äußere Anwendung	Wirkungsweise	Anwendungsmöglichkeiten
Aloe-Extrakt	80–100 mg		entzündungs- und keimhemmend	Wundversorgung (Aloe-Saft oder frischen Pflanzensaft direkt auftragen)
Anisfrüchte	1 gehäufter TL auf eine Tasse Wasser, 10 min. ziehen		Entkrampfend, schleimlösend	Blähungen, Magen-Darm Infekt
Arnikablüten		als Umschlag: 3 g Blüten mit 100 ml kochendem Wasser übergießen, 10 min. ziehen	Entzündungshemmend, schmerzlindernd bei Entzündungen, desinfizierend	Hauterkrankungen / Abszesse/ Furunkel, Insektenstiche, Lymphödem, stumpfe Verletzungen
Brennnesselkraut	2 TL auf eine Tasse Wasser, 10 min. ziehen		Diuresefördernd, blutreinigend	Harnwegsinfekte
Kamillenblüten	Nur 3 Blüten, 5 min. ziehen lassen	1–2 Teelöffel auf 500 ml kochendes Wasser, 5 min. ziehen lassen	Entzündungshemmend (azulenhaltig), krampflösend, beruhigend, karminativ	Bauchkoliken, Blähungen, Gastritis, Enteritis

Heilkraut	Menge für innere Anwendung (auf 150 ml kochendes Wasser)	Menge für äußere Anwendung	Wirkungsweise	Anwendungsmöglichkeiten
Birkenblätter	1 EL zerkleinerte Blätter mit 150–200 ml Wasser aufkochen, 10 min. ziehen		Ausscheidung anregend, entzündungshemmend, wundheilend	Entzündlich-rheumatische Gelenkerkrankungen, Harnwegsinfekte
Fenchelfrüchte	1/4 Teelöffel, 5 min. ziehen lassen		Entkrampfend, schleimlösend	Blähungen, Magen-Darm-Beschwerden, Bronchitis
Gelbwurz	1–2 TL auf eine Tasse kochendes Wasser, 5 min. ziehen		Gallenausscheidung anregend, entzündungshemmend, Bakterien abweisend, Viren abweisend	Verdauungsstörungen, zur Anregung der Fettverdauung, Blähungen, Darminfektionen, Störungen der Gallenblasen und -wegsfunktion
Holunderblüten	1/4 Teelöffel, 2 min. ziehen lassen		Schweißtreibend, abwehrstärkend	Fiebrige Infekte

Heilkraut	Menge für innere Anwendung (auf 150 ml kochendes Wasser)	Menge für äußere Anwendung	Wirkungsweise	Anwendungsmöglichkeiten
Huflattichblätter	1–2 TL auf eine Tasse kochendes Wasser, 5 min ziehen, nicht länger als 4–6 Wochen im Jahr, keine Daueranwendung		Reizlindernd, enzündungshemmend	entzündete Schleimhäute, Husten, Bronchitis
Isländisch Moos	1–2 TL auf eine Tasse kochendes Wasser, 10 min. ziehen		Reizlindernd, entzündungshemmend, schwach antimikrobiell, appetitanregend, immunmodelierend	trockener Reizhusten, Schleimhautreizungen im Mund- und Rachenraum, Appetitlosigkeit, Nasennebenhöhlenentzündung
Kümmelfrüchte	1–2 TL auf eine Tasse Wasser, 10 min. ziehen		Karminativ (enthält 60 % Carvon)	Bei Ekzemen oder Abszessen äußerlich, Blähungen
Löwenzahn	1 EL auf eine Tasse kochendes Wasser, 10 min. ziehen	als Frischpflanzenpresssaft	Gallenausscheidung anregend, Ausscheidung anregend, enzündungshemmend, appetitanregend, Krampf lösend, stoffwechselanregend	Verdauungsstörungen, Störungen der Gallenblasen und -wegsfunktion, Harnwegserkrankungen (als Tee kombiniert mit Birkenblüten und Wacholderbeeren), Sebostase

Heilkraut	Menge für innere Anwendung (auf 150 ml kochendes Wasser)	Menge für äußere Anwendung	Wirkungsweise	Anwendungsmöglichkeiten
Melissenblätter	1 / 4 Teelöffel, 2 min. ziehen lassen		Beruhigend, harmonisierend, appetitanregend	Einschlafstörungen, Unruhezustände, Appetitlosigkeit, Menstruationsbeschwerden
Pfefferminzblätter	1 / 4 Teelöffel, 2 min. ziehen lassen		Gallenabfluss- und -produktionsfördernd (enthält 60 % Menthol)	Blähungen, Übelkeit, Brechreiz, Magen-Darm-, Gallen-Beschwerden, Nicht bei Säuglingen und Magengeschwüren
Ringelblumenblüten		2 TL Blüten ohne Kelch auf 150 ml kochendes Wasser, 10 min. ziehen	Entzündungshemmend, wundheilungsfördernd, granulationsfördernd, abschwellend, Bakterien abweisend, Pilze abweisend, Viren abweisend	Erkrankungen im Mund- und Rachenraum, Wundbehandlung

Heilkraut	Menge für innere Anwendung (auf 150 ml kochendes Wasser)	Menge für äußere Anwendung	Wirkungsweise	Anwendungsmöglichkeiten
Spitzwegerichkraut	2 EL geschnittenes Kraut auf eine Tasse kochendes Wasser, 5 min. ziehen	als Umschlag: 3–6 g Kraut auf 150 ml kaltes Wasser, aufkochen	Entzündungshemmend, Bakterien abweisend, reizmildernd, wundheilungsfördernd	Entzündungen im Mund- und Rachenraum, Wundbehandlung, Hautentzündungen, Insektenstiche, Husten (hier findet Tee Anwendung)
Süßholzwurzel	1–2 TL auf eine Tasse kochendes Wasser, 5–10 min. ziehen auch als Süßholzdicksaft, Süßholzwurzelfluidextrakt in Hustentee. Nicht länger als 4–6 Wochen im Jahr, keine Daueranwendung		Entzündungshemmend, Allergie abweisend, Viren abweisend, schleimhautprotektiv, keimhemmend	Husten, Asthma bronchiale, Bronchitis, Demenzerkrankungen, Dermatitis, Magen- und Darmgeschwüre

Quelle: Brockhaus Gesundheitslexikon

Zubereitung der Tees

Blüten, Blätter 1 / 4 Teelöffel auf 150 ml Wasser; mit kochendem Wasser überbrühen, 1 bis 2 Min. ziehen lassen

Feste Blätter, Stängel 1 / 4 bis 1 / 2 Teelöffel auf 150 ml Wasser; in kochendes Wasser geben, 5 Min. ziehen lassen

Stängel, Früchte, Samen, Rinden, Hölzer 1 / 4 bis 1 / 2 Teelöffel auf 150 ml Wasser; kalt ansetzen, teilweise auch über mehrere Stunden, 10 bis 15 Min. köcheln lassen, vor dem Abseihen noch einige Minuten ziehen lassen

Zubereitung für äußere Anwendungen 1 bis 2 Teelöffel auf 500 ml Wasser; je nach Pflanzenanteilen i. d. R. 10 bis 15 Min. länger kochen als Trinktees

Altersgemäße Verzehrsmengen für Lebensmittelgruppen in der Optimierten Mischkost

Alter (Jahre)		1	2–3
Gesamtenergie[1]	kcal / Tag	850	950
reichlich			
Getränke	ml / Tag	600	700
Gemüse	g / Tag	120	150
Obst	g / Tag	120	150
Kartoffeln[2]	g / Tag	100	120
Brot, Getreide(flocken)	g / Tag	80	120
mäßig			
Milch(produkte)[3]	ml (g) / Tag	300	330
Fleisch, Wurst	g / Tag	30	35
Eier	Stück / Woche	1–2	1–2
Fisch	g / Woche	25	35
sparsam			
Öl, Margarine, Butter	g / Tag	15	20
Süßwaren, Knabberartikel, gesüßte Getränke[4]	max. kcal / Tag	85	95

1 Referenzwerte der Deutschen Gesellschaft für Ernährung (DGE): Energiebedarf bei geringer körperlicher Aktivität

2 oder Nudeln, Reis u. a. Getreide

3 100 ml Milch entsprechen 15 g Schnittkäse oder 30 g Weichkäse

4–6	7–9	10–12	13–14 w	13–14 m	15–18 w	15–18 m
1250	1600	1900	1950	2400	2200	2700
800	900	1000	1200	1300	1400	1500
200	220	250	260	300	300	350
200	220	250	260	300	300	350
150	180	220	220	280	270	330
150	180	220	220	280	270	330
50	400	420	425	450	450	500
40	50	60	65	75	75	85
2	2	2–3	2–3	2–3	2–3	2–3
50	75	90	100	100	100	100
325	30	35	35	40	40	45
125	160	190	195	240	220	270

4 maximal 10 % der Gesamtenergie. Je 100 kcal sind enthalten in 1 Kugel Eiscreme oder 45 g Obstkuchen oder 4 Butterkeksen oder 4 Esslöffel Flakes oder 4 Teelöffel Zucker oder 2 Esslöffel Marmelade oder 30 g Fruchtgummi oder 20 g Schokolade oder 200 ml Limonade.
w = weiblich, m = männlich, kcal = Kilokalorien

Typische Fast Food-Gerichte und energie-und fettärmere Alternativen

Fast Food-Gericht	Fett (g)	Energie (kcal)	Fast Food-Gericht	Fett (g)	Energie (kcal)
Pommes frites, Friteuse (100 g)	285	15	Pommes frites, Backofen (100 g)	200	6
» Big «-Burger (210 g)	510	25	Hamburger (100 g)	245	9
Pizza Salami (300 g)	855	45	Pizza Spinat (300 g)	575	20
Döner (290 g)	610	35	Currywurst (210 g)	515	35

Forschungsinstitut für Kinderernährung Dortmund (FKE)

Blutdruckmessung bei Kindern und Jugendlichen

Körpergröße	Blutdrucklimit (mmHg) 24 Std. gemittelt	
	Jungen	Mädchen
≤ 120 cm	114 / 74	112 / 71
≤ 150 cm	121 / 75	119 / 74
≤ 180 cm	131 / 76	124 / 74

Körpergröße	Blutdrucklimit (mmHg) in Ruhe (Nacht)	
	Jungen	Mädchen
≤ 120 cm	103 / 61	103 / 63
≤ 150 cm	112 / 64	110 / 63
≤ 180 cm	120 / 64	113 / 63

Quelle: Leitlinie » Arterielle Hypertonie « der Deutschen Gesellschaft für Pädiatrische Kardiologie, 2013

Medizinchinesisch, auch Glossar genannt

Alveole Lungenbläschen; **Angiografie** Gefäßdarstellung mit Kontrastmittel; **Aorta** Hauptschlagader; **Appendizitis** Blinddarmentzündung; **Appendix** Wurmfortsatz; **Arteria** Schlagader, Arterie; **Arthritis** Gelenkentzündung; **Arthrose** Gelenkverschleiß; **Articulatio** Gelenk; **Atrium** Vorhof; **Bronchien** Luftwege; **Bronchitis** Entzündung der Atemwege; **BWS** Brustwirbelsäule; **Capsula** Kapsel; **Caput** Kopf; **Cartilago** Knorpel; **Clavicula** Schlüsselbein; **Colitis** Dickdarmentzündung; **Colon** Dickdarm; **Columna vertebralis** Wirbelsäule; **Conjunctivitis** Bindehautentzündung; **Cor** Herz; **Cortex** Rinde; **CT** Computertomografie; **dextrum, dextra** rechts; **Diabetes mellitus** Zuckerkrankheit; **Diszitis** Bandscheibenentzündung; **Discus** Bandscheibe; **Distorsion** Verrenkung; **Ductus** Gang; **Duodenum** Zwölffingerdarm; **Endoskopie** Spiegelung; **Enteritis** Darmentzündung; **Facette** Wirbelgelenk; **Femur** Oberschenkelknochen; **fibrosus** faserig; **Fibula** Wadenbein; **Foramen** Loch; **Fraktur** Knochenbruch; **Gaster** Magen; **Gastritis** Magenschleimhautentzündung; **Hämatom** Bluterguss; **Hepar** Leber; **Hepatitis** Leberentzündung; **Humerus** Oberarm; **HWS** Halswirbelsäule; **lateralis** seitlich; **Ligament** Band; **LWS** Lendenwirbelsäule; **Malleolus** Knöchel des Fußes; **medialis** mittig; **Meniskus** Gelenkscheibe; **MRI / MRT** Kernspintomografie; **Musculus** Muskel; **Myelon** Rückenmark; **Nephritis** Nierenentzündung;

Nervus Nerv; **Oesophagus** Speiseröhre; **Os sacrum** Kreuzbein; **Os** Knochen; **Osteoporose** Knochenschwund; **Pankreas** Bauchspeicheldrüse; **Pankreatitis** Bauchspeicheldrüsenentzündung; **Paradontitis** Zahnfleischentzündung; **Pelvis** Becken; **Pneumonie** Lungenentzündung; **Prolaps** Vorfall; **Protrusio** Vorwölbung; **Pulmo** Lunge; **Pulpa** Zahnmark; **Pyelonephritis** Nierenbeckenentzündung; **Pylorus** Magenpförtner; **Radius** Speiche; **Radix** Wurzel; **Ren** Niere; **Scapula** Schulterblatt; **sinistrum, sinistra** links; **Spondylitis** Wirbelentzündung; **Tendo** Sehne; **Tendovaginitis** Sehnenscheidenentzündung; **Tibia** Schienbein; **Tonsilla** Mandel; **Tonsillitis** Mandelentzündung; **Trachea** Luftröhre; **transversus** quer verlaufend; **Ulna** Elle; **Ureter** Harnleiter; **Urethra** Harnröhre; **Vena** Vene; **Ventriculus** kleiner Magen, Kammer; **Vertebra** Wirbel; **Vesica fellea** Gallenblase; **Vesicula** Blase; **Zystitis** Blasenentzündung

Register

H

I

K

R

S

W

Z

Erklärung der Bilddoppelseiten

Vorderes und hinteres Vorsatz Kein fantastischer Ozean, sondern ein Meer aus roten Blutkörperchen.

Seite 42 / 43 Eine wunderschöne Koralle oder ein Schwamm? Weit gefehlt. Eine Niere mit ihren unzähligen klitzekleinen Arterien.

Seite 62 / 63 Ein Flusslauf – aus dem Flugzeug aufgenommen – könnte nicht schöner sein! Mikroskopischer Blick auf den Dünndarm.

Seite 106 / 107 Eine spektakuläre Dünenlandschaft? Seitenansicht von Darmzotten im Mikroskop.

Seite 138 / 139 Die traumhafte Vergrößerung eines Nervs.

Seite 172 / 173 Das ist kein Osterei, sondern die faszinierende Mikroskopie eines Schnittes durch eine Arterie im Rückenmark.

Seite 204 / 205 In der Tiefe des Dschungels. Eine große Arterie mit vielen kleinen Seitenästen.

Seite 226 / 227 Ein Anblick wie in einer Tropfsteinhöhle: im Sehnengewirr einer Herzklappe.

Die Quellen der übrigen Abbildungen

Grönemeyer Institut für MikroTherapie, Bochum 37, 58, 82, 160, 161, 163, 200-201, 255, 278–282

Stefan Paintner, Köln 28, 38 o., 77, 95, 98, 117, 177, 190, 191, 218, 237, 247, 256, 264, 282

Agentur Focus, Hamburg Steve Gschmeißner / Science Photo Library 38 u. link, 62/63, 106/107, 172/173; Meckes, Ottawa/© eye of science 38 u. rechts, 185/186, 188; David McCarthy / Science Photo Library 138/139; Alfred Pasieka / Science Photo Library 160/161; Science Photo Library 189/190., 226/227, 252, 187/188, 204/205 (alle aus: »Kunstwerk Körper. Reise ins Innere des Menschen«, Verlag Frederking & Thaler, München 2005)

Institut für wissenschaftliche Fotografie Kage, Lauterstein 42/43

Siemens Medical Solutions, Erlangen 282

DRESSLER · Andrea Janssen

Prof. Dietrich Grönemeyer, geboren 1952, ist der wohl bekannteste Arzt Deutschlands, Bestseller-Autor und »Vater« des »kleinen Medicus«. Der emeritierte Professor des Lehrstuhls für Radiologie und Mikrotherapie an der Universität Witten / Herdecke wurde 2013 zum Professor für Gesundheitswirtschaft an die Steinbeis Hochschule in Berlin berufen. 1997 gründete er das Grönemeyer-Institut für Mikrotherapie in Bochum. Er plädiert für Gesundheitsunterricht an Schulen und hat sich u. a. als Autor so erfolgreicher Bücher wie *Mensch bleiben, Lebe mit Herz und Seele* und *Wir Besser-Esser* einen Namen gemacht, zudem das Gesundheits-Musical *Der kleine Medicus* und das Mitmach-Theater *Medi-Circus* geschrieben und auf Deutschlands Bühnen gebracht, jetzt auch einen internationalen Kinofilm. Das Buch *Der kleine Medicus* begeistert Kinder wie Eltern gleichermaßen und transportiert wichtige Botschaften Grönemeyers: Hightech und Naturheilkunde müssen mit fürsorglicher liebevoller Medizin verbunden werden, im Mittelpunkt steht der Mensch.

Nano im Kino – Das filmreife Bodynauten-Abenteuer

Prof. Dietrich Grönemeyer
Der kleine Medicus – Das Buch zum Film
Mit vielen farbigen Filmbildern.
144 Seiten. Ab 8 Jahren.
ISBN 978-3-7915-0744-6

Prof. Dietrich Grönemeyer
Der kleine Medicus – Das Original-Hörspiel zum Film
2 CDs. Mit Christiane Paul, Malte Arkona, Bernhard Hoëcker u. a. Ca. 75 min.
Ab 8 Jahren. ISBN 978-3-7915-0753-8

Hollywoodstar kleiner Medicus: Nano und Lily machen sich – mikroskopisch klein geschrumpft – in einem Mini-U-Boot auf gefährliche Reise durch den Körper von Nanos Opa Erwin. Dem hat Professor Schlotter nämlich einen Roboter injiziert. Nun kämpfen sie mithilfe von Laborkaninchen Rappel zwischen Magensäure und Killerzellen gegen den fiesen Gobot. Doch der Sauerstoff wird knapp.

Das Buch zum Film mit Kinobildern und das Original-Hörspiel mit Filmmusik, echtem Kino-Sound und bekannten Synchronsprechern.

DRESSLER

Auch als E-Book und Hörbuch erhältlich. Weitere Informationen unter:
www.der-kleine-medicus.de, *www.der-kleine-medicus-film.de* und *www.dressler-verlag.de*

– Ende –